语言治理与国家治理研究丛书

主编◎李宇明　　执行主编◎王春辉

日本语言政策研究

Research on Japanese Language Policy

王璐　著

中国社会科学出版社

图书在版编目（CIP）数据

日本语言政策研究/王璐著．—北京：中国社会科学出版社，2024.5
（语言治理与国家治理研究丛书）
ISBN 978-7-5227-3548-1

Ⅰ.①日… Ⅱ.①王… Ⅲ.①语言政策—研究—日本 Ⅳ.①H36

中国国家版本馆CIP数据核字（2024）第091683号

出 版 人	赵剑英
责任编辑	孙 萍 单 钊
责任校对	刘 健
责任印制	王 超

出　　版	中国社会科学出版社
社　　址	北京鼓楼西大街甲158号
邮　　编	100720
网　　址	http://www.csspw.cn
发 行 部	010-84083685
门 市 部	010-84029450
经　　销	新华书店及其他书店
印　　刷	北京明恒达印务有限公司
装　　订	廊坊市广阳区广增装订厂
版　　次	2024年5月第1版
印　　次	2024年5月第1次印刷
开　　本	710×1000　1/16
印　　张	18.75
字　　数	258千字
定　　价	98.00元

凡购买中国社会科学出版社图书，如有质量问题请与本社营销中心联系调换
电话：010-84083683
版权所有　侵权必究

语言治理与国家治理研究丛书

学术委员会

学术委员　陈新仁　戴曼纯　杜　敏　郭龙生　郭　熙
　　　　　　黄德宽　黄少安　黄　行　李学军　梁晓波
　　　　　　刘海涛　刘朋建　刘晓天　罗　骥　屈哨兵
　　　　　　苏新春　孙吉胜　王立军　王　敏　文秋芳
　　　　　　徐大明　徐　杰　杨尔弘　余桂林　张日培
　　　　　　张治国　赵蓉晖　赵世举　赵守辉　赵小兵
　　　　　　周建设　周庆生

编辑委员会

主　　编　李宇明
执行主编　王春辉
编　　委　陈丽湘　董洪杰　董　洁　杜宜阳　樊小玲
　　　　　　方小兵　方　寅　韩江华　韩亚文　何山华
　　　　　　赫　琳　黄立鹤　惠天罡　贾　媛　姜国权
　　　　　　李秉震　李　佳　李英姿　刘楚群　马晓雷
　　　　　　莫　斌　裴亚军　饶高琦　沈　骑　宋　晖
　　　　　　孙学峰　完　权　王海兰　王　辉　王莉宁
　　　　　　王宇波　徐欣路　禤健聪　姚　敏　俞玮奇
　　　　　　袁　伟　张慧玉　张　洁　张天伟　祝晓宏
秘　　书　巩向飞　梁德惠

总序

语言治理助力国家治理
——"语言治理与国家治理研究丛书"

语言是人类表情达意与认知思维的最主要的符号系统，是人类文化最重要的创造者、负载者、阐释者和传播者。语言的运用、学习和研究构成了语言生活，语言治理就是语言生活治理。

语言治理是语言政策与规划研究的当今发展。语言治理有四个重要维度。

第一，语言规划的基本问题。如语言关系及语言地位规划，语言本体规划，语言教育、测评及语言能力规划，语言数字化及语言技术应用等。这些基本问题，有传统的也有新形势下的新发展，有国内的也有涉及国际的。

第二，领域语言生活。语言生活是分领域的，语言治理必须解决领域语言生活问题，促进领域语言生活的发展。领域的划分有粗有细，可以适时调整，在国内可以根据国家各部委的分工为参照，在国际上可以根据政府间国际组织的设置为参照。

第三，区域语言生活。语言生活不仅分领域，也分区域，语言治理也应注意解决区域语言生活问题，促进区域语言生活的发展。在国内，可以分县域、省域、跨省域等，在国际上可以分国别、跨国区域乃至全球。

第四，语言生活各主体的作用。语言治理的重要理念是鼓励语言生活各主体之间协商互动,不仅有自上而下的国家治理,也有自下而上的社会意向,还有语言生活各主体之间的横向互动。

语言生活涉及社会的方方面面,语言治理是国家治理的有机组成部分。正确认识语言治理与国家治理之间的关系十分重要。领域语言生活、区域语言生活的治理,也是领域生活、区域生活的治理,也是促进领域发展和区域进步的重要工作。语言规划的基本问题,件件都是国家事务,涉及民族团结、国家统一、公民素养、社会进步。语言生活各主体作用的充分发挥,更是离不开国家的治理状况与治理方略。从事语言治理者要胸怀家国,明了语言治理的国家意义;而国家治理也应有语言意识,甚至说应有语言觉悟,善于通过语言治理来进行国家治理。

语言生活研究、语言治理研究具有学术与实践的双重品格,研究成果既要推进语言治理的社会实践,促进语言生活的进步,也要形成中国语言规划学的学科体系、学术体系和话语体系。学界提出的语言规划六大理念,即构建和谐语言生活、促进社会沟通无障碍、提升公民和国家语言能力、全面精准开展语言服务、保护开发语言资源、发掘弘扬语言文明,便是中国语言规划学的重要成果,也是学术与实践双重品格的体现。

"语言治理与国家治理研究丛书"的编纂出版,旨在全面深入地研究语言治理的理论与实践,探讨语言治理与国家治理间的密切关系,致力于构建一个具有包容性、开放性的学术共同体,充分发挥学术"旋转门"的作用。打破学科壁垒,拆除社会藩篱,将不同学科专家的智慧和力量聚结一起,将学者、管理者、社会工作者的智慧和力量聚结一起,促进理论与实践的密切结合,促进语言治理与国家治理的密切结合。

在全球化的时代背景下,语言治理和国家治理已经超越国界。因此,需要从中国睁眼看世界,时时关注世界各国状况,汲取国际经验,为中国的发展提供借鉴;也需要让世界正眼看中国,积极与国际学术界互动,分享中国在这方面的实践和学术思考,听取他们的判断和意见；同时也应当以中外事实为对象，发展具有普遍解释力的学术体系，用学术眼光来客观地看待全世界。

李宇明

2024年2月19日

序于惧闲聊斋

目录

绪 论 ………………………………………………………… (1)

第一章 日本国语政策 ……………………………………… (19)
  第一节 国语建设的国家需求 …………………………… (20)
  第二节 国语标准化的沿革历程 ………………………… (37)
  第三节 国语推广实践 …………………………………… (52)
  第四节 国语政策的时代近况 …………………………… (67)
  小 结 ……………………………………………………… (79)

第二章 日本文字政策 ……………………………………… (81)
  第一节 文字形成发展 …………………………………… (81)
  第二节 文字意识论调 …………………………………… (99)
  第三节 文字规范标准 …………………………………… (108)
  小 结 ……………………………………………………… (156)

第三章 日本民族语言政策 ………………………………… (157)
  第一节 民族基本概况 …………………………………… (157)
  第二节 近代民族语言政策 ……………………………… (160)
  第三节 现代民族语言政策 ……………………………… (175)
  第四节 民族语言生活现状 ……………………………… (184)
  小 结 ……………………………………………………… (195)

第四章　日本外语政策 ……………………………（196）
　第一节　早期外语政策 ……………………………（196）
　第二节　近代外语政策 ……………………………（206）
　第三节　现代外语政策 ……………………………（217）
　小　　结 ……………………………………………（237）

结　论 ………………………………………………（238）

附　录 ………………………………………………（258）

参考文献 ……………………………………………（261）

后　记 ………………………………………………（286）

绪 论

选题缘起

一 语言政策研究简述

古代汉语中,"政""策"各自为词。《论语·颜渊》曰:"政者,正也。"张兆端指出:"'正'者,不偏不倚、合乎法则、顺乎道理、恰到好处。"① 《说文解字》曰:"策,马箠也。"段玉裁在《说文解字注》中指出:"又计谋曰筹策者。'策'犹'筹','筹'犹'筭(算)'。'筭'所以计历数。谋而得之。犹用筭而得之也。故曰'筭'、曰'筹'、曰'策',一也。"《广韵·麦韵》曰:"策,谋也。"② "策"本义为马鞭,后引申为计谋、谋略。现代汉语中,"政策"指:"国家或政党为实现一定历史时期的路线而制定的行动准则。"③

"政策"作为术语,引自政治学。美国政治学家拉斯韦尔(Lasswell)在《权力和社会:政治研究的框架》(1950)中首次提出"政策科学"的概念。拉斯韦尔与勒纳(Lerner)合著的《政

---

① 张兆端编著:《知者不惑之儒家》,群众出版社2018年版,第168页。
② 洪成玉:《古汉语常用同义词疏证》,商务印书馆2018年版,第155—156页。
③ 中国社会科学院语言研究所词典编辑室编:《现代汉语词典(第7版)》,商务印书馆2018年版,第1674页。

策科学：范围与方法的新近发展》（1951），奠定了政策科学成长的基础。语言政策是语言学、社会学、政治学、经济学、法学、传播学、教育学、管理学等多学科研究和关注的对象，具有典型综合交叉特质，这主要由语言的多维复杂属性所决定。语言政策研究并非诸类学科理论与方法拼凑形成，而是将诸类学科知识合理运用于语言研究当中，是一个多学科知识有机结合的科学过程。

目前，对于"语言政策"的术语名称及其定义的内涵和外延，学界尚未形成一致意见，除"语言政策"外，还有"语言规划""语言管理""语言政策与语言规划""语言计划""语文运动""语文建设""语言文字工作"等。张治国指出，在国外，"'语言规划'主要用于20世纪80年代末之前，'语言政策'则主要用于20世纪80年代末和90年代初之后"[①]。李宇明认为："名称有统称为'语言规划'的趋势。"[②]

这种"不确定"，在学术界属于正常现象，从不同侧面对语言政策进行相关研究，一方面说明这门学科的许多问题仍有待进一步探究，另一方面说明"这门学科充满发展生机"[③]。

本书主要针对日本国家层面的语言规划进行讨论，故采用"语言政策"为主题。但是，笔者认为语言政策包含于语言规划，语言政策偏重公共性，更加以解决公共社会中的语言生活问题为根本目标。语言规划不但具有公共性，也具有私人性，这种规划可以是以解决国家层面的，或是组织层面的，或是家庭层面的，甚至是个人层面的语言生活问题为根本目标。

本书将语言政策视为通过"看得见的手"来调适各种语言生活矛盾，解决各种语言生活冲突。具体表现为，不同时期内，为

---

① 张治国：《关于语言政策和语言规划学科中四个术语的辨析》，《语言政策与规划研究》2014年第1期。
② 李宇明：《语言规划学说略》，《辞书研究》2022年第1期。
③ 李宇明：《语言规划学说略》，《辞书研究》2022年第1期。

解决特定语言问题、实现既定语言目标,综合各方权益之上,满足现实需求而进行的语言干预动态行为过程。

这一动态行为过程形成一个整体循环模型——语言政策干预动态模型,其中包括:1)问题出现;2)问题确认;3)方案建设;4)贯彻实施;5)问题解决(见图0-1)。语言生活中的问题,不以人的意志为转移,它在不被人们所认识到的时候就已客观存在着。当人们认识到其存在时,并得到语言政策制定者的主观认定后,才真正进入该模型的"问题确认"阶段,为解决这些语言生活问题而着手进行方案建设。方案建设和贯彻实施可以形成内循环,这种内循环的良好完成,意味着"问题解决"的完善实现,从而整体循环过程结束。整体循环的稳定性,会因语言问题再次出现与发现而被打破,于是,复次启动整体循环模式。

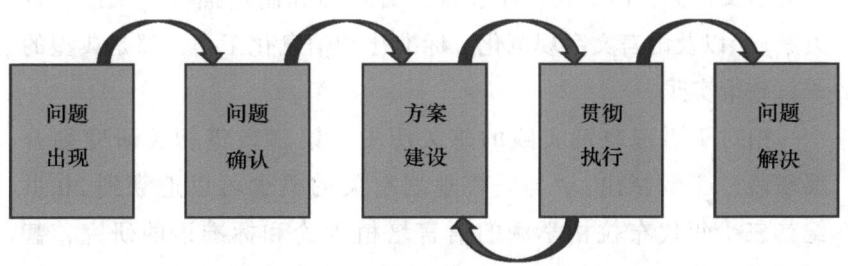

图0-1 语言政策干预动态模型

我国语言政策实践很早便已开始。原始时期,名实散乱,黄帝正名百物。黄帝分门别类命名百物。沮诵仓颉,眺彼鸟迹,始作书契。纪纲万事,垂法立制,帝典用宣,质文著世。史官仓颉、沮诵受鸟兽足迹启迪,造文字、书契,并加以推广使用。《尚书·洪范九畴》记载了先人治国,为诸事定名。

西周周宣王时期,最早以官方形式公布字典《史籀篇》,整理出九千余字,作为儿童识字的典范教科书,起到文字规范作用。秦始皇命李斯等人进行文字整理、统一工作,实行"书同文"。以小篆为主，隶书为辅。国家层面，废百体，独小篆，统一六国文字，完成了自上而下的文字规范干预。《尔雅》作为第一部可以"多识鸟兽草木之名、博览而不惑"的词典，以雅正之言释词。

汉魏时期朝廷专设"书学博士"，负责书法教授。南陈时期，陆德明著《经典释文》，以"典籍常用，会理合时"为基本原则，将混乱纷杂的经典注音统一，体现语言规范时移事异，以时议事原则。最早的韵书《切韵》，以金陵雅音和洛阳雅音为基本正音，形成长安官韵。唐朝颜元孙著《干禄字书》，将文字分为俗、通、正三体，予以详细说明，成为最早刊正楷书字体范本。历朝历代大体均有官修著作以规范文字的史例，如《广韵》《洪武正韵》《正字通》《通雅》《康熙字典》等。清末民初三大语文运动，即切音字运动、国语运动和白话文运动，中华人民共和国成立后的三大语文任务，即简化汉字、推广普通话和制定推行《汉语拼音方案》，以及语言文字规范化、标准化和信息化工作，都是典型的语言政策实践。

相对于语言政策实践的悠久历史，语言政策相关研究则开展较晚。王辉指出："与语言规划有关的概念可以追溯到20世纪二三十年代布拉格学派的语言培植理论和标准语的研究，甚至更早。语言规划并不是文献中第一个描述这个领域的术语，大概第一个术语是语言工程。"① 布拉格学派强调语言的交际功能，"积极参与了捷克标准语的规范化工作和语言规划研究工作"。②

语言规划最初称为"语言工程"或"多语政治"，后有人提议为"语言发展"或"语言规约"。在日本，载于1935年5月《语言和文字》中的《苏维埃同盟中的民族政策和语言政策》，是最早

---

① 王辉：《语言规划研究50年》，《北华大学学报》（社会科学版）2013年第6期。
② 王英杰：《语言规划理论的新发展——语言管理理论述略》，《语言学研究》2015年第1期。

题名含有"语言政策"的文章。① 美国国会图书馆藏书《波多黎各圣胡安学校语言政策》(1945),是最早题名含有"语言政策"的书籍。②

20世纪50年代末,语言政策才作为一门正式学科建立;60年代起,才逐步进入系统研究阶段。1957年,威因里希(Weinreich)在哥伦比亚大学一次研讨会中,首次使用了"语言规划"。这是已知的现代意义上的"语言规划"的最早来源。③ 1959年,豪根(Haugen)向美国人类学学会提交的论文《现代挪威标准语的规划》,首次将"语言规划"作为专业术语使用。

1959年,美国成立了应用语言学中心,调查了亚、非、拉的二语习得问题及东非五国语言使用与教学问题。1966年,在弗吉尼亚召开发展中国家语言问题会议,发表了《发展中国家的语言问题》。1969年,在夏威夷召开语言规划过程会议,完成了《语言规划过程》。

1969年至1972年,在福特基金会赞助下,斯坦福大学开展了国际语言规划过程研究项目,这是本领域第一个重大研究项目,由费什曼(Fishman)、达斯古普塔(Dasgupta)、鲁宾(Rubin)、耶努德(Jernudd)负责,著有《语言是可以规划的吗?——发展中国家的社会语言学理论和实践》,通过比较研究和实证研究等方法,探讨了以色列、印度、印度尼西亚、瑞典的语言政策和规划情况。1973年,在斯考克洛斯特召开国际语言规划会议,倡议各国互通语言规划活动与规划人员培训信息,刊发了《语言规划组织名录》,其中包括75个国家和地区的152个

---

① [日]安田敏朗:《言語政策の発生——言語問題認識の系譜》,《人文学報》2000年第83号。

② [以色列]博纳德·斯波斯基:《语言政策——社会语言学中的重要论题》,张治国译,商务印书馆2011年版,第11页。

③ 刘昌华:《网络空间的语言生活研究》,博士学位论文,北京语言大学,2017年。

语言规划组织信息。①

随着研究的深入开展，语言政策研究范畴逐渐清晰、丰富，克洛斯（Kloss）提出了语言地位规划和本体规划，②哈尔曼（Haarmann）提出了语言声望规划，③库珀（Cooper）提出了语言习得规划，④李宇明提出了语言功能规划。⑤语言政策研究路径也由初期的自上而下（top-down），扩展至自下而上（bottom-up）。语言政策归属清楚划分出显性与隐性。费什曼（Schiffman）认为，显性语言政策指政府法令以及条例规则等明文规定的政策，隐性语言政策指包括语言态度、立场、观念等在内的和语言相关的意识形态。⑥方小兵认为："隐性语言政策是没有显性文本或话语依托，而在语言生活中表征为某种实践机制的语言政策……显性和隐性并不是一分为二、截然对立的，而是一个连续体。许多语言政策实际上是介于隐性和显性之间的。"⑦完全性的隐性语言政策几乎不存在，显性语言政策常常左右隐性语言政策变化，但这并不意味着显性语言政策比隐性语言政策效用更为良好。

李圣托（Ricento）将语言政策研究分为三个阶段，即 20 世纪 50 年代至 60 年代末的形成期，70 年代初期至 80 年代末的反思期，80 年代中期至今的复兴期。⑧托尔夫森（Tollefson）将语言政策研究分为三个阶段，即 20 世纪六七十年代的经典发展时期，七八十

---

① 祝畹瑾编著：《社会语言学概论》，湖南教育出版社 1992 年版，第 238 页。
② Kloss, H, *Research Possibilities on Group Bilingualism：A Report*, Quebec：International Centerfor Research on Bilingualism, 1969.
③ Haarmann, H, "Sprachplanung und Prestigeplanung" *Europa Ethnica*, Vol. 41, No. 2, 1984, p. 81-89.
④ Cooper, R. L, *Language Planning and Social Change*, Cambridge：CambridgeUniversityPress, 1989.
⑤ 李宇明：《语言功能规划刍议》，《语言文字应用》2008 年第 1 期。
⑥ Schiffman, Harold F, *Linguistics Culture and Language Policy*, London and NewYork：Rutledge：Routledge, 1996.
⑦ 方小兵：《何为"隐性语言政策"？》，《语言战略研究》2021 年第 5 期。
⑧ ［美］托马斯·李圣托编著：《语言政策导论：理论与方法》，何莲珍、朱晔等译，刘海涛审订，商务印书馆 2016 年版。

年代的经典批判时期，90年代起的研究复兴时期。① 第一阶段的主要观点是，政府通过顶层规划可以有效解决社会生活中的语言问题，进而缓解语言矛盾，表现出积极的语言政策态度。第二阶段的主要认识是，社会语言生活复杂多变，语言规划具有局限性，并不能依从设定路线完备解决语言冲突，表现出消极的语言政策态度。第三阶段的主要特征是，世界格局多元，语言问题范围及重点延展，人为性干预设计价值凸显，表现出开放的语言政策态度。

关于21世纪相关研究发展方面，李宇明认为，我国"以'语言生活'为基础概念，提出了构建和谐语言生活、保护和开发语言资源、提升国家语言能力、重视语言的经济属性、树立'大华语'意识、语言扶贫、构建应急语言服务体系等一系列理念"②。其中的很多理念非常先进，可以达到与国际学术界并跑甚至领跑的程度。

二　先行研究

已有研究成果中，主要通过四个维度，即国语政策、文字政策、民族语言政策、外语政策，分析日本语言政策研究现状。需要说明的是，日本语言政策内容也会涉及除以上四个维度外的其他方面，本书并未进一步详谈。

（一）国内方面

1. 国语政策研究

《日本明治中晚期标准语论调之比较》，对比了三宅米吉、冈仓由三郎、上田万年在语言统一方式、对待方言调查态度、标准语论调社会反响间的差异。认为三宅米吉较为客观和人性化，但社会反响平淡，冈仓由三郎推崇以教育方式推行标准语，上田万

---

① ［美］詹姆斯·托尔夫森编：《语言教育政策：关键问题（第二版）》，俞玮奇译，张治国审订，外语教学与研究出版社2014年版。
② 李宇明：《语言规划学说略》，《辞书研究》2022年第1期。

年将标准语与国家民族关联，政治化倾向明显，迎合当时日本国家主义需求。①

《日本 20 世纪国语政策的嬗变及其背景》，从国家政治、经济发展、文化认同等角度，剖析了日本国语政策转变过程及发生原因，认为日本国语普及良好的要因包括：政府的大力推行，国家、民族意识的高涨，学校教育的推广，传播媒体的进步，以及方言矫正和方言扑灭措施。此外，简述了战后民主改革下国语的发展情况。②

《佩里来航事件与近代日本语言政策转变的关系》，剖析了1853 年佩里来航的主要经过和其造成的社会影响，日本政府为构筑近代国家，积极学习、效仿西方"一国、一民、一语"的原则，大力推行言文一致、国语统一、文字改良的语言政策。③

2. 文字政策研究

《日本汉字的近代演变、动因及启示》，考察了日本汉字存废意识之争，文字政策的历史脉络与现状。通过数个社会语言学变量，讨论了汉字改革方向的影响机制，揭示出日本汉字规范化进程中的难点与特征，以及汉字规范化的社会文化动力。④

《战后日本的汉字政策研究》，主要探讨了日本战后汉字政策问题，对日本战后汉字政策进行了四个时期的划分，微观分析了汉字字音、字量、字形情况，阐释了媒体等领域在汉字政策中的作用影响，以及日本汉字观、汉字政策变化发展的时代特征。⑤

《明治以来的日本汉字问题及其社会文化影响研究》，探讨了

---

① 罗晓莹：《日本明治中晚期标准语论调之比较》，《河南师范大学学报》（哲学社会科学版）2013 年第 2 期。
② 张维佳、崔蒙：《日本 20 世纪国语政策的嬗变及其背景》，《语言政策与规划研究》2014 年第 2 期。
③ 韩涛：《佩里来航事件与近代日本语言政策转变的关系》，《日本问题研究》2015 年第 3 期。
④ 赵守辉：《日本汉字的近代演变、动因及启示》，《外国问题研究》2010 年第 3 期。
⑤ 洪仁善：《战后日本的汉字政策研究》，商务印书馆 2011 年版。

日本汉字的来源和主要特征、问题和发展动向，分析了政府、民间对于汉字问题的观点，以及汉字政策制定、实施与社会文化的互动影响。①

3. 民族语言政策研究

《各国语言政策：多元文化与族群平等》论文集中，胡庆山从语言权利角度出发，考察了阿依努族②和在日朝鲜人的语言权发展情况，认为《阿依努文化振兴及普及和开发阿依努族传统等知识的相关法律》（以下简称"文化振兴法"）突破了过去同化政策上的语言压制，但仍存在诸多问题，在日朝鲜人的地位得不到日本政府承认，无法享有语言权利。③

《阿伊努民族文化保护与传承研究》，描写了阿依努族文化兴败与复兴的动态发展，采用民族志田野调查方法，进一步记录了阿依努族文化保存与传承的现实面貌，强调尊重和保护文化多样性的基本责任与义务。④

4. 外语政策研究

《日本近代外语教育政策的演变》，描写了近代日本的英语传播轨迹，认为日本历来的外语定位和学习都与当时社会实际需求紧密联系，实用主义是各时期不同外语政策的根本动因。透过外语政策探析，深入见证了日本不断寻找国家定位与发展的历史过程。⑤

《语言规划与语言政策：理论与国别研究（续）》论文集中，

---

① 黎力：《明治以来的日本汉字问题及其社会文化影响研究》，博士学位论文，南开大学，2013年。
② 日本少数民族"アイヌ"，在中国的译语未形成统一，国内音译多为"阿依努""阿伊奴""爱奴""阿伊努""阿伊奴"等形式，除引用其他学者原文时，采用该学者译语外，本书暂用"阿依努"。
③ 施正锋编：《各国语言政策：多元文化与族群平等》，台湾前卫出版社2002年版。
④ 黄英兰：《阿伊努民族文化保护与传承研究》，博士学位论文，中央民族大学，2013年。
⑤ 陈林俊：《日本近代外语教育政策的演变》，《教育评论》2013年第5期。

李雯雯和刘海涛以英语教育作为主要对象，剖析了近年来日本英语教育的课程安排和师资情况，及英语教育的资本投入和政策改革发展，认为外语教育应当统筹规划、合理安排，制定顺应时代客观需求的教育政策。①

可以发现，有关日本语言政策研究的专著稀缺，学位论文数量增长不明显，期刊论文数量逐步增多。除《战后日本的汉字政策研究》《日本语言文字脱亚入欧之路：日本近代言文一致问题初探》专著外，极少有其他的专著成果，且两部专著均是以相关博士学位论文为基础的学术成果。《明治以来的日本汉字问题及其社会文化影响研究》博士学位论文，丰富了现有的研究成果。

具体来说，汉字政策研究成果最为丰硕。国语政策研究多以阐述国语政策历史为主，缺乏细致建设探究。文字政策研究多以解析一般社会领域汉字政策为主，鲜少讨论人名领域与信息领域汉字政策，以及假名与罗马字政策。民族语言政策研究多从民族学或文化学视角着手考察，对民族语言政策转向的社会影响因素分析不足，对最新民族语言政策情况欠缺追踪。外语政策研究偏重英语政策爬梳，对其他语种的政策历史与现状阐释不尽翔实。

(二) 国外方面

1. 国语政策研究

《"国语"的思想：近代日本的语言认识》，以上田万年和保科孝一的语言思想为中心，探究了国语概念、思想的形成演变，以及蕴含近代日本语言认识的国语思想的本质。认为国语不仅是国家统治的政治性装置，也是笼罩近代日本精神的知性

---

① 王辉、周玉忠主编：《语言规划与语言政策：理论与国别研究（续）》，中国社会科学出版社 2015 年版。

装置。①

《太平洋地区的语言规划和语言教育规划》讨论了日本汉字政策和语言教育政策问题，以及当前日本语言政策的目标和方案，总结出日本对内单语制和对外实用主义的语言政策特征。②

《国语问题争论史》梳理了明治前夕至平成时期有关国语国字改革的人物、论点、著作、法令等，将明治时期改革争论分三章进行探讨，可见明治时期的国语国字问题之复杂、关注人群之广泛、论点分歧之多变。③

2. 文字政策研究

《汉字废止思想史》以明治至战后的汉字限制或废止的语言观为主体，将各个时期的论调与文明论、效率论、西方先进思想、民族主义、殖民主义等相结合进行概括。由于是一部思想历史的梳理，作者并未说明自己的汉字观点，而是采用中立态度进行了客观阐述。④

《战后日本汉字史》介绍了《当用汉字表》《常用汉字表》《改定常用汉字表》的政策规划历程，通过丰富翔实的事例，辨析汉字政策制定过程中的影响要素，揭示出汉字问题不仅属于语文问题范畴，同样属于社会问题范畴。⑤

3. 民族语言政策研究

《语言规划与语言政策的驱动过程》，介绍了日本阿依努族群和来自朝鲜半岛的朝鲜族群语言权利遭受剥夺，被实施强制性语言和文化同化的严重不平等的社会现象。⑥

---

① [韩] イ・ヨンスク：《「国語」という思想——近代日本の言語意識》，岩波书店1996年版。
② [美] 罗伯特·卡普兰. [澳] 小理查德·巴尔道夫：《太平洋地区的语言规划和语言教育规划》，梁道华译，顾程程审订，外语教学与研究出版社2014年版。
③ [日] 土屋道雄：《国語問題争論史》，玉川大学出版部2005年版。
④ [日] 安田敏朗：《漢字廃止の思想史》，平凡社2016年版。
⑤ [日] 阿辻哲次：《戦後日本漢字史》，新潮社2010年版。
⑥ [英] 丹尼斯·埃杰：《语言规划与语言政策的驱动过程》，吴志杰译，姚小平审订，外语教学与研究出版社2012年版。

《阿依努教育制度的废止：〈旧土人儿童教育规程〉废止与1937年〈北海道旧土人保护法〉改正》，描述了1922年《旧土人儿童教育规程》废止至1937年《北海道旧土人保护法》改正阶段，阿依努族教育政策的历史实态，探讨了这一过程中阿依努民族意识减损，以及逐步调整民族歧视状态下统合国家国民的问题。①

4. 外语政策研究

《语言教育政策：关键问题》论文集中，桥本加代子以批判性语篇分析方法，解读英语教育政策文本和日语教育政策文本间的差距和矛盾，考察了日本中小学日、英两门课程的变化，认为日本实施的是在英语教育中推进日语教育发展的语言政策。②

《培育"能够使用英语的日本人"战略构想问题考察》，讨论了《培育"能够使用英语的日本人"战略构想》产生的背景、特征与主旨、内容与目标，以及如资本投入、教学模式等具体措施，认为文部科学省阶段性的培育投入实难短期内产生良好成效，且此次战略构想设定的目标较高、完成难度较大。③

考察得出，国外关于日本语言政策研究开展较早，关注群体除语言学家外，政治家、理学者、医学者、企业家等也积极参与。国语政策研究多从国家思想需求单维度讨论，缺乏多维度研究，建设过程多以微观历时梳理，缺少社会语言学理论嵌入，普及工作全局讨论不够深入。文字政策研究以文字意识论争梳理居多，相对于假名与罗马字政策研究，汉字研究占比突出。民族语言政策研究方面，微观事件分析详细，但总体发展

---

① ［日］小川正人：《「アイヌ教育制度」の廃止：「旧土人児童教育規程」廃止と1937年「北海道旧土人保護法」改正》，《北海道大学教育学部紀要》1993年第61号。

② ［美］詹姆斯·托尔夫森编：《语言教育政策：关键问题（第二版）》，俞玮奇译，张治国审订，外语教学与研究出版社2014年版。

③ ［日］高桥寿夫：《「『英語が使える日本人』の育成のための戦略構想」に関する一考察》，《关西大学外国语教育研究》2004年第8号。

历程与政策转向的国家发展互动探讨不足。外语政策研究以探究现代外语政策发展为主，尤其是英语政策分析明显多于其他语种。

三　研究目标

日本与中国一衣带水，是长久以来的邻邦国度，也是现今唯一同样将汉字作为日常书写工具的国家。日本与中国共同拥有闭关锁国的历史、列强侵略的经历、言文不一的过往、文字表音化的昔时、英语霸权的压迫。但是，学界对日本语言政策研究缺乏系统整体解读，尤其是国内对日本语言政策研究讨论不足。

本书计划实现三个目标：第一，结合客观史料，尽可能客观观察日本语言政策内容；第二，分析日本语言政策实践，提出语言政策建设镜鉴；第三，通过日本语言政策研究，发现总结语言政策理论"新说"。

四　研究意义

李宇明认为："语言规划学的发展同任何科学一样，需要建立在足够事实的基础上。语言规划学的事实，就是全世界古往今来的语言生活状况，包括面对语言生活所采取的各种社会举措。"[1] 戴曼纯指出："国别语言政策研究是新兴学科语言政策与规划研究的重要组成部分，是了解其他国家语情和民情不可或缺的路径。"[2]

本书具有三项重要意义：第一，通过对日本语言生活状况的客观分析，进一步认清日本语言政策内涵特征，丰富国内日本语言政策的认知；第二，通过对日本语言政策的深刻讨论，提出我国语言政策建设中值得借鉴之处，以利于我国语言生活科

---

[1] 李宇明：《北语学人书系第二辑：李宇明语言传播与规划文集》，载李宇明《正眼看世界——序"世界语言生活黄皮书"》，北京语言大学出版社2018年版，第346页。
[2] 戴曼纯：《国别语言政策研究的意义及制约因素》，《外语教学》2018年第3期。

学治理、语言生活和谐发展；第三，通过对日本语言政策的研究归纳，提供国别语言政策研究参考范式，完善语言政策研究学术理论。

研究内容

一 研究框架

本书计划在充分汲取前人研究成果的基础上，重回主体和价值、重回历史和社会，以日本语言政策为研究对象，定位于日本国内语言问题，通过探讨日本的国语政策、文字政策、民族语言政策、外语政策四维内容，总体探究日本语言政策问题。语言政策研究具有国别特性，但上述四方面，为一国语言政策中最基本也是最为核心的内容，普遍参考价值显著，有助于建立国别语言政策研究范式。

第一章"绪论"。阐述选题缘起，介绍日本语言政策研究发展状况，揭示日本语言政策已有研究成果及其特点与不足，说明本书研究的目标和意义。阐明研究内容，包括研究框架和方法、研究重点和难点，指出研究创新。

第二章"日本国语政策"。分析国语建设的国家需求，主要从思想需求、经济需求和殖民需求三个向度进行探析。结合社会语言学理论，讨论国语标准化的沿革历程，主要从权威地域方言、权威社会方言两个方面进行解构。详述国语推广的政策实践，主要从方言地域、媒体领域两个域场进行论说。概述国语政策的时代近况，主要从国语发展近况、国语与方言关系近况两个维度进行阐述。

第三章"日本文字政策"。爬梳日本文字形成发展历史，介绍汉字传入发展、假名形成发展、罗马字传入发展的基本情况。考察日本文字意识论调，区别明治维新前后文字意识论调内容与影响差异。详析日本文字规范标准，揭示汉字、假名、罗马字规范标准发展历程及其具体表现。

第四章"日本民族语言政策"。概论日本民族基本状况。描写日本近代民族语言政策，区别明治中期前后民族语言政策规划与实践差别。探究日本现代民族语言政策，掌握民族语言复兴和民族语言保护方面的问题与特征。介绍日本民族语言生活现状，解读民族语言政策与民族歧视、民族语言能力缺失、民族认同弱化的互联性。

第五章"日本外语政策"。说明早期日本东方接触中汉语政策的历史与特征，西方接触中外语政策的历史与转变。解析日本近代外语政策，阐释明治中期前欧化主义思潮和明治中期后国家主义、军国主义思潮影响下的外语政策发展。考察战后民主改革中、全球多元化中的外语政策建设，指明现代外语政策中存在的问题。

第六章"结论"。揭示语言政策的制约因素，分阶段解析说明日本语言政策的演变轨迹，说明日本语言政策在语言关系、导向功能、外语能力、汉字字量、人名规范、文字拉丁化方面的启示镜鉴，指出本书存在的不足。

二 研究方法

多维分析法：以语言学为基本理论根基，结合传播学，讨论日本国语在媒体领域的普及问题。结合社会学，探析国语政策、文字政策、民族语言政策、外语政策更迭中的社会变量影响因素。综合经济学，考察国语政策、民族语言政策中语言经济效应问题。综合政策学，阐释日本语言政策制定目的、贯彻措施和落实效果。

对比分析法：比较明治维新前后文字意识论调异质化，辨析这种异质化的具体表现。比较明治中期前后及"二战"前后的国语政策、文字政策、民族语言政策、外语政策的差别，揭示这种差别的影响机制与具体规划实践。

历史分析法：考察国语政策、文字政策、民族语言政策、外语政策不同时期产生的条件、推进的情况，比较不同时期日本语言政策特征，总结日本语言政策客观发展规律。

质性分析法：在网罗日本语言政策研究学术成果、国家政策法令、会议记录、调查报告、网络资料等基础上，进行细致深刻解读，客观分析日本语言政策基本核心内容，归纳日本语言政策特征，提炼总结日本语言政策的借鉴启示。

三　研究重点和难点

以描写日本语言政策核心内容为基本，介绍日本语言政策历史与现状，把握其特性，试图发现共性及前车之鉴。结合大量客观真实史料，揭示科学性语言政策的积极效应，以及非合理性语言政策产生的不良影响。辨析语言政策与国家建设互动关系，探寻语言政策制约机制，丰富语言政策学术理论与国别实例。

语言政策学术研究开展历史短暂，国别语言政策研究尤其明显。国内研究成果鲜少，国外研究成果十分分散，成果查找梳理过程存在困难，并且可借鉴性有限。此外，一国语言政策内容庞杂，重要核心性研究内容需要审慎抉择，十分挑战笔者语言规划学学科研究的学术能力。语言政策研究牵涉多学科知识体系，丰富性多学科综合能力的补给与运用，具有现实局限困难。

四　研究创新

（一）研究方法创新

本书综合运用多维分析法、对比分析法、历史分析法、质性分析法多项科学研究方法和手段，对于获取的真实、客观、可信性研究材料，进行全面深入分析。不仅分析学术成果、国家政策法令、网络资料等基础性研究文献，而且搜寻会议记录、调查报告等辅助权威性材料，用于助力本书研究。不仅运用语言学、社会学两种语言政策基本学科知识，同时结合传播学、经济学、政策学的学科知识解析研究对象。

（二）学术观点创新

第一，国语建设的国家需求部分，在常见的思想需求视角基础上，增加了经济、殖民需求分析，认为殖民需求是日本国语建设中国家需求的直接导火线，并且语言殖民手段较其他殖民手段更具有现实可行性。

第二，媒体领域国语推广政策实践部分，建构媒体信息传播运作模型，国语推广初期阶段，媒体领域"口语型"国语的推广效力，较如教科书等"书面型"国语的推广效力更为良好。

第三，民族语言政策解构时，指出19世纪末的语言同化到20世纪末的语言尊重过程，表现出国家共同体高于民族共同体的日本国家理念，是在国家共同体基本完成基础上，不涉及国家利益根本动摇前提下的民族语言尊重行为。

第四，语言政策制约因素可以归纳为语言政策主体、语言政策客体、语言政策环境，语言政策是这些因素作用下的具体表现，三大制约因素中，任意一个因素发生变化，语言政策都应当发生改变。

第五，语言关系中存在两类关系、五种语言观。两类关系是语言地位关系和语言博弈关系，五种语言观是二元观、主次观、平等观、竞争观、合作观，认为平等观和合作观是处理语言关系的科学语言观。

第六，语言政策客体并不总是依照语言政策主体规划意愿开展语言生活实践。语言政策功能系统包括语言政策规划主体、语言政策执行中介、语言政策执行对象。语言政策导向功能表现包括正导向性功能和负导向性功能。

(三) 研究内容创新

第一，方言地域的国语推广政策实践部分，丰富了国内学界普遍讨论的"方言札"惩罚措施，介绍了除"方言札"外，其他多样惩罚行为并行。揭示了为提升学生习得使用国语的积极性，惩罚与奖励方式并存的客观史实。

第二，国语发展近况部分，通过具体数据，①补充了多位先生强调的"明治维新以后，只用20年时间（学校）普及了国语"②。指出日本历经百年沧桑，基本完成国语普及任务的现实。

第三，文字形成发展部分，通过日本出土木简，证明一音一记规范形式初现，但未完全统一。通过实例"川"（kaha）至"川"（kawa）的语音转变，证明日语古音多于现代语音。

第四，民族语言政策解析时，追踪了2017年最新版北海道阿依努族人口调查数据，以及内阁会议通过《关于推进创建阿依努民族自豪感得以尊重的社会环境法律案》（2019）相关情况。

第五，外语政策考察时，全面介绍英语教育争论中平泉涉的主张，修正部分学者的片面认识。及时跟进近两年外语政策的剧烈变化，总结外语政策存在的问题和我国值得关注与借鉴的政策措施。

---

① 该数据证明，约20年间日本标准语普及工作进展良好，但尚未达至百分之百普及程度，同时此次调查只针对山形县鹤岗市专项调查。并不存在具体数据指向，此20年间日本已完成全国标准语普及工作。

② 申小龙：《汉语人文精神论》，辽宁教育出版社1990年版，第339页；陈章太：《语言规划研究》，商务印书馆2005年版，第13页；陈昌来主编：《应用语言学导论》，商务印书馆2007年版，第216页；周有光：《周有光文集第五卷：新语文的建设，新时代的新语文》，中央编译出版社2013年版，第470页；池昌海主编：《现代语言学导论第四版》，浙江大学出版社2014年版，第229页。

第一章

日本国语政策*

  日本，古倭奴国。唐咸亨初，改日本，以近东海日出而名也。① 4世纪左右，大和朝廷统一日本，② 至8世纪，公家政权统治达至顶峰，建立形成古代天皇体制。8世纪末起，公家政权开始出现衰败，经摄关时期（858年至1086年）和院政时期（1086年至1185年），天皇朝廷的大权旁落幕府将军一侧，公家政权转向武家政权。1192年，开设镰仓幕府后，天皇仅作为既无政治权力亦无经济权力的精神权威，受控于幕府。

  1603年，征夷大将军德川家康建幕府于江户（今东京），开启了最后一个长达265年（1603年至1868年）的封建统治时代。1868年，明治维新改革，明治维新不仅为日本带来了政治、经济和军事等国家红利，还对原有非均质化的多元语言现象干预改革，整合实现为统一标准的国语，为日本社会发展奠定语言保障。本

---

  * 本章部分内容已以《媒体领域标准语言规划研究：以日本为例》《日本标准语规划问题考》《日本国家战略需求下的标准语规划问题研究》为题，分别刊发在《现代人类学》2019年第3期、《语言规划学研究》2020年第11辑和《日本问题研究》2020年第6期。

  ① 张廷玉等撰，李克和等校点：《明史》，岳麓书社1996年版，第4774页。

  ② 统一日本的"大王"，即"天皇"祖先，4—7世纪，居中央政治地"大和"（今奈良县），统治国家。

章主要通过日本国语建设的国家需求、国语标准化的沿革历程、国语推广实践、国语政策的时代近况四个方面,分析日本国语政策问题。

第一节 国语建设的国家需求

日本国语规划是在国家需求下形成发展的,这一需求主要表现为思想、经济和殖民三种驱动。至19世纪90年代中后期,日本仍未开展过较大范围口语方面的研究。① 此后,因国家发展态势所需,政府层面设置"国语调查委员会"②,着手实质性国语建设。本节主要探讨国语建设的国家需求,辨别国语建设的时代驱动,指明思想需求、经济需求、殖民需求之于日本国语建设的重要影响。日本国语建设中,思想急需和经济急需属于充分但非必要条件,而殖民急需的必要性,相对于前两者更为凸显,可以视为日本国语建设的直接要因与导火线。

一 思想需求

（一）国内外矛盾丛生

国内方面,封建幕府统治下的日本,被划分为200余藩国。③为了维护封建权力,幕府在各藩境设置了关卡,藩国间禁止自由流动。福泽谕吉表示:"就好像全国几千万人民,被分别关闭在几千万个笼子里,或被几千万道墙壁隔绝开一样,简直是寸步难行。"④ 束缚人身自由的封建体制,形成了"藩即国,日本即天下"的独立政治体意识。在这种根深蒂固的传统理念作用下,人们活

---

① [日]宝力朝鲁:《日本の近代国語教育思想の形成と上田万年》,《教育思想》2000年第27号。
② 1914年,"国语调查委员会"主要工作基本完成,予以解散。
③ 藩国数目因时而异,约250—300。
④ [日]福泽谕吉:《文明论概略》,北京编译社译,商务印书馆2017年版,第164—165页。

动半径十分有限,不同藩国使用不同语言,语言间接触、融合现象十分不明显。

17世纪末,国内商品经济发展,城市消费开支增大,靠微薄俸禄为生的中下层武士们生活日渐贫苦。18世纪初期,幕藩体制出现动摇,加之西方"兰学"①的影响,国家体制改良意识形成并发展。19世纪中期,商品资本进一步发展,封建统治重压和禁锢下,农民起义频发,社会改革日趋迫切与成熟。风雨飘摇中的日本,先后经过公武合体、尊王攘夷和尊王倒幕运动,1868年,推翻了幕府统治,进入明治时代。

明治元年,日本政府力求改变封建性藩邦林立的国家格局,废止既有藩国关卡,允许国民作为自由人迁徙移动。1871年,明治政府宣布"废藩置县",撤销封建割据的261藩,设置3府302县的行政单位。② 统一规划全国行政区域,建立中央集权国家。

国际方面,为了防止葡萄牙、西班牙等教徒在日本实施布教活动,引发社会混乱与统治威胁,江户幕府先后发布五次"锁国令"③。至幕末1853年,美国东印度舰队司令佩里敲开日本国门的220年间,幕府只保持着与虾夷、琉球以及中国、朝鲜和荷兰的往来关系。

锁国期间,西方帝国掀起了全球势力范围的殖民扩张,俄、英、美、法不断扣关日本。18世纪初,沙俄作为首个试图殖民日本的国家,从"千岛探险"开始不断南下,至1854年,日俄先后接触、交涉17次,日英、日美、日法也同样分别开展了19次、14次和2次的接触、交涉。④ 这些国家不约而同地向日本提出了开港通商的要求,但均遭拒绝。

---

① 兰学指德川吉宗解禁洋书后,主要通过荷兰人或荷兰语传入的西洋学问总称。
② [日]大石学主编:《图解幕末·维新》,滕玉英译,陕西师范大学出版总社有限公司2012年版,第206页。
③ 1633年第一次锁国令;1634年第二次锁国令;1635年第三次锁国令;1636年第四次锁国令;1639年第五次锁国令。
④ 伊文成、马家骏主编:《明治维新史》,辽宁教育出版社1987年版,第241页。

俄、英、法列强忙于克里米亚战争和鸦片战争，无暇顾及向日本扩充势力范围。1853年，佩里将军率先抵达浦贺湾，以武力敲开了日本国门，威逼日本开港通商。翌年，复率军舰至江户湾，与日方签订《日美亲善条约》①。其后，法、英、荷、俄与日本签订类似系列不平等条约，开放横滨、长崎、下田和函馆等通商港口。

（二）国家意识觉醒

国家意识与对外关系问题中，单有与外国的接触不足以产生国民国家意识，这种自觉只有在强劲感受到来自外国的不对等势力压迫时才易产生，且不对等势力压迫作用越大，国家意识自觉度越高。发展到一定程度时，多表现为民族自觉的国家独立改革运动。

日本受到早期外来势力的频繁威胁，逐步产生近代国家意识萌芽，"国学""海防论"等观念的产生，体现出寻找国家精神根源和国域统一完整的思想转变。贺茂真渊指出："唐文化未输入前，日本仁义满天下，输入后则恶人产生。"② 贺茂真渊通过否定他者，以优越自觉伴随对本国传统文化的回归审视，探求国家存在的本我"真正精神"。

林子平强调："不要从幕府和各藩各自的立场出发，要把日本国民作为一个整体以加强日本的防御。"③ 受西洋强敌的震慑冲击，他者异族观念惊醒，藩国独立政治体思想渐变瓦解，国家历史命运共同体意识悄然形成，但这种自觉的国家意识惊醒，直至明治时期才表现为全国规模。

---

① 《日美亲善条约》，亦称《神奈川条约》，是日本签订的第一个不平等条约。1854年3月31日，江户幕府与美国缔结《日美亲善条约》，条约包括正文12条、附文13条，主要规定日本向美国开放下田和函馆两个通商港口；美国可在此港口购买船只物资补给；美国向下田派驻领事；美国船只遇难时，日本提供支援救助；享有部分最惠国待遇。从此，日本结束锁国历史。

② ［日］贺茂真渊：《近世神道論·前期国学》，岩波书店1982年版，第380页。

③ 伊文成、马家骏主编：《明治维新史》，辽宁教育出版社1987年版，第196页。

鸦片战争中国战败的消息，经"荷兰风说书"传至日本，自古膜拜中国的日本大为震惊，对于西方外来势力的侵略倍感恐慌。佩里的武力扣关，深感外压下的日本，国家意识越发觉醒，国民自觉空前高涨。如竹越与三郎所述："外敌入侵前，藩国思想如铁石般坚固，国民思想丝毫不在……美军舰入浦贺港……对外同仇敌忾，诸藩间猜疑、敌对全无，三百列藩皆兄弟，百千万民皆国人。国家意识油然而起。"① 坂本龙马等斡旋于萨摩藩和长州藩间，提出雄藩联合治理国家的建议。对于佩里来航后签订的不平等条约，以及江户等行政部门的动向，就连偏远村庄的首领文书中，都进行了相关记载。② 在与西方殖民势力的角逐危难中，备受集体压迫的民众，对国家未来表示出焦虑与担忧，日本人民触异求同、一致对外，国家忠诚代替了原有的藩国忠诚。

（三）国语与国家认同

19 世纪中期，打破幕藩体制藩篱的日本，在对内寻求发展与对外寻求独立的动荡社会中，效仿近代欧洲资本主义国家，探索着民族意识的养成和自主国家的建设之路。

以大和民族为主体的日本民众，长期生活在共同政治地缘中，这些政治地缘具有十分明确的地理边界，成为民族国家内部最为自然关联的基础。陆奥宗光指出："所谓日本人，西起萨摩之绝地，东迄北虾夷之间，凡生息于此地，处于帝国政府支配之下者，皆此之称也。"③ 在族群共享居所的天然壁障中，集体进行着相同或相似的社会经济生活，拥有着统一的传统文化和宗教习俗。

"人类不仅生活在自然和社会中，也生活在由语言所构成的观念世界里。"④ 进入近代，日本面临外国压制，在维护国家尊严、

---

① ［日］竹越与三郎：《日本史（上）》，岩波书店 2005 年版，第 31—32 页。
② ［日］田中彰：《日本の歴史 24》，小学馆 1976 年版，第 29 页。
③ ［日］陆奥宗光：《伯爵陆奥宗光遗稿》，岩波书店 1929 年版，第 3 页。
④ 宋蜀华、白振声主编：《民族学理论与方法》，中央民族大学出版社 1998 年版，第 299 页。

争取国家独立的影响下,"日本民族固有血统团体"①的共同历史记忆被唤起,亟待迫切在中西方夹缝中,确立对内的自我认同和对外的他我认同,培养均质化的国家国民。这一过程中,构筑统一国语,成为国家发展的重要战略对策。

19世纪90年代,日本逐渐兴起国家主义意识,将日本人视为历史、血缘、语言、文化原生共享的群体。国语作为国家运营的中枢语言,已超出语言学概念范畴,与国家建设相结合,成为附和国家意志的近代产物。

1902年,伊泽修二曾对赴日考察学务的吴汝纶建议,"欲养成国民爱国心,须有以统一之。统一维何,语言是也。语言之不一,公同之不便,团体之多碍,种种为害,不可悉数……宁弃他科而增国语。前世纪人犹不知国语之为重,知其为重者,犹今世纪之新发明。为其足以助团体之凝结,增长爱国心也"②。

语言差异是民众间分裂的最大之物。③ 国语在纵向推移和横向蔓延过程中,成为一种可以利用的武器装置,影响着全民语言趋同,塑造着国家国民的形成,维系着国家国民的情感。国语承载的信息,将国家时间和国家事件共同时空一体化地渗透至全国。通过对这些信息的获取、认知,进而形成群体羁绊,产生国家共鸣,建构集体"生成性记忆"④,完成国家国民心中联结的精神意象。

1894年缔结《日英通商航海条约》,允许外国人在日本国内自由居住、旅行,日本社会形成杂居状态。欧洲留洋回国的上田万年表示对语言使用乱象的担忧,"国语状况犹如现今内地杂居乱

---

① [日]铃木贞美:《日本的文化民族主义》,魏大海译,武汉大学出版社2008年版,第45页。
② 吴汝伦:《东游丛录》,李长林校点,岳麓书社2016年版,第120页。
③ [日]田中克彦:《言語の思想——国家と国民のことば》,日本放送出版协会1975年版,第12页。
④ 杨俊健:《集体记忆中的"生成性记忆"和"固化形式记忆"》,《武汉科技大学学报》(社会科学版)2017年第3期。

象……未有严格意义上的国语现存"①。同年，在哲学馆进行《国语与国家》演讲时提出，通过"土地""人种""结合一致""法律"四要素，可预知国家未来兴亡，"结合一致"主要涉及历史习惯、政治意识、宗教、语言和教育五项内容。"国语与一国名誉、一国秩序、一国命运相伴……培育着国民的思考力和感受力。"②"国语是皇室的藩屏，是国民的慈母，是同胞的精神血液，是帝国的历史生命。"③上田万年如上所述，多次揭示国语与国民国家建设发展的密切关联，强调国语之于国家、国民的重要价值。国语可以培育"日本精神""精神血液""忠君爱国"，国语在国家向心力构筑中具有积极效用。

老舍指出："语言的统一有很大的政治作用。"④语言是国家独立的基础和外在表现之一，国家国民并不具有天然性，国民统一有利于国家稳定团结。将原属藩国藩民教化为国家国民，国语可以发挥关键能效。社会生活中使用国语，往往可以代表着作为国家国民使用国语，国语的选择与使用，是身份认同和情感归属的显性表现形式。语言统一益于语言共同体统一，益于民族国家独立发展。

二 经济需求

（一）国内资本主义形成

明治以前，德川幕府掌控全国四分之一的直辖领地，以及江户、大阪、京都、长崎等重要政治、军事、经济和交通要地。剩余四分之三的领地作为"藩"，采用分封制形式授予200余家大名统治。将军和大名将领地配给家臣作为"封地"，下层武士仅从藩主处领取俸禄用以生活。占人口总量80%的农民，人身依附于所

---

① ［日］上田万年：《国語学叢話》，博文馆1908年版，第100—101页。
② ［日］上田万年：《国語のため》，富山房1897年版，第6—7、12—13页。
③ ［日］上田万年：《国語学叢話》，博文馆1908年版，第105—106页。
④ 老舍：《大力推广普通话》，《新华月报》1955年第11期。

属领主，被牢牢限制在耕作的土地上，禁止自行移动。

伴随农业生产力水平的提高，出现了剩余产品。16世纪末，年产量为1851万石；1697年，增至2580万石。① 在生产力水平较为先进的地域，单位产量有的高于全国平均水平每反②1.5—2石，达至每反2.3—2.8石。③ 自给自足的自然农村经济开始瓦解，商品化农业经济发展显著，农民中分化出部分商人群体和手工业群体。

商品市场的形成和发展，促使社会活动发生深刻变化。封建领主们生活奢侈糜烂，收支状况紧迫。诸侯无论大小，皆国用不足。④ 于是，便通过减少家臣俸禄，或向富商借款，或在大阪等地建立粮仓用以贩卖收获的贡赋租米等手段，弥补每况愈下的开支。以靠俸禄为生的下层武士生活十分困苦，部分下层武士被迫从商。部分特权商人为领主代售货品，依凭剥削着小型工商业者以及农民，进而获取巨额资本。阶层间主动或被动的商业化行为，均不同程度地促进了商品交换的进一步发展。此时的藩主们，虽然在政治上依旧保持着封建割据局势，但在经济上，已逐步呈现规模化商业模式。

商品经济冲击着原有封建经济结构，打破了藩国间主观人为划定的沟壑。地域间、城乡间分工不断扩大，商品流通、商业合作越发加强，商业间业务种类分工越发明显。正德年间（1711年至1715年）的批发行达1800余家，商品的批发、兑换等行业种类数达82种以上。⑤ 如植棉业中，出现了巡回包买的"采棉商"，专司剥绒的"去籽行"，中转贩卖的"批发行"，经办运送

---

① 每1石是10日斗，每1斗是10日升，每1升是约1.804公斤。
② "反"亦作"段"，为单位土地面积，1反为992平方米。
③ 管宁：《日本近代棉纺织业发展史——兼论日本近代资本主义起源问题》，天津人民出版社1997年版，第27页。
④ ［日］高桥竜吉：《日本近代经济形成史第一卷》，东洋经济薪报社1968年版，第135页。
⑤ 李秀石：《略论日本资本主义思想萌芽》，《历史教学》1986年第3期。

的"运输商",各地买主的"买棉商",弹制原棉的"大铺家",兜售棉纱的"中间商",加工棉纱的"织布商",渲染织布的"染色商",销售衣料的"布商"。从原产品生产至销售整个过程中,需要有近十四五道分工程序才可完成。① 此外,由于生产需要,还出现了超出家庭内部生产的雇佣关系形态。1843 年,和泉宇多大津村有 14 家织布行,共有家族劳动力 46 人,雇用劳动力 47 人。②

18 世纪后期,封建经济中产生资本主义萌芽。商品经济的渗透,生产生活格局演变,经济结构重组,农村中的豪农、豪商和城市中的町人阶层,已经表现出资本主义倾向,但由于受制于阶级局限的影响,这种资本主义倾向具有一定狭隘和软弱特质。商品生产的家庭式手工业占据主要比重,工厂式手工业至 1867 年仅 188 家。③ 且其中多属各藩国为加强防御而开设的以官营形式为基础的军事工业,如石川岛造船厂、神户造船厂、江户关口水道町炼铁厂和大炮制造厂等。④ 这时的生产力依旧落后,经济实力较为薄弱。由于资本主义生产关系并不十分成熟,明治政府为了建立和发展资本主义,初期便开始实施殖产兴业计划。

殖产兴业主要以政府的工部省和内务省为主要负责机构,在引进西方先进技术和管理方法的基础上,结合国家政治权力和财力,通过政策支持等方式,进行资本原始积累,以国营军工企业为主要对象,大力扶植资本企业发展壮大。

明治政府第一步是大力利用国家力量实力诱导,自上而下培育现代官营企业。政府接收整改原有藩国机器工厂,形成两

---

① [日]井上清:《日本现代史第一卷明治维新》,吕明译,生活·读书·新知三联书店 1956 年版,第 52 页。

② 上海社会科学院亚洲太平洋研究所编:《从亚太看世界——上海社会科学院亚洲太平洋研究所论文精选》,上海社会科学院出版社 2008 年版,第 145 页。

③ 刘明:《日本"明治维新"新论——附论日本式资本主义道路的发展特色》,《大同高等专科学校学报》1998 年第 2 期。

④ [日]守屋典郎:《日本经济史》,周锡卿译,生活·读书·新知三联书店 1963 年版,第 32 页。

大陆军工厂和两大海军工厂。① 未列入陆、海军工厂的原有藩国机器工厂，多数归于工部省管理经营。第二步是将这些官营企业廉价处理，将官营企业转让给资本家，扶植近代资本主义成长壮大。

经济市场机制下，为帮助全国性物资快速流通，1870年3月，政府投资建设了首条东京—横滨铁路，11月，建设了神户—大阪铁路，1973年12月，建设了大阪—京都铁路。此外，1882年2月，民间投资建设了东京—青森铁路，后私营铁路公司不断增加壮大。1894年，官营铁路总里数为929英里，私营铁路总里数为2473英里。②

在政府支持下，陆运、航运也同样呈现规模性发展，交通干线通达全国主要地域。全国性密集交通网连接着各个主要城市和地区，密切了全国各地区间互通。交通的顺畅发达，激发商业急速前进，经济资本活动范围更加快捷、增广与扩展，全国经济市场同一化渐行成熟。

甲午战争中国的赔款金额，相当于日本政府当年财政收入的4倍多。在这笔赔款帮助下，日本完成其他资本主义国家百年才可能完成的原始资本积累。甲午战争成为日本资本主义确立的重要契机，也成为资本经济得以快速增长的关键因素之一。

19世纪90年代，日本基本实现资本主义工业化。工业化工厂由60年代后期的405所，增长至80年代后期的3344所，且其中多为近代性质的工业化工厂。贸易结构由明治初期的以出口原材料、半成品等为主要形式，转变为工业品出口额占据较大比重的结构。公司数量由1894年的约3000家，激增至1898年的7000余家。③ 1906年的产业工人数量，较1886年扩大了6倍，

---

① 两大陆军工厂即东京炮兵和大阪炮兵工厂；两大海军工厂即筑地海军兵工厂和横须贺海军兵工厂。

② ［日］守屋典郎：《日本经济史》，周锡卿译，生活·读书·新知三联书店1963年版，第128页。

③ 刘祚昌等主编：《世界史·近代史》（下），人民出版社1984年版，第291页。

达至60万人。①

(二) 国语与经济发展

明治维新前，封建幕藩体制下的各个藩国相对独立、封闭，异藩人间的方言差距较大，交往非常困难。鉴于信息传递需要，社会上层人士在口语层面，常使用"谣曲"②作为基本交流手段，如诸大名进行"参勤交代"③时，西国大名与东国大名使用谣曲交谈。④明治维新开城时，萨摩军和左幕军也采用谣曲谈判。⑤书面语层面，由于上层人士一般具有汉文习得经历，因此多采用声音视觉化的汉文训读体作为书面语言实现交际。普通民众受活动半径以及教育程度所限，各声其声，只能在其居住地范围内使用本地方言进行社会交际。

《狂言田舍操》（1811）描绘了当时距离江户20町⑥的地域已出现语言差异，距离1里⑦的地域，使用着完全不同于江户方言的世相。⑧《国语元年》（1985）描绘了明治初年，陆奥、出羽、畿内、萨摩、大隅间语言不通的情景。奥羽人对萨摩人和长州人的语言差异，同对中国人和朝鲜人的语言差异并无本质区别。⑨

明治维新后，随着商品经济的进一步发展，各地区间联系更加密切。工业化浪潮中，经济市场蓬勃发展，促进了城市繁荣，加剧了人口集聚，民众进行着大幅度跨地域、跨阶层的集中社会移

---

① 王荣堂、姜德昌主编：《世界近代史》（下），吉林文史出版社1986年版，第113页。
② 日本传统艺术"能乐"的台本，是武士群体精通的艺术。
③ 1635年起法制化，是控制大名的一种制度。各藩大名需在江户执行一段期间的政务，后返回本藩执行一段期间的政务，外样大名为期约一年，关东谱代大名约半年。
④ ［日］山本正秀编著：《近代文体形成史料集成——発生編》，岩波书店1982年版，第224页。
⑤ ［日］小林存：《方言交流論》，《方言研究》1941年第4辑。
⑥ 1町约109米。
⑦ 约3.9公里。
⑧ ［日］水原明人：《江戸語・東京語・標準語》，讲谈社1994年版，第14页。
⑨ ［日］冈本雅享：《言語不通の列島から単一言語発言への軌跡》，《福冈县立大学人间社会学部纪要》2009年第2号。

动。1920年的三大都市圈人口数量，较1897年增加了1—2倍（见表1-1）。

表1-1　　日本三大都市圈人口对比状况①　　单位：万人

三大都市圈	城市	1897年	1920年
京滨都市圈	东京	133	335
	横滨	19	57
阪神都市圈	大阪	75	176
	京都	33	70
	神户	19	64
名古屋及其附近的传统都市圈	名古屋	25	61

人口的移动，国内经济市场的逐步扩大，促使语言间接触融合。经济活动、贸易交往的各个环节，如物资传送周转、商品销售买卖等，都需要语言服务。由于没有共享语言形式的存在和使用，开展商品经济活动时，不得不雇用双言双语人在其中担任语言桥梁，这便浪费了人力资本、时间资本、经济资本。除影响信息交换效率外，还会增大交易开销，也有可能会出现因语言误解而造成经济交往误会，降低商品贸易成功率。为规避由于信息传递低效或失败而造成的经济效率下降或经济交往不畅，以最小损耗顺利完成经济交际目的，须采用恰当的方式和手段，将原本非同质的语言实现统一标准化。构建适用于各年龄、性别、阶层、职业、地域间交流共享的超方言语言体系，是促进资本经济发展完善的得力举措。

语言是经济活动不可或缺的工具。② 普尔（Pool）认为："一个国家不管其语言统一和分歧到何种程度，都仍可能是不发达国

---

① 姚传德：《日本近代城市发展研究（1868—1930）》，苏州大学出版社2015年版，第96页。

② 赵世举主编：《语言与国家》，商务印书馆2015年版，第82页。

家。一个全民大体使用同一种语言的国家可能或贫或富，程度不均。但是，一个在语言方面极其繁杂的国家却总是不发达的，而一个发达的国家总是具有高度统一的语言——如果不是在语言起源上的统一，就是一种共同语言的广泛传播。语言的统一性是经济发展必要的但不是充分的条件，而经济发展是语言统一性充分的但不是必要的条件。没有（或甚至有）语言的同化，经济增长可能不会发生，但是，如果经济增长确实发生了，那么语言的统一（首先是通过语言的学习，然后是通过语言转用）也将接踵而至。"①

一定情况下，统一的国语，易于实现获取较高的经济效益，分歧的方言，可能在商业活动中形成障碍，对经济发展也许是一种损害，伤害经济市场的蓬勃兴旺。经济发展依赖语言统一，统一语言是统一市场经济健康发展的重要条件，统一市场的形成可以促使国家贸易事业越发强大。经济越进步，统一语言的价值越为凸显。

语言具有资源属性，是交换工具和信息载体。人们利用语言相互交际，交流思想，达到互相了解，建立相互关联。斯大林指出："没有全社会都懂得的语言，没有社会一切成员共同的语言，社会就会停止生产，就会崩溃，就会无法作为社会而存在下去。"② 国语在分享获取经济信息、实现经济红利和增添经济活力方面具有明显优势。统一语言使得经济活动边界扩大，经济触角延展到某地区，语言也自然跟随延伸至该地区。商品外销至异地，必然会与异地商家进行语言交际，采用均质化水平较高的语言，沟通自然顺畅。良好的语言使用环境，促进创造良好的经济发展环境。

---

① ［美］乔纳森·普尔：《国家发展与语言多样性》，载中国社会科学院民族研究所等编《国外语言政策与语言规划进程》，语文出版社2001年版，第7页。
② ［苏］斯大林：《马克思主义与语言学问题》，人民出版社1957年版，第20—21页。

迈向近代工业化道路的日本，财力护航，引进西方先进工业技术，改善交通，兴建新式铁路公路，可为资本经济快速形成发展提供硬件基础。均质化的语言，可为资本经济持续稳健发展提供软件保障。经济接触常以语言接触为先导，经济发展对语言改革提出新要求。摆脱因语言分歧造成的经济制约，革新现有语言形式，通过行政手段，人为规划出较为统一的国语形式，自然成为现实之急。

三　殖民需求

（一）殖民主义理论思想

日本很早就有殖民他国的思想意识。早在1577年，丰臣秀吉就曾向织田信长表示："用朝鲜之兵，以入于明，庶儿倚君灵威，席卷明国，合三国为一。"① 通过图谋朝鲜，借朝鲜之势入侵中国，将中、日、朝三国合并纳入本国版图。以"奉天皇于大唐（明）之京都（迁都北京）……尊奉圣意，占领天竺（印度）"②。将北京沦为日本天皇御用之都城，并计划进一步扩大殖民范围，意图占领天竺。

18世纪末，本多利明基于"国用不足，天灾之际，饥饿之庶民产生"③的可能，提出国家发展战略的四大急务，"属地（殖民地）开发"便为急务之一。向北窥视俄罗斯领地，"堪察加位于北纬51—70度之间……不能置之不理"④。为实现本国利益，不惜采取非正义的战争手段，在异国掠取资源，补给本国需求，为殖民侵略描绘伪善合理性。

19世纪后期，首相山县有朋在呈递天皇的奏折中，提出国家

---

① 王向远：《日本侵华史研究》，宁夏人民出版社2007年版，第263页。
② 赵建民、刘予苇主编：《日本通史》，复旦大学出版社1989年版，第111页。
③ 陈秀武：《近代日本国家意识的形成》，商务印书馆2008年版，第95—96页。
④ 陈秀武：《近代日本国家意识的形成》，商务印书馆2008年版，第97—98页。

独立自卫的两种途径，一则为捍卫主权线，一则为防护利益线。①主权线主要涉及国家疆域问题，利益线主要涉及与主权线关系密切的其他区域。"欲不使此次胜利②失其成效，进而成为东洋之盟主。"③ 主权线是国家独立发展的基础，利益线是国家快速发展的手段。捍卫主权线是进步的表现，但为了巩固主权线而进一步防护利益线的军事开发行为，则是退步的表现。

同时期的福泽谕吉表示，"战争是伸张独立国家的手段"④。从内心谢绝亚细亚东方恶友。"加入吞食者行列，与文明国人一起寻求良饵。"⑤ 东方主义意识中，将欧洲与欧洲外的其他事物二分化，欧洲外部事物皆属亚细亚范畴。深受西方影响的福泽谕吉，膜拜欧洲先进文明，视亚细亚为落后，不愿与亚细亚为伍，欲加入文明国家行列。为使亚细亚诸国同为文明国家，欺名盗世借武力实施"援助"。"直陷北京，更进而蹂躏四百余州，可大显日本之兵威"⑥ 的侵略"援助"，对于亚细亚诸国是一种伤害。强调这种虚假的"援助"行为，需要创造时机，以防"顷刻落入他人之手"⑦。在得知甲午战争武力"援助"的胜利消息时，喜极而泣的福泽谕吉，深感"失之西方，取之东方"的快感。

(二) 殖民主义理论实践

与西方相遇，形成东方意识，进而从日本与中国的差异认识，发展为东方与西方的差异认识。为实现"海外雄飞"，日本急于妥善处理两种国际关系，即修改不平等条约，与列强达成平等关系，

---

① 米庆余：《明治维新——日本资本主义的起步与形成》，求实出版社 1988 年版，第 235—236 页。
② 指日本政府在甲午战争战胜清政府。
③ 富饶编著：《《明治维新——日本武装移民开拓团始末纪实》，黑龙江人民出版社 2015 年版，第 15 页。
④ 陈秀武：《近代日本国家意识的形成》，商务印书馆 2008 年版，第 201 页。
⑤ [日] 福泽谕吉：《福沢谕吉全集第 8 卷》，国民图书 1926 年版，第 477 页。
⑥ 刘岳兵：《甲午战争的日本近代思想史意义》，《日本学论坛》2008 年第 1 期。
⑦ 米庆余：《明治维新——日本资本主义的起步与形成》，求实出版社 1988 年版，第 233 页。

以及与列强为伍，实现对外侵略的不平等关系。日本在处理两种关系时，并非先后进行的顺序，而是通过不平等关系的处理，日渐充实国力，与列强不断交涉，辅助完成实现平等关系的目标。1894年，着手计划修改系列不平等条约，至1911年的《日美通商航海条约改正案》，废除了所有不平等条约，真正完成了现代意义上的国家独立。

中日关系中，早期日本长期处于劣势地位，明治维新前，曾数次试图改变，但终因国力悬殊，未能取得实质变化。明治维新后，日本依旧对更改此势不断努力。

1871年，日本首先通过与清政府缔结《日清修好条约》，恢复两国官方交往，实施与清朝对等地位。其后，日本国家视线转移至曾为中国附属国的琉球和朝鲜，否定琉球、朝鲜对中国的附属关系，对其进行强制占领。

1872年，单方面宣布琉球为日本国内藩地，置于鹿儿岛县管辖范围内。1875年，强迫琉球结束自1404年便开始的中国与琉球的正式朝贡册封制度，禁止琉球向清政府朝贡。1879年，吞并琉球，改为冲绳县。

1874年，以高山族民杀害琉球船民的"牡丹社事件"为由，声称"杀害琉球人就是杀害日本人"①，在美军帮助下攻打中国台湾。琉球与中国台湾之事，本属中国附属国与中国地区之事，日本以此进行军事挑衅，实为干涉他国政事。经英国调停，同年，中日双方签订《台事专约》，日方掠取50万两"抚恤金"。

1876，逼迫朝鲜签署《日朝修好条约》，否定朝鲜与清政府的附属关系，日本享有朝鲜治外法权，并逼迫开放釜山、元山和仁川为通商口岸。19世纪，中、日、朝三个东亚国家相继被迫开国，中国和日本是在西方列强武力逼迫下打开国门的，朝鲜则是在日本武力逼迫下打开国门的。

---

① 郑震孙主编：《日本侵华图片史料集》，新华出版社1984年版，第9页。

伴随国力增强与国家发展利益需求的增长，日本正式对中国发动侵略战争。甲午战争中国战败，中国台湾沦为日本第一块海外殖民地。进入20世纪，日本继而向朝鲜、中国大陆、东亚诸国掀起全面殖民侵略，试图建立"大东亚共荣圈"对外战略体系。在这些殖民地、半殖民地区域内，为更有效地获取最大统治利益，实施军事、政治、经济殖民外，还不遗余力地兼顾采用文化殖民手段，通过语言殖民同化，最大限度将殖民地区人力资源和物力资源直接有效地日本化。

（三）国语与殖民同化

菲利普森（Phillipson）指出："语言一直都与帝国间存在联姻，且与之长久相随。"[①] 帝国殖民行为伴随着帝国语言扩展延伸。语言是社会关系形成和维系的重要工具之一，通过对语言活动的管理和束缚，进而能够实现对社会活动的管理和束缚。强有力的语言殖民同化政策，有效提升殖民政府权力，降低殖民统治成本，迅速加固殖民霸权操控领域，扩展殖民语言传递范围。为加固和增强自身殖民统治服务，日本殖民政策中，充分借助政治力量，施行语言同化。

日本为摆脱沦为殖民地的危机，在寻求独立发展道路上吸收模仿对手。发动战争，殖民他国，以掠取资源维护统治。在对中国台湾殖民统治时，借由军事力量实施语言同化。与文化同化、宗教同化相比，语言同化具有无可比拟的优越性。日本文化深受中国传统文化和西方现代文化影响。日本宗教包含佛教、神道教和基督教等不同宗教模式，不存在独尊唯一的宗教模式。据日本文化厅统计，2020年度，日本宗教信徒为1.81亿人。[②] 同年日

---

① [英] 菲利普森：《语言领域的帝国主义》，上海外语教育出版社2000年版，第31页。

② [日] 日本总务省统计局：《宗教统计调查：過去10年間における主要数値の推移》，2021年，https://www.e-stat.go.jp/stat-search/files?page=1&layout=datalist&toukei=00401101&tstat=000001018471&cycle=0&tclass1=000001160766&tclass2val=0。

本总人口数约为 1.26 亿人。① 日本宗教信徒数量多于全国总人口数量，说明存在一个信徒信仰多个宗教的事实。日本人民信仰的不确定性，不利于宗教殖民效果良好实现。文化、宗教等其他殖民国家可借用殖民同化的工具，对于日本而言，都不具备独特专有性，对于殖民、半殖民地区的民众而言，也不具备强势吸引力。

语言殖民同化政策使得国语建设从国内问题变为国际问题。语言殖民同化时，日本首遇的一大难题便是，日据中国台湾初期，并不存在标准化的国语。中国台湾总督府首任学务部长伊泽修二明确表示："台湾推行日语，必须明确日语语调基准，整理统一日语。"② 基本语言形式未有成型，未能满足语言殖民同化的基础条件，也就无从谈起语言殖民同化政策的实施。上田万年建议："以一千五百年来使用过的日语为基础，形成新国语，并将其根植普及于支那。"③

这种新国语并不等于以往既定持续使用的语言形式，而是需要经过科学总结分析，将这种可塑性的语言形式精心雕琢，统合成多元复合的国语。面对殖民局势的现实急需和长远前景，探求适宜国家殖民发展需求的标准国语形式已迫在眉睫。

20 世纪初期，日本政府依靠国家力量，开始推行语言改革。1900 年，明治政府成立"国语调查会"，1902 年，改名扩充为"国语调查委员会"，归属文部省管辖，其工作内容之一就是国语标准化。经过多年努力，形成《口语法》（1916）、《口语法别记》（1917）等重要成果。

《口语法别记》前言指出："（中国）台湾、朝鲜纳入我国内，其地区人民同化为我国民，教授我国口语为第一要务。就此，口

---

① ［日］日本总务省统计局：《人口推计》，2021 年，https：//www.e-stat.go.jp/stat-search/files? page = 1&layout = datalist&toukei = 00200524&tstat = 000000090001&cycle = 7&year = 20200&month = 0&tclass1 = 000001011679。

② ［日］安田敏朗：《帝国日本言語編制》，世织书房 1997 年版，第 48 页。

③ ［日］上田万年：《国語のため第二》，富山房 1903 年版，第 83 页。

语须制一定规则，口语法为现世必要之物。"① 可见，近代日本国语改革，几乎与殖民地的语言同化政策相伴相生，并肩而行。

承载着日本文化、宗教和精神的国语，成为另一种有别于军事力量的武器，桎梏着殖民地区民众。将这种"美妙的音乐""天堂的福音""精神的血液"强制输出到殖民、半殖民地区，试行集体殖民催眠，以剥离旧有的国家归属与国家认同，培养无形的新型群体连带感，增强对殖民宗主国的依存和服务观念。

实质上，这是日本为巩固维护国家利益，在殖民、半殖民地区实施的一种浓厚的利己主义殖民权利侵略。通过剥夺他者利益，获取更大发展。国语有力地塑造殖民意识的深刻感染，促使殖民政策的上令下达，增强殖民政策的社会影响，巩固殖民政策的霸权优势。

国语是现代国家建设和发展的基础条件，每个国家都十分重视国语建设问题。但因国情不同，各个国家国语规划的时代需求有所差异。日本在客观要求与主观意志双重交织中，较早地开始统合建设国语。

国语强劲地促进了国家认同和国家意识的养成，是内忧外患中的日本完成国家建设的思想急需。国语高效地促进了经济持续强化和经济市场的统合，是经济发展中的日本完备统一市场的经济急需。国语持续地协助了殖民政策巩固和殖民开发的实践，是殖民统治中的日本寻求利益最大化的殖民急需。国语建设就是国家政治语言建设，因此，应时代需求，必须对语言物质外化的国语形式进行具体分析、合理建设。

第二节 国语标准化的沿革历程

国语标准化的确立是社会顺利运转的基本保障，是国语建设的

---

① ［日］日本国语调查委员会编：《口语法别记》，国定教科书共同贩卖所1917年版，第（前言）3页。

重要内容。经过人为规范的国语，具备跨地区、跨阶层、跨族群交际沟通的功能。1903年，第1回国定教科书《寻常小学读本》明确规定，标准语即有教养的东京人使用的口语，随后补充为东京山手地区中流家庭使用的语言。①

李宇明指出："民族共同语一般都是在基础方言的基础上建立起来的，基础方言一般都是本民族中有权威的地域方言。其实，民族共同语的建立只考虑权威的地域方言往往是不够的，还需要考虑权威社会方言的因素，即以民族中某一有影响的社会阶层的语言为参照。因此，语言规范采用的基本上都是权威地域方言加权威社会方言的'双重参照系'。"② 本节主要借助该"双重参照系"理论，以社会语言学视角讨论日本国语标准化沿革轨迹，认为日本选择以东京山手地区中流家庭的语言变体作为国语的基础方言，经过人工培植、雕琢完成国语标准化，这是国语规划的典范，有助于实现语言服务国家战略的目标。

一　方言双重权威性

同一种语言中存在不同变体，一般将这些变体称为"方言"。方言依据分类标准的差异，可以划分为地域方言、社会方言。大体上，提及方言，人们一般首先意识到的是地域方言。地域方言主要是因地理空间差异而形成的语言变体，是语言在地域间不平衡发展的体现。1964年，社会语言学诞生后，社会方言进入研究视野。社会方言主要指言语社团进行信息传递时，所采用的具有内部群体特征的语言变体，这种变体往往是由性别、年龄、职业、阶层等因素影响形成，与其他言语社团间存在显著特征差异。

日本同其他多数国家相同，语言具有多样性。对于日本方言的

---

①　[日] 冈本雅享：《言語不通の列島から単一言語発言への軌跡》，《福冈县立大学人间社会学部纪要》2009年第2号。
②　李宇明：《权威方言在语言规范中的地位（补）》，《语言文字应用》2005年第3期。

使用记载，最早可追溯至《万叶集》（710年至794年）时期，在《冬歌》14卷①和《防人歌》20卷②中，采用了与当时"中央语"迥异的东国方言表述。《东大寺讽诵文稿》（820）中的"此当国方言、毛人方言、飞弹方言、东国方言"，是最初使用"方言"一词的文献。③ 这说明，人们很早就意识到语言间存在着客观差异。

1954年，东条操将日本地域方言划分为本土方言和琉球方言。本土方言主要分为东日本方言、西日本方言、九州方言，其中，东日本方言包括东北方言、北海道方言、关东方言、东海东山方言、八丈岛方言；西日本方言包括北陆方言、近畿方言、中国方言、云伯方言、四国方言；九州方言包括丰日方言、肥筑方言、萨隅方言。琉球方言主要分为奄美方言、冲绳方言、先岛方言（见图1-1）。

日本地域方言分歧严重，如被俗称为"ズーズー弁"的东北方言中，不区分"し""す"、"ち""つ"、"い""え"语音差异，如"煤（すす）""獅子（しし）""寿司（すし）"的语音一致。"カ行""タ行"多发为"ガ行""ダ行"语音。另外，寒暄用语"さようなら"，在青森地区称为"おしずかに"，在冲绳地区称为"あんせー"；寒暄用语"ありがとう"，在熊本地区称为"ちょうじょう"，在山形地区称为"おしょうしな"。这些都深刻影响着民众间正常的信息传递。

19世纪末，青田节描述道："在赴任福岛途中的火车内，旁侧有一仙台妇人同一英国人，仙台妇人使用的仙台方言着实难解，无法沟通交流，但由于习得少许英文，却可与英国人攀谈数句。"④

---

① せ夫 ろに あ逢 はなふよ（卷14・3375番歌）。
② 長けこの夜を（卷20・4394番歌）。
③ 《方言の意味や定義 Weblio 辞書》，https://www.weblio.jp/wkpja/content/%E6%96%B9%E8%A8%80_%E8%BF%91%E4%BB%A3%EF%BC%88%E5%9B%BD%E6%B0%91%EF%BC%89%E5%9B%BD%E5%AE%B6%E3%81%A8%E6%A8%99%E6%BA%96%E8%AA%9E%E6%94%BF%E7%AD%96。
④ ［日］青田节：《方言改良論》，葆光社1888年版，第5页。

大町桂月在赴任出云市簸川中学校时,首惊于语言分歧,使其"犹如入国外之感"①。上田万年感叹道:"混杂方言卑语的无学野蛮语之流行,乃吾人遗憾之事。"②

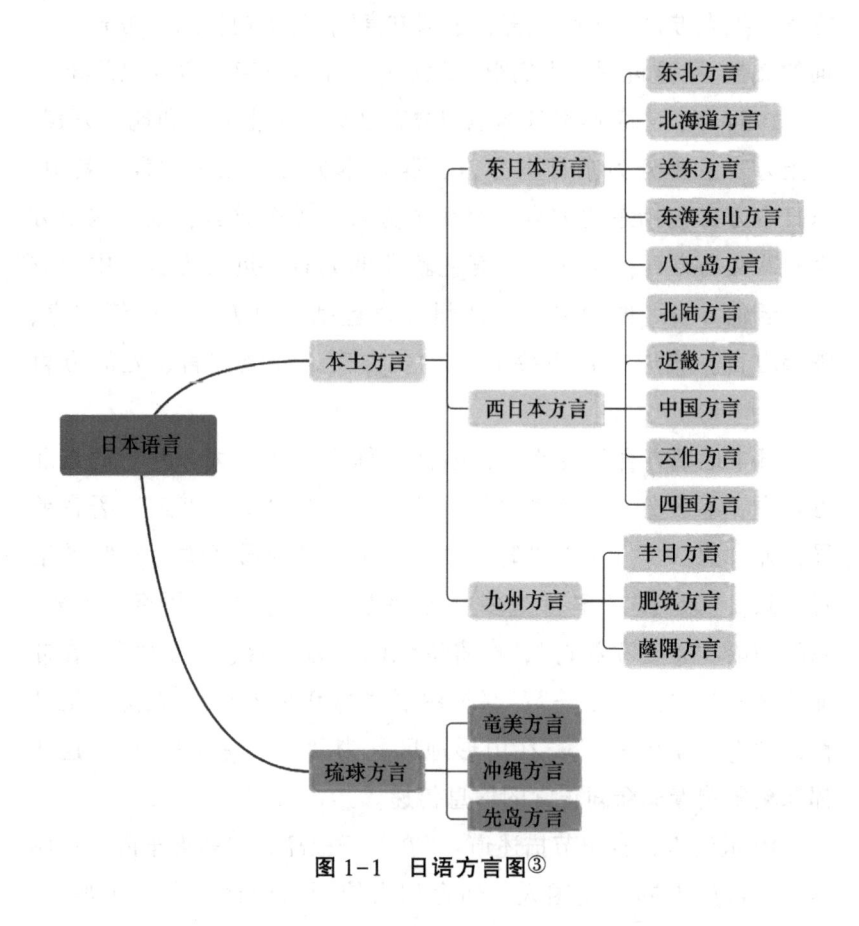

```
                              ┌─ 东北方言
                              ├─ 北海道方言
                    ┌─ 东日本方言 ┼─ 关东方言
                    │         ├─ 东海东山方言
                    │         └─ 八丈岛方言
                    │
                    │         ┌─ 北陆方言
          ┌─ 本土方言 ┤         ├─ 近畿方言
          │         ├─ 西日本方言 ┼─ 中国方言
          │         │         ├─ 云伯方言
  日本语言 ┤         │         └─ 四国方言
          │         │
          │         │         ┌─ 丰日方言
          │         └─ 九州方言 ┼─ 肥筑方言
          │                   └─ 萨隅方言
          │
          │                   ┌─ 奄美方言
          └─ 琉球方言 ─────────┼─ 冲绳方言
                              └─ 先岛方言
```

图 1-1　日语方言图③

除地域方言差异显著外,日本的社会方言差异也十分明显。藩国制度下,民众被严格地划分为士、农、工、商四民身份,

---

① [日] 大町桂月:《一蓑一笠》,博文堂 1901 年版,第 211—212 页。
② [日] 上田万年:《国語のため》,富山房 1897 年版,第 64 页。
③ 根据和久井生一著《現代日本語要説》绘制而成。[日] 和久井生一:《現代日本語要説》,朝仓书店 1989 年版,第 31 页。

除此之外，还有公卿、神级、僧侣、学者、贱民等特别身份，每个人都有自己所处的固定阶层位置。武士作为四民等级制度中的最上层阶级，使用"武家用语"，这种语言变体作为辨识手段之一，具有身份象征价值和作用，是武士同其他阶层的显性区分标志。

理论上，语言及其变体都是有规则的交际系统，本质上拥有潜在平等性，皆为交换思想和交流信息的工具。但现实中，因发育状态和语言功能差异，存在着权势关系。"权势"一词最初由社会心理学家布朗（Brown）引入社会语言学研究中。① 在权势关系中，社会地位低的方言称为"低势方言"，社会地位高的方言称为"高势方言"。从低势方言到高势方言，往往形成台阶式的系列，处于台阶最高端的方言称为"权威方言"。② 这种权势变量，在不同历史条件下，有时会因政治、经济、文化、宗教等要素的影响发生变化。

二　地域方言权威性转向

（一）京都方言转向东京方言

从上代到近世，日本的政治、经济、文化中心都在畿内地区。平安时代（794年至1185年）前，日本主要以奈良盆地为中心的"大和语"作为"中央语"进行交际沟通。平安时代后，逐渐形成以京都为首的政治、经济和文化中心。政治上，794年桓武天皇将都城从奈良迁至京都，国家机关也随之发生中心地点变更。经济上，繁荣于镰仓时代（1185年至1333年），兴盛于室町时代（1336年至1573年）。

室町初期，京都酒家数量已超过三百，形成上、中、下立卖町商业街区，在崛川有木料市场，六角町有鱼市场，五条室町有马

---

① 白解红：《性别语言文化与语用研究》，湖南教育出版社2000年版，第98页。
② 李宇明：《权威方言在语言规范中的地位》，《清华大学学报》（哲学社会科学版）2004年第5期。

市场，三条、七条有米市场，① 构成一派欣欣向荣的商业景象。文化上，德川家纲实施文治政策，元禄町人文化开花。出现大量使用"上方方言"②的语言文化作品，如井原西鹤的浮世草子，近松门左卫门的歌舞伎、净琉璃。尤其这一时期，净琉璃作为国民戏剧在全国各地上演，带动了上方方言的广泛传播。新型中央语的京都方言取代了旧势力的奈良方言，并延续了中央语与地方语的对立状况，形成鄙视其他地方语的风潮。③ 12 世纪初的《今昔物语集》（28 卷），记录了京都贵族们讥笑东国农村女性语言鄙俗粗鲁、难以忍受的情景。

长久以来，京都方言一直被视为语言标准，是外国人学习日语时的典范对象。1542 年，葡萄牙船只漂流到日本九州丰后地区，揭开了日本与西方交融的历史一页。为了方便向日本人布教，编著许多日语学习书籍，如《日葡辞典》（1694）、《日本大文典》（1608）、《日本小文典》（1620）等，这些资料大多以京都方言为标准参照。但随历史推进，国家中心转移，打破了京都方言享有标准威望的传统局面。

1590 年 7 月小田原之战，德川家康取得胜利，7 月 13 日丰臣秀吉论功行赏，将江户城作为封地赐予德川家康。8 月 1 日德川家康入江户，9 月大部分德川家臣已完成移居关东地区的行动。刚入城时，江户只是个茅草屋仅百间、人口仅数百、纵 12 町、横三四町的城镇。④ 1600 年关原之战胜利，三年后，德川家康被任命为征夷大将军，于江户开设幕府。德川家康大兴土木，开山填海，改造城邦，至江户初期的一百年间左右，经过四次规模性扩建，构

---

① ［日］竜井孝、大藤时彦、山田俊雄编：《日本語の歴史 5：近代語の流水》，平凡社 2007 年版，第 115—116 页。
② 指以京都、大阪为中心的地区方言。
③ 郭阳阳：《方言和标准语在音韵上的对立与变化：以关西方言为中心》，硕士学位论文，山西大学，2012 年第 10 页。
④ ［日］竜井孝、大藤时彦、山田俊雄编：《日本語の歴史 5：近代語の流水》，平凡社 2007 年版，第 120 页。

建成《庆长见闻集》(1614)中描写的前所未闻之样,农村、附近居民前来观光的繁华大都市。

江户人口由原来的数百激增至百万,有的出于政治原因规模性迁入,有的出于经济原因云集开铺,其中主要包括三河、骏河、远江等德川家康麾下武士,京都、大阪等商人和手工业者,小田原等江户附近移居民众。这时期的江户方言也主要以三河、骏河等东海方言,京都、大阪等上方方言,关东附近的东国方言为基础,融合各地方言形成的综合性语言变体。

参勤交代制度促使大名及其家臣定期往返于本藩国和江户之间,18世纪初,以江户为中心的交通网,陆路有五条干线、海路有四条。① 交通的顺畅,人口的流动,使得江户方言较为顺利地传播至其他各藩国。商业发展促进町人文学发达,江户方言伴随着江户文化一起发展壮大。宝历年间(1751年至1764年),洒落本中还存有上方方言的表述特征,天保(1830年至1844年)以后,人情本中则完全采用独立的江户方言的表达形式。②

江户中期,江户方言已抢占部分语言空间,同上方方言形成二元对立。江户末期,上方方言语言空间萎缩,除上方地区周围、西航路港口岸外,两者已相差甚远,江户方言独占优势凸显。18世纪末的《屠竜工随笔》指出:"京都以前拥有皇宫时,是诸国人士的聚集地,其语言作为'中央语'。但现今并非如此……已不再被视为'中央语'。"③

与此相应,学习、了解江户方言的解说书大量出世,如《浜荻》(1767)对比了江户方言和庄内方言,《御国通辞》(1790)对比了江户方言和盛冈方言,《方言达用抄》(1827)对比了江户方言和仙台方言。另外,《物类称呼》(1775)收集了约4000个方

---

① 王文勋、张文颖:《日本明治维新时期的舆论研究》,中国传媒大学出版社2014年版,第12页。
② [日]真田信治:《脱·標準語の時代》,小学馆2000年版,第33页。
③ [日]真田信治:《脱·標準語の時代》,小学馆2000年版,第34页。

言词，与江户方言进行了比较。语言规划习得中的强势取向，进一步说明了江户方言已占据共通语地位。

1868年4月，江户无血开城，以萨摩藩和长州藩为中心的5万军队占领了江户城。同年下令诏书，将"江户"改为"东京"，以江户方言为基石的东京方言，在去除上方方言等西日本方言语言特征影响后，进一步完善独自特色的语言系统，扩展自身强势影响力，拥有了其他地域方言无可比拟的崇高权威。

(二) 地域方言权威确立

1868年，日本进入明治时代，国家转型期总是充满着激烈动荡的社会变革，社会变革常与语言变革相互作用，语言问题成为讨论的前沿阵地。民众间互动频繁，多语环境下，语言接触越发加剧语言矛盾，自下而上有关国语标准化的意见层见叠出。1901年，宫城县小学负责人增户鹤吉在《小学校国语教授法》中表示："在教育领域选定标准语乃十分必要之事，寄望政府规划实施。"①

对于标准语基础方言的地域变体择选问题，1884年三宅米吉提出三种方案：1) 以"雅言"②为基准，统一各地方言；2) 以现代语为基准，即以京都方言或东京方言为基准；3) 进行全国范围内方言调查，以使用数量最多的语言变体为基准。但随后又指出，这些方法均难以实现，认为随着彼此间交流的加深，语言接触过程中，发生自然性统一当为最佳方案。③

1902年保科孝一提出两种方案：1) 周到细致地调查全国方言基础上，综合结果，确立语音、词汇、语法标准；2) 在全国方言中，选择最纯正的方言或最有影响力的方言，对其进行人为雕琢，确定语言、词汇、语法标准。并表示后者具有可操作性，认为与

---

① [日] 水原明人：《江戸語・東京語・標準語》，讲谈社1994年版，第92—93页。

② 平安时期的古语。

③ [日] 吉田澄夫、井之口有一编：《明治以降国語問題論集》，风间书房1964年版，第487—497页。

较纯正的京都方言相比，东京方言权势地位较高，具备自然统一国语的倾向。①

在当时，持有以东京方言为基本参照论调的比重居多，具有绝对优势。渡边修次郎表明："没有必要讨论哪里语言的好与坏，以最为通用的东京方言为基础，进行语言统一设计方为良策。"② 矢田部良吉主张："以像东京这样大都市的语音为样本，将东京方言作为参照标准。"③ 罗马字会的意见是："以受过良好教育的东京人使用的发音为标准。"④ 松下大三郎认为："东京中流阶层使用的语言最为通行，如以此作为标准，代表我们的口语，应不难实现。"⑤ 金井保三表示："以东京方言为标准，伴随着交通和国民教育进步发展，东京方言是最有势力、最上等的语言，更会成为扩展至全国的语言。"⑥ 此外，岛野静一郎、西屯贞、冈野久胤等也倡导以东京方言为基础，统一国内语言。

多语社会中，构建一种超方言的语言体系，对于保障社会顺利运行，具有重要现实意义。这种超方言的语言体系，首先要有一定标准，应选择权势地位高的语言变体为基础方言，以保障其在社会生活中充分发挥语言职能效用。关于基础地域方言选择问题，当时日本学者的主要意见可以概括为如下几点。

雅言观。这类语言变体与社会现实使用的口语距离相隔甚远，不符合现实生活中时务所需，难以教育普及。

零干预观。语言在自然接触过程中，融合为统一语言，这个过程漫长且结果多变，与当时快速推进近代化的日本不相适应。

择众观。开展全国范围内的语言调查，从使用人数确定标准。

---

① [日] 保科孝一：《言語学》，早稻田大学出版部1902年版，第217—222页。
② [日] 山口仲美：《日本語の歴史》，岩波書店2013年版，第170页。
③ [日] 山口仲美：《日本語の歴史》，岩波書店2013年版，第170页。
④ [日] 山口仲美：《日本語の歴史》，岩波書店2013年版，第170页。
⑤ [日] 川口良、角田史幸：《「国語」という呪縛》，吉川弘文館2010年版，第48页。
⑥ [日] 水原明人：《江戸語・東京語・標準語》，講談社1994年版，第91页。

这种方式虽然公平，但不能兼顾效率，不能保证该语言变体一定是权势地位高且广泛运用于关键场域的、民众喜闻模仿学习的对象。

整合观。开展全国范围内的语言调查，综合结果，确立语言标准体系。这种方式过于理想化，是复杂问题简单化的一种处理方式，从操作层面上看，较难实现，尤其是词汇、语法标准，在短时日内难以确立。

京都方言中心观。传统纯正的京都方言在使用地区和范围上甚为狭窄，而且京都已不再是国家中心，政治、经济和文化上的优势远不及东京。

东京方言中心观。东京是日本国家政治机关所在地，是日本的经济中心和重要枢纽城市。相比其他地域方言，东京方言更具备良好的语言使用基础，是人们语言意识中仿效学习的对象。

东京方言中心观是最易被广大言语社区群体所接受的，最现实合理的语言规划观。东京是日本中央政府所在地，东京方言是公认的应用于行政、教育、媒体、服务重要领域和公共生活空间的便利语言，权势凌驾于其他地域方言之上，最大限度地保障了以东京方言为基础的语言形式发展成为全国性语言，这种将权威地域方言作为基础方言的抉择，是具有可行性和科学性的语言规划行为。

三　社会方言权威性发展

（一）山手方言与下町方言

1590年8月，德川家康入驻江户，三河、骏河、远江、甲斐地区的武士也随之而来。参勤交代制度使得每年全国半数左右的大名及其家臣、家族居住在江户，这些武士的府邸大多位于山手地区，以山手地区为中心形成了武家社会。

1603年江户开幕后，新江户城建造时，以日本桥为中心建造起工商业中心地带，形成了商人和手工业者的聚居地，即下町地区。以京都、大阪为首，近江、纪州、摄州、野州、相州、房州、上州、常州、上综、下综、甲州、信州等地的富甲商人和手工业者纷纷云集于此。

享保年间（1716年至1736年），江户人口已达130万，其中武士65万、町人60万，两类群体人数差距不大，但武士阶层的崇高地位和优越性清晰可见，就阶层用地来看，宽文年间（1661年至1672年），江户总面积为63.42平方公里，其中武家用地为43.66平方公里，约占69%；町人用地为6.75平方公里，仅约占11%。①

阶层的差异在社会方言中也得以体现。从微观层面来看，语音方面，町人社群使用"エ（e）长音"②的特色阶层发音形式，武士社群则不使用。词汇方面，仮名垣鲁文著的《安愚乐锅》（1872）中，武士社群使用的汉语词汇数量约为町人社群的两倍。③语法方面，福泽谕吉著的《旧藩情》（1877）中，武士社群使用"いきなさい"形式，町人社群则使用"いきなはい"或"いきない"形式。④

语言及其变体有权势高低之别，边缘语言使用者向中心语言使用者靠近，中心语言使用者向核心语言使用者靠近。江户时期的中、上流町人社群，会将权势较高的山手地区的武家用语作为公共商业社交语。幕末天保年间，武家用语已在一般町人间普及传播，下町民众在正式场合也会使用这种语言。⑤ 如《春色玉襷》（1857）中，商人乳母便使用具有"遊ばせ"特色的武家用语。

明治初期，当时的文人学士除熟知自己的地域方言外，最广为了解的就是山手地区上流武家和上流町人的语言。⑥ 山手方言较其

---

① ［日］杉本つとむ:《東京語の歴史》，講談社2014年版，第101頁。
② ［日］ite→e，如おもしろい→おもしれー；すごい→すげー。
③ ［日］飞田良文:《明治初期東京人の階層と語種との関係——安愚楽鍋を中心として——》,《国立国語研究所研究報告集》1978年第1号。
④ ［日］安田敏郎:《「国語」の近代史》，中央公論新社2006年版，第4頁。
⑤ ［日］水原明人:《江戸語・東京語・標準語》，講談社1994年版，第39頁。
⑥ ［日］水原明人:《江戸語・東京語・標準語》，講談社1994年版，第65頁。

他社会方言已具有深厚的群众基础。作为高势社会方言的山手方言，对当时整个社会的交流模式和语言结构都产生了深刻影响。

（二）社会方言权威确立

明治十年左右，言文一致运动兴起。"言文一致"最初由神田孝平在《读文章论》（1886）中使用，并指出文章改良目的在于使"言""文"弥合一致。山田美妙最初在《嘲戒小说天狗》（1886）中，意识性采用口语体书写。此后，二叶亭四迷所著的《浮云》（1888）等文学作品的出版，促使文坛正式掀起言文一致热潮。知名作家坪内逍遥、尾崎红叶等身体力行，采用了精雕细琢的东京方言进行创作。1905年，78%的小说作品已采用言文一致体，1908年达至100%。①

文字处理技术的发展，促使以语言文字为依托的文学作品、期刊等语言商品普及延伸，文字化的山手方言也随之大量复制、传播。夏目漱石著的《虞美人草》于《朝日新闻》连载，1907年，《大阪朝日》《东京朝日》的发行量为218873份，1916年刊载着《明暗》的发行量为429619份。② 这样便创造出大批单一山手方言阅读群体，培植出读者对山手方言语言商品的感知、识得、模仿、学习的语言意识与习得行为。

文艺作品有助于帮助语言统一。苏·赖特（Sue Wright）指出："印刷者主要受商业利益驱使，更关心的是某一作品寻求更大市场，因此不会通过改变语体以适应方言差异。"③ 作品中的山手方言的规则与用法，以人为意志规划外的方式，纵向渗透至整个社会，深深植根于人们的语言意识形态当中，一定程度上固定限制着此后国语标准化架构，刺激着国语标准建设。强势文学典范单向流通、传布全国，民众对此普遍认可并努力响应，这种附带

---

① ［日］山本正秀：《近代文体発生の史的研究》，岩波书店1965年版，第51页。
② ［日］小川荣一：《漱石作品における標準語法の採用》，《武藏大学人文学会杂志》2007年第1号。
③ ［英］苏·赖特：《语言政策与语言规划——从民族主义到全球化》，陈新仁译，商务印书馆2012年版，第28页。

效应，使经过精心雕琢的权势语言变体的力量进一步巩固与加强。

1900年"言文一致会"结成，并设定了两个目标：1）向两院提出言文一致请愿书，设置"国语调查会"；2）向全国联合教育会提出，学校教科书采用言文一致体的建议，国定国语读本采用口语体。

1902年，设置"国语调查委员会"的目标完成。作为文部大臣咨询机构的国语调查委员会，主要从事基础性调查工作，7月4日发表了《国语调查委员会决议事项》，第2条是针对言文一致问题的调查，第4条是针对标准语选定的方言调查。这种设计调查并非客观调查语言现状，从中选取共通之处，而是暗含着特定方向的诱导性，伴有既定路线开展执行。

保科孝一表示："这是为了对东京方言进行改良而实施的全国范围内的方言调查，进而断定其优劣。"[①] 主导此次调查工作的上田万年认为："标准语的选定基础必须是中庸的。过于文雅、粗俗、特殊的语言，都必须尽量避免。因此，符合当选的语言，应为有教养的中流阶层的语言。"[②]

1887年，日本教育会干部西顿贞编的《幼学读本》教科书，收录了以东京士君子语音为基本标准的会话体文章。国定教科书编纂趣旨揭示："文章主要采用东京中流社会用语，将其作为国语标准进行统一。"[③] 1903年，第1回国定教科书《寻常小学读本》，采用了东京中流社会用语书写的言文一致的文章，翌年起，全国范围内开始使用该教科书。至1910年第2回国定教科书《寻常小学读本》使用时，所有学校教材均付诸语言规划实践，采用了标准口语体。

1901年至大正期间（1912年至1926年），出版了众多口语文

---

① [日] 保科孝一：《言語学》，早稻田大学出版部1902年版，第226页。
② [日] 上田万年：《国語学の十講》，通俗大学会1916年版，第135页。
③ [日] 森冈健二编著：《近代語の成立——文体編——》，明治书院1991年版，第161页。

典，如前波仲尾著的《日本语典》(1901)、松下大三郎著的《日本俗语文典》(1901)、石川仓次著的《口语规则》(1901)、同文官著的《国语科教科用口语文典》(1901)、金井保三著的《日本俗语文典》(1901)、小林稻叶著的《新编日本俗语文典》(1902)、入江祝卫著的《日本俗语文法论》(1902)、铃木畅幸著的《日本口语典》(1903)、吉冈乡甫著的《日本口语法》(1906) 等。①

1903年，日本开展国家性质全国范围的方言调查。1906年，完成了《口语法调查报告书》，以此报告书为基础，形成了现行语法规范的重要成果《口语法》和《口语法别记》。

《口语法》是明治三十年代口语文典集大成，是日本国家机关首次规范的口语标准，实现了国语标准的书面化。《口语法》专门统合整理了诉诸声音的语言即口语形式，列举了现行主要语法规范，其目的是"形成最初的语法规范标准形式"②。

《口语法别记》结合了《口语法调查报告书》的共时研究，以及"记纪文学"③起166册古典文献的历时研究，描写出口语在各地的差异，以及八九百年间语体的变迁情况。大槻文彦在序言中指出："以东京有教养的人使用的语言变体为基础，确定通行全国的语言标准，这便是本书记载的口语法。"④ 1920年后，主要报纸《东京日日新闻》《读卖新闻》《朝日新闻》等也相继采用了标准口语体。1946年所有国家公文改用了标准口语体。

服务于社会各领域的山手方言，无疑具有极强的吸引力，受到大众所青睐，趋同倾向性的个人语言规划也日益明显。多种

---

① [韩] 邢镇义：《近代日本の「国語」概念の成立と文法——所謂三大文法家の言語観を中心に——》，《日本近代学研究》2014年第46辑。

② [日] 森冈健二编著：《近代語の成立——文体編——》，明治书院1991年版，第77页。

③ 记纪指《古事记》《日本书纪》。

④ [日] 日本国语调查委员会编：《口語法別記》，国定教科书共同贩卖所1917年版，前言第3页。

可供选择机制中，人们更愿意学习、使用和共享标准语言形式，这并非偶然事件，是有其特定原因的，因为强势符号的标准语言变体使用者往往比非标准语言变体使用者拥有更高社会评价和更大资源优势，同时也能够实现"误解最小化和交际效率最大化"①。

各个国家在国语标准化过程中，都积极努力遵循国语标准建设的科学规律，如我国普通话以北京语音和典范现代白话文著作为基础，标准朝鲜语以现代汉城中流社会群体的语音为基础，标准俄语以莫斯科话为代表的库尔斯克—奥勒尔方言中有影响的小戏院语音为基础，标准法语以巴黎话为代表的法兰西岛方言中社会权威群体的巴黎音为基础，标准英语以南部方言为主的全国受过正规教育的上层社会发音为基础，标准意大利语以托斯卡纳地区的但丁、彼特拉克、薄伽丘等文学范本语音为基础，标准德语的基础是萨克森州的官方用语，同时也吸收了迈森地方词汇著的《德语新约圣经》文体的舞台发音。

各国基本国情不同，国语标准化也有所差异，并不存在一个普适规划公式，但有些既定原则是值得参考和遵循的。理想的国语标准化，只考虑权威地域方言往往是不够的，还需要考虑权威社会方言因素，以某一有影响力的阶层语言变体为参照。

此外，需要进一步深入认识，有些国家将首都地区的地域方言作为国语标准化的基础方言，同时兼用权威社会方言加以限制。如日本以东京山手地区中流家庭使用的语言为基础，实现国语标准化。有些国家并未将首都地区的地域方言作为基础方言，如标准意大利语并非以首都罗马话为基础，而是以文艺复兴时期的文豪典范作品为基础，权威地域方言因权威社会方言制约而发生了地点转移。

可见，权威社会方言在国语标准化时占据了重要地位，甚至可

---

① ［英］苏·赖特：《语言政策与语言规划——从民族主义到全球化》，陈新仁译，商务印书馆2012年版，第46页。

能比权威地域方言的权重更高，制约着权威地域方言。权威地域方言的形成和确立，通常是一种与政治中心相关联的历史发展结果，自然性倾向更为明显。权威社会方言的形成和确立，经常受主观意志诸因素影响，人为性倾向更为明显。

国语标准化时，更倾向于选择以一种本土语言变体作为基础方言。该语言变体一般应既是权威地域方言，又是权威社会方言，这是符合语言规范的一般规律，也是语言规划实践的科学总结。国语的经济价值大、社会效用高，在不同领域、地域中使用情况更为理想，对民众社会生活能够产生巨大影响。

第三节 国语推广实践

明治维新后，出于国家发展需求，在自下而上的国语建设寄望中，政府开启了自上而下的国语规划实践。国语标准的确立，为国语推广工作奠定了基础。政策落实时，方言地域中，日本择用激进强行的国语推广手段，硬性管控和改造着地域民众的语言生活，达成快速普及国语的诉求。这种愿景通过广播媒体介入，得以较好实现。媒体使用的典范语言，深刻影响着民众语言生活。本节主要考察日本方言地区和媒体领域两个场域中的国语推广实践情况，探究日本国语推广实践特征。方言地区和媒体领域的国语推广实践均具有强制性，促使人们改变语言意识与态度，更迭语言习得与习惯。

一 方言地区

（一）方言矫正

方言矫正是以发音学为基础，对异于国语的地区方言进行生理发音矫正的一种行为，是在国家国语推广导向下的政策实践。因各地方言与国语的差别不一，不同方言地区的矫正工作并非整齐划一。

小泉秀之助著《东北地方教科适用发音与文法》（1900），此书为中等学校初级年级、小学教员乙类检定和高等小学学生用书，同书配有口型示意图，用以矫正秋田方言。但秋田方言矫正效果并不明显，至1908年，秋田县知事对教育中的国语发音成效缓慢问题仍深表遗憾。秋田县教育会著《秋田县地方适用语言教育教科书》（1931），此书为中学生教科用书，但现实效用依旧不甚显著。这种情况，如后文所述，在广播媒体的助力下，得以有效改善。

1905年，冲绳县新里寻常小学举行以保持培育毕业生学习力和练习国语为目的的温习会，每月召集毕业生回校一次，每次5小时，开展温习谈话、复习学校所学知识和练习国语活动，规定4年间不允许退会。① 大正初期，鹤岗市第二小学及第五小学开展发音教育，全校学生利用晨礼15分钟和午餐后15分钟，聚集开展"口型体操"发音练习，进行单位音节发音训练和单位词汇发音训练。②

1940年左右，新潟县制定《标准语方言对照表》，要求儿童常伴身旁，适逢机会便按其矫正。同时，语言朗读会、方言矫正会以及朗读音频、学校广播的使用也十分盛行。③

1942年，鹿儿岛县组建县语言改善委员会，并著《鹿儿岛县语言改善指导书》，对读本朗读、基础会话修炼和国语全面日常化问题，分别做了详尽指导。实施由原本单纯的矫正生理发音、朗读国语的活动，延展至日常家庭、社会域场使用国语的干预规划。④ 朗读会具体形式有所差异，有的选取年级或班级代表，进行

---

① ［日］梶村光郎：《篠原一二の標準語教育実践——沖縄の標準語教育史一断面——》，《言語文化論叢》2006年第3号。
② ［日］日本国立国語研究所：《地域社会の言語生活：鶴岡における実態調査》，秀英出版1953年版，第33页。
③ ［日］井部彰义：《新潟県地方方言、訛音矯正指導の趨向》，《国語教育》1940年7月。
④ ［日］前田達朗：《「話言葉普及徹底ニ関スル件」大島郡教育会について》，《日本語・日本学研究》2012年第2号。

朗读竞赛，有的则一起朗读训练。

1944年，篠川国民学校重视教员国语标准，要求教员利用每早晨礼后的10分钟开展语言净化练习实践，互相关注语调，并研究学生玩耍时的词语使用情况。周六下午3点，教员以各区年级教材内容为对象，进行朗读练习。此外，还关注女性在家庭中语言传递的重要作用，1944年起，每月逢8日，西方村支部篠川班和阿室釜班联合总会，对家庭妇女群体进行语言纯化必要性的解说与语言练习实践。①

语音是语言交往中最易感知的成分，通过方音矫正行为，试图打造出拥有国语能力的群体。国语推广是符合当时国家需求和需要的，是国家意志在语言层面上的体现。国语推广过程中，十分重视教育领域的重要价值，通过教育领域辐射至其他社会领域，因为教育领域拥有较为集中的群体组织，教师担任国语示范群体，学生担任未来社会国语传播群体，学生的国语学习使用逐步影响家庭和社会语言发展，学生与家人或学生与社会的国语传播行为，影响着国语普及结果。

（二）方言扑灭

日本以消灭方言为代价进行国语推广，将国语强化植入各色复杂语言地域，强制自觉状态下，完成语言使用更新。青田节认为："加之人力迅速改良，以扑灭方言为强效措施。"② 保科孝一明示："应以经过人为修琢的标准语，实施方言扑灭运动。"③

1900年代前，众多方言地区就已经开始讲授国语。④ 但这只是单纯地、非绝对禁止性地实施国语教学，且教学媒介语多采用国语兼方言。但据冲绳县立一中学生伊波普猷回忆："1894年，老师

---

① ［日］前田达朗：《「話言葉普及徹底ニ関スル件」大島郡教育会について》，《日本语·日本学研究》2012年第2号。
② ［日］青田节：《方言改良論》，葆光社1888年版，第49页。
③ ［日］保科孝一：《言語学講話》，宝永馆1902年版，第148页。
④ 此时教科书中的国语形式并不具有统一性，国家层面的国定国语教科书尚未形成。

们频繁逼迫学生们讲国语，但是毫不奏效。"① 可见这种形式下的国语习得成效不太理想。

1900 年左右，方言地区开始实施方言扑灭政策。冲绳小学教科书用语由最初的双语对译式，发展为国语单语式。教学媒介语由最初的国语兼方言双语式发展为国语单语式。教科书用语与教学媒介语发生了统合。要求禁止学校范围内使用方言，以国语作为基本交际用语，后将此规定范围扩充至校外其他领域（见表1-2）。

表1-2　　冲绳小学教科书用语及教学媒介语变化情况②

	教科书	教科书用语	教学媒介语
1880 年至 1888 年	冲绳对话	琉球语+日语	琉球语+日语
1889 年至 1897 年	鉴定教科书	日语	琉球语+日语
1898 年至 1904 年	冲绳县用寻常小学校读本	日语	琉球语+日语→日语
1904 年以后	国定教科书	日语	日语

学校对于使用方言的同学，实施相应惩罚。惩罚手段各个学校有所差异。新里寻常小学规定，三、四年级的学生若在教室中使用方言，惩罚其打扫教室。③ 冲绳县立第一中学规定，对方言使用者进行操行分数扣除2分的惩罚。于是，并非因学业低下，而因操行问题降级的学生层出不穷。④

久米岛寻常小学规定，将方言使用者备注在日志中，课后唤去办公室予以质问，部分性质恶劣者，教师会用烟头烫其耳。丝满寻常小学规定，将方言使用者置于讲台正座一排，教师着皮鞋在

---

① ［日］外间守善：《沖縄の言葉と歴史》，中央公論新社2000年版，第356页。
② ［日］ヨシムラさやか：《外国語から国語へ：沖縄における日本語教育史》，2012年，http://www.japanisch-als-fremdsprache.de/jaf/003/JAF_003_6.pdf。
③ ［日］梶村光郎：《沖縄の標準語教育史研究：明治期の綴方教育を中心に》，《琉球大学教育学部紀要》2006年第68号。
④ ［日］外间守善：《沖縄の言葉と歴史》，中央公論新社2000年版，第356页。

其大腿上行走。①

因方言问题而实施的各种身体惩罚以及学分减少最终降级的学生屡见不鲜，严重伤害着幼小学生的心理，对其心灵造成难以弥补的创伤，学生们承受学业压力的同时，还要承受心理压迫。在众多惩罚手段中，"方言札"成为多数学校采用的措施之一。"方言札"是一类通称，其具体形式因学校而异（见图1-2）。主要是将写有"方言札""普通语""语言札"等字样的木质或纸质制成的札牌挂于脖颈，作为惩治以示众人。

图1-2 方言札

1900年左右，"方言札"便已开始使用。据山城宗雄回忆，1901年4月，进入寻常高等小学学习，此时已有方言札。② 对方言札政策有明确记载的是，1911年的冲绳县师范学校附属小学《教

---

① ［日］近藤健一郎：《近代沖縄における方言札の実態：禁じられた言葉》，《愛知県立大学文学部論集》2005年第53号。
② ［日］梶村光郎、村上呂里：《沖縄県の国語教育史に関する実証的研究（沖縄の標準語教育史）》，http://hdl.handle.net/20.500.12000/12427。

育设施一览》第九项第五条"普通语奖励方法"第四部分规定："休息时刻，设置方言取缔挂，对使用方言的儿童，挂上写有'普通语'的厚纸札作为惩治。"①

方言使用惩罚对象、监督形式以及"方言札"设置情况因学校而异。有些仅针对方言词汇使用者，如坊泊中学校；有些不拘泥于方言词汇，从整体方言使用状况进行观察，如可爱小学。有些由教师监督，教师对方言使用者悬挂"方言札"，如川尻小学；有些由学生互相监督，学生对方言使用者悬挂"方言札"，如登野城寻常小学。有些班级仅设一枚"方言札"，班级内部方言使用者间相互轮转，如与论小学；有些班级内设多枚"方言札"，发放给方言使用者，一周内得 5 枚者，惩罚打扫擦拭走廊，如那间小学。

如何巧妙地诱使对方使用方言，将这一"错误"轮替转换至他人，成了学生们心里沉重的忧愁和负担。"方言札"措施在一定程度上实现了禁止使用方言的目的，但依旧存有局限性。学生使用国语的态度不积极，有时往往达不到政策目的。川畑长生指出："无论如何惩罚逼迫儿童使用规范语言，其自身使用意愿低迷，也绝不会取得成效。最根本的问题是，诱使其产生使用意愿，最为积极的措施是实施奖赏制度。"②

于是，有些学校改用其他惩治手段，如川尻小学废止了原有的"方言札"，改为其他禁止使用方言的措施。川尻小学使用"方言札"的最初两个月内成效显著，但随后三年级学生中，出现即使悬挂"方言札"也会继续使用方言的语言态度。于是，第二学期该项制度予以取消，以强化日志政策为主，周六全体晨礼上，令

---

① ［日］梶村光郎：《沖縄の標準語教育史研究：明治期の綴方教育を中心に》，《琉球大学教育学部纪要》2006 年第 68 号。
② ［日］原田大树：《昭和 30 年代の共通語指導における「懲罰」と「奨励」——鹿児島県の方言札・表彰状等を通して——》，《广岛大学大学院教育学研究科纪要》2009 年 58 号。

行为极其恶劣者进行自我反省。①

有些学校采用奖罚分离措施，如可爱小学除使用"语言札"外，还采用区分为白色和红色的"语言球"②，对国语使用优秀者颁发白色，对国语使用恶劣者颁发红色。③

有些学校采用奖励方式，如大丸小学对使用国语优秀的年级以及使用国语优秀的个人进行表彰。对使用国语优秀的年级颁发"学级表彰札"，将其悬挂在教室入口或教室内部，对使用国语优秀的个人颁发"表彰状"，以示鼓励（见图1-3）。

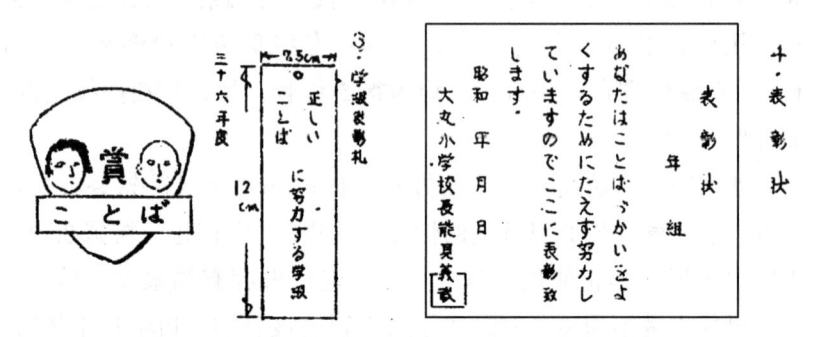

图1-3 国语能力优秀的年级或个人表彰证明④

学校领域的国语推广政策实践，深刻影响着其他社会领域的语言生活。1933年，进入那霸市小学的外间守善，表现出家庭领域使用方言和学校领域使用国语的双层语言使用属性，但至1941年、1942年，其弟、妹的小学时代，就已更迭为家庭和学校领域

---

① ［日］原田大树：《昭和30年代の共通語指導における「懲罰」と「奨励」——鹿児島県の方言札・表彰状等を通して——》，《広島大学大学院教育学研究科紀要》2009年58号。

② ことばの玉，纸巾3厘米的厚纸制成的圆球。

③ ［日］原田大树：《昭和30年代の共通語指導における「懲罰」と「奨励」——鹿児島県の方言札・表彰状等を通して——》，《広島大学大学院教育学研究科紀要》2009年58号。

④ ［日］原田大树：《昭和30年代の共通語指導における「懲罰」と「奨励」——鹿児島県の方言札・表彰状等を通して——》，《広島大学大学院教育学研究科紀要》2009年58号。

均使用国语的单层语言使用属性，受此影响，家庭内部成员的母亲和外间守善的语言生活也随之发生了相应转变。①

李宇明指出："除宗教领域，家庭领域是语言维持与生存的最后营垒。"② 家庭是社会组织中最为基本的初级社会群体，也是最为非正式的有机场域，几乎不用受制于诸种因素影响，可较为随性地使用各种语言或语言变体。当家庭语言与学校语言间产生鸿沟时，家庭成员更倾向选用学校语言进行家庭内部交际，因为学校语言占据高位典范。

通过外间守善的家庭语言生活描述，可以得知，此时的家庭方言使用空间正在逐渐让位于国语。学校在教授国语的同时，附带实现着国语意识的传递，方言在家庭领域的衰退，是其处境危机的明显信号，若不进行刻意改善，则危机态势会愈演愈烈。

由于冲绳县的特殊历史和地理位置，其在国语推广过程中表现出十分积极的态度和行为。除执行方言矫正和方言扑灭政策外，还努力宣传国语的重要性。冲绳县山内警察部长指出："推行国语活动作为县里的大方针是一定要更加彻底地进行下去的，冲绳是个有着特殊情况的地方，与其他县的方言不同，普及国语乃是县政府目前最为重要的工作。"③

1939年，冲绳县到处都张贴着鼓励普及国语的宣传，如"无论何时都能讲一口流利的国语""一家人在一起讲国语"④。与其他县相比，冲绳县的经济欠发达，归属日本本土的时间较晚，为快速摆脱经济落后境况以及明确国家归属，推广国语便成为县政府的主推工作。

1945年冲绳岛战役中美国攻占冲绳，1951年《旧金山条约》第三条规定，琉球群岛等诸多岛屿置于联合国托管制度下，由美

---

① [日] 谷川健一编：《「沖縄」論集成：叢書わが沖縄第二巻》，载外间守善《沖縄における言語教育の歷史》，木耳社1970年版，第211页。
② 李宇明：《语言竞争试说》，《外语教学与研究》2016年第2期。
③ 何俊山：《论日本冲绳方言的衰退》，《日语学习与研究》2010年第3期。
④ 何俊山：《论日本冲绳方言的衰退》，《日语学习与研究》2010年第3期。

国进行管理。管理期间，美方曾试图在冲绳县推行罗马字和英语教育，但遭到当地民众反抗。后试图推行冲绳方言——琉球语，但琉球语没有文字，也没有书面文献，不易编著教科书。过去琉球王国知识阶层的人大多能够流利地说日语和汉语，能阅读日文和汉文的文献书籍，因而学习了许多东西。遗憾的是，他们没有将其所学到的东西翻译成琉球语记载下来。[①] 出于对美军的敌对、自我日本化和编著教科书的困难现实，冲绳县表现为更自然自主地坚持方言改良纯化和国语推广的语言意向。

对那些偏离标准轨道的非标准语言形式皆仲裁为错误。直至1988年，冲绳县教育厅制定的"提升学力对策"，依旧坚持学校、地方和家庭中推广国语的政策，认定国语能力与学力间存在正趋向，将不能较好使用国语的行为作为儿童学力低下的要因之一。

求速心切，为快速清除国家统一发展中的语言阻碍，方言地区采取了两种国语推广政策，即方言矫正与方言扑灭。前者主要针对方言的发音问题，后者主要针对方言的使用问题。两种政策皆体现出日本政府"唯国语"的语言观，将国语与方言绝对对立、泾渭分明，过分强调语言间的隔离屏障功能，在强行政策导向下，建构起新型语言使用倾向。促使民众认为，拥有共享覆盖全国跨域的国语能力是一种语言自豪，更是一种身份象征。

二　媒体领域

（一）媒体的建立与发展

媒体形式多样，典型媒体包括报纸、杂志、广播、电视和网络等。其中，报纸和杂志是以书面语为载体的平面媒体，广播和电视是以口语为载体的声音视觉媒体，网络则是前两者结合，以书面语或口语为载体的声音视觉媒体。日本国语推广政策实践中，广播发挥着重大作用，是国语快速普及的关键力量。

---

① 邓佑玲：《语言濒危的原因及其复兴运动的方向——以琉球语为例》，《中央民族大学学报》（哲学社会科学版）2006年第4期。

1925年，日本开启无线电广播事业。20世纪20年代中期至50年代末期，在日本媒体发展史上，属于广播媒体的全盛期。① 1925年，在政府兴办广播政策批示下，以报业为首的近30家组织申请建立广播台，但政府仅批准了东京、大阪和名古屋广播台的建设资格。最初，三家维持独立经营，但为发挥媒体政治影响力，政府决定将其至于自身管治下，要求三家合并重组为"日本广播协会"，即NHK前身。

1928年，在札幌、熊本、仙台和广岛设立了广播台，11月，完成了连接7家②电台转播设施建设，形成全国较大范围的广播台网。③ 其后，不断扩建国家广播台数量。1952年，民间广播台建设兴起，至1955年，民间广播台已达40家。在广播台收听普及方面，起初普及程度并不高，仍以旧有的传统媒体传播信息方式为主。20世纪30年代起出现明显增长，1930年的普及率为6.1%，1940年增长至39.2%。④ 50年代达至顶峰，1958年的普及率为82.5%。⑤

1953年，NHK电视台开始播放电视节目。电视媒体与广播媒体相同，最初由国家设置，后允许发展民办电视事业。1957年，政府开始在全国批量建设电视台。如"富士电视台""关西电视台"等都是在该时期建设发展起来的。至1965年，电视台建设数量几乎以10倍速度增长。

电视弥补了广播只限声音传递信息的不足，其兼具声音与图像

---

① ［日］村上圣一：《放送の「地域性」の形成過程》，《放送研究と調査》2017年第4号。
② 具体设置情况是，东京（1925年3月22日）、大阪（1925年6月1日）、名古屋（1925年7月15日）、札幌（1928年6月5日）、熊本（1928年6月16日）、仙台（1928年6月16日）、广岛（1928年7月6日）。
③ ［日］山本文雄等编：《日本大众传播工具史》，刘明华、郑超然译，青海人民出版社1984年版，第149页。
④ ［日］矢野恒太纪念会编：《日本100年》，司楚、訾畹祖译，时事出版社1984年版，第496页。
⑤ ［日］东山一郎：《テレビが登場した時代のラジオ》，《放送研究と調査》2015年第4号。

的模态,受到了民众热烈欢迎。但对于刚步入战后经济复苏不久的普通民众来说,此时的电视机价格普遍昂贵。

20世纪50年代中后期,电视媒体发展出现陡然增长势头。这一时期,电视机的市场价格出现下降,加之日本经济高速增长,已处于"第二消费社会"①的民众收入增加,经济条件大为改善,电视机购买力有所增强。另外,1959年的明仁皇太子婚礼与1964年的东京奥运会,也为电视普及率迅速提升创造了重要契机。

1955年的电视机普及率仅为0.9%,② 1958年增至11%,1959年猛然增至23.1%。③ 通过电视机观看东京奥运会开幕式的约有8500万人。④ 至1968年,(彩色)电视普及率已高达96.4%。⑤

(二)媒体中的国语使用与普及

广播出现后,就像欧洲舞台剧演员的语言作为标准语言习得典范一样,日本播音员的语言成为首个"正确日语"的习得典范。⑥ 国语习得也从主观刻意转向自然模仿。

播音员是广播声音媒体中最为核心的人物之一,其语言成为民众争相学习效仿的对象。广播是以声音向大众传递信息的媒体方式,因此,除特殊情况外,一般要求播音员以普遍性和规范性的语言作为媒介语进行播音。普遍性是媒体语言的第一特性,规范性是媒体语言的第二特性,普遍性的语言需要一定标准制约,经

---

① 1945年至1974年。以家用电器为代表的批量生产商品在全国普及和推广,是第二消费社会的最大特征。[日]三浦展:《第4消费时代》,马奈译,东方出版社2014年版。

② [日]矢野恒太纪念会编:《日本100年》,司楚、訾晦祖译,时事出版社1984年版,第497页。

③ [日]东山一郎:《テレビが登場した時代のラジオ》,《放送研究と調査》2015年第4号。

④ [日]坂田谦司:《与那国島民の台湾テレビ電波による東京オリンピック視聴の意味考察》,《立命館産業社会論集》2012年第2号。

⑤ [日]冈本雅享:《言語不通の列島から単一言語発言への軌跡》,《福岡県立大学人間社会学部紀要》2009年第2号。

⑥ [日]日本放送协会业务局编:《アナウンス読本》,日本放送出版协会1941年版,第23页。

过标准制约的语言，才能更好地实现普遍。

普遍性语言不仅限于某个地方、某个阶层和某个领域使用，应是全国民众均质通用的。日本广播事业形成初期，播音标准尚未形成。播音员招募考试由东京、大阪和名古屋各家广播台独立开展。于是，大阪广播台使用大阪培养的播音员，广岛广播台使用广岛培养的播音员，这种举动受到了外界批评，最终都转为使用东京培养的播音员。①

广播语言特别是广播员的语言，必须是"日本人谁都能够明白的语言"②。广播用语是以全国听众都能听懂为前提的。《播音员读本》指出："诸君若想成为广播员……首先需要自身拥有正确的发音。其次要知道一直以来自身语调的缺陷。接下来，诸君必须习得优美正确的措辞。"③

1934年，在东京统一实施全国规模的播音员招募考试。招募条件第三项中，对语言方面提出了"正确使用标准语"的明确要求。此次728人应聘者中，本籍地、生长地和现住地为东京者分别为197人、218人和501人。经过第一次发音测试、第二次常识测试、第三次实战测试和应试面试后，通过者分别为110人、63人和25人。发音测试是对应聘者基本语音语调的考察，常识测试、实战测试和应试面试是对应聘者工作能力的考察。最后合格的25人，在接受第一期播音员培训后，其中的20人分配至方言地区，担任播音工作。④

标准语是东京山手地区中流家庭使用的语言，在通过第一次发音测试的110人中，98人的成长地是东京及其附近的关东地区。⑤

---

① ［日］秋山雪雄:《放送のことば》,《国语学》1951年第7辑。
② ［日］日本放送协会业务局编:《アナウンス読本》,日本放送出版协会1941年版,第15页。
③ ［日］日本放送协会业务局编:《アナウンス読本》,日本放送出版协会1941年版,第20—21页。
④ ［日］水原明人:《江戸語・東京語・標準語》,讲谈社1994年版,第164页。
⑤ ［日］小林利行:《アナウンサー採用試験概況（1934）》,《放送研究と調査》2016年第3号。

这种地区优势显露无遗。播音员招募时，主观上，广播台希望应聘者为该地区土生土长之人，因为成长过程中所习得的语言，常常深刻影响人们日后语言喜好和使用倾向。客观上，具有东京特色的合格者，在今后播音语言专项训练中，可以相应减损培训能耗。因此，在1936年的播音员招募资格中，增添了"成长地为东京"的条目。①

为了使播音员用语规范，日本放送协会对播音用语实施了调查研究。1934年，日本放送协会设置"放送用语及发音改善调查委员会"②，翌年发表了《关于放送用语调查一般方针》（以下简称《方针》）。

《方针》总则规定：1）放送用语的调查，以广播听众共通理解为基准……以充实放送效果为目的；2）放送用语以全国转播用语（以下简称"共通用语"）为主体；3）共通用语顺应现代国语之势，大体以帝都有教养的社会阶层一般使用的词汇、语法、发音和音调为基本。③选择词汇、语法时，确定了"现代口语第一位""依据现代普通发音""古语、方言可以适当性丰富词汇，但其发音、音调应遵循共通用语体系"④等基本方针。可以看出，放送用语使用规范调查是以使用国语为前提开展的，之所以如此，是因为若国语作为广播媒介语，便可以达到"充实放送效果"的目的。

媒体事业的构成包括内容、传播和受众三个主要组成要素，在媒体信息传播运作模型中，三者间关系如图1-4所示，内容是播放活动的原始材料；传播是播放活动的主力活动；受众是播放活动的信息获取。原始材料主要是在社会生活中，时时刻刻不同语码时空下发生的各类事件信息；主力活动主要是收集、人工筛选，

---

① ［日］小林利行：《アナウンサー採用試験概況（1934）》，《放送研究と調査》2016年第3号。
② 亦称"放送用语委员会"。
③ ［日］盐田雄大：《最初の放送用語基準》，《放送研究と調査》2007年第7号。
④ ［日］盐田雄大：《最初の放送用語基準》，《放送研究と調査》2007年第7号。

将不同语码时空下的事件信息进行语码统一转换后予以输出；信息获取主要是主动或被动地输入经过极度主观统一语码转换后的事件信息。

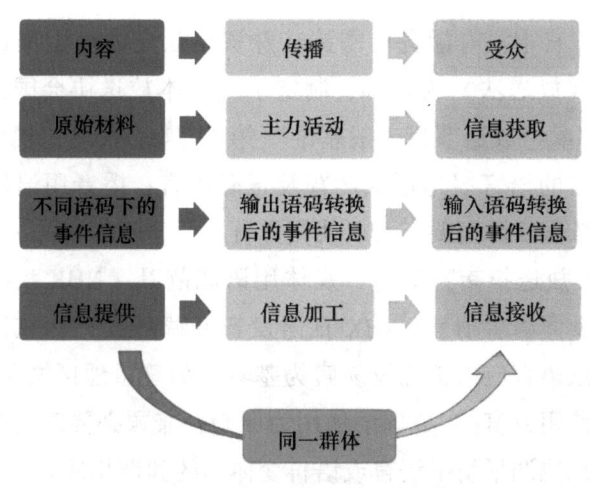

```
内容        →    传播              →    受众
原始材料    →    主力活动          →    信息获取
不同语码下的 →   输出语码转换       →    输入语码转换
事件信息         后的事件信息            后的事件信息
信息提供    →    信息加工          →    信息接收
                        ↓
                     同一群体
```

图1-4　媒体信息传播运作模型

相对于信息加工群体，信息提供群体和信息接收群体是无法左右播放内容和播放媒介语这类关键事项的。信息提供群体的事件信息具有自然状态的原始性，信息接收群体拥有自由获取输入事件信息的特质，一旦试图通过媒体快速了解外部社会的映像，便会直接受到媒体内容和语言的辐射，因为在获取信息资源的同时，也获取了语言资源。媒体受众由不同职业、年龄、地区等多层次社会特征的群体构成，其成分复杂、差异性大，因此，使用哪种统一语码输出信息，就成为"充实放送效果"的关键所在。

"媒体必须使用谁都能够明白也都能够使用的语言"，[①] 将信息传递给受众。在众多语言或语言变体中，国语是多数人都能够听得懂的语言。媒体不仅报道某地的风土人情和历史传统，同样还报道政治经济、科学教育等资讯。使用当地语言或语言变体作为

---

① ［日］杉原满：《言語の公共性とは》，《放送研究と調査》2012年第8号。

统一语码实施信息输出也非不可，但从信息传播影响范围观察便可得知，以国语作为统一语码，既可实现当地群体的理解，亦可实现其他地区群体的了解，达至"同事同时听取""同事同时体验"的成效。

目前，日本没有播音员需持特殊资格认定方可上岗的硬性要求，但以《放送法》为基础，制定了《日本放送协会国内节目基准》，第一章"放送节目一般基准"第 11 项"表现"规定，播音时使用易懂的语言表达形式，普及正确语言；播音用语原则上为共通语，依据实际需要，可以使用方言。①

《NHK 放送指南》规定，媒体用语规范以《NHK 汉字表记辞典》《NHK 词语手册》《NHK 日语发音音调辞典》为基准，同时也强调播放语言应以正确及易解为基本，为尊重地区文化多样性，必要时可使用方言。② 以国语使用为原则，兼顾必要时适当使用方言，较好地协调平衡了语言或语言变体间的和谐相通。

社会上存在的"播音员检定测试"，属于民间资格认证行为，分属 1、2、3 等级，无论是播音人士，还是一般社会人士，皆可参与，其可视为一种语言运用能力的检定测试。

植根于日常生活的媒体，其强大社会感知度，势必促使媒体语言产生强烈影响。接触传媒和随后行为之间被认定有直接关联。这种假定的基础模型是模仿。③ 媒体语言是鲜活的国语典范，将普通民众心中理想国语勾勒得清晰可见。普通民众通过接触这种"无处不在"的"口语型"国语，不断模仿修复自身不规范的语言，进而培养提升国语能力。

媒体是一个传导体。乔姆斯基指出："对公众来说大众媒体是

---

① ［日］日本放送协会：《日本放送協会国内番組基準》，https://www.nhk.or.jp/pr/keiei/kijun/index.html。

② NHK 放送ガイドライン，https://www.nhk.or.jp/pr/keiei/bc-guideline/pdf/guideline2015.pdf。

③ ［美］塞伦·麦克莱：《传媒社会学》，曾静平译，昝廷全审订，中国传媒大学出版社 2005 年版，第 2 页。

一个信息与符号的系统，它的作用是提供娱乐、信息，用价值、信仰和行为规范对个人进行反复灌输，从而将个人整合进入社会机制中。"①

程世寿和胡继明指出："新闻媒介通过传播各种社会规范信息来影响人们的思想行为，进而引导社会规范的实施。"② 媒体使用国语，可以促使不同阶层受众的语言联动，实现广适性的沟通传递能效。媒体使用国语，具有影响和约束语言生活发展的功能和力量。

媒体通过语言传播信息，这种信息是经过干预后的信息，其中略去许多减损信息。媒体语言在客观传播现实事件的同时，也在持续创造着现实世界。媒体输出国语，受众输入国语，这种非交互性单行、直接的传递方式，潜移默化，循环往复，既公开、鲜明地传播国语，又隐匿、广泛地推广国语，有利于民众国语使用越发普及与规范。

明治维新至"二战"，在国家权力强制镇压下，国语登上历史舞台。日本政府在贯彻国语政策行动中，兼用激进措施，扑灭方言，树立独尊国语的旗帜，积极同化地推广国语，营造使用国语的风尚。此外，将国语贯穿媒体始终，建立国语模仿标杆，传播着标准语言信息，灌输着标准语言形式。"二战"至20世纪80年代末，依托国家强有力的国语推广政策，国语得以良好普及。至90年代，日本全国基本完成了国语普及工作。③

第四节　国语政策的时代近况

在战后民主主义思潮影响下，国语标准渐变柔化，国语的称

---

① 罗以澄、秦志希主编：《新闻与传播评论2009年卷》，武汉出版社2010年版，第104页。
② 程世寿、胡继明：《新闻社会学概论》，新华出版社1997年版，第251页。
③ ［日］镰水兼贵：《「首都圏の言語」をめぐる概念と用語に関して》，《国立国语研究所论集》2014年第8号。

呼由战前"标准语"转为战后"共通语",国语在主观或客观条件影响下,普及程度大幅提升。处理国语与方言间的语言关系时,放弃以往对立原则,逐步走向主次占位。国家、社会和民众的方言意识有所增长,并实施方言记录,一定程度上对方言起到了积极保护的作用。本节主要结合客观数据与典型事例,讨论日本国语发展近况,以及国语与方言间关系演变问题。认为战后日本民主社会改革中,国语标准逐步柔性,国语进一步普及的同时,方言地位有所提升,国语与方言的地位关系由二元转变为主次,两者的博弈关系由竞争转变为合作,但方言保护与传承依旧较为被动。

一 国语发展近况

(一)标准语走向共通语

世界上大约 125 个国家的宪法提到了本国的语言问题。[①] 日本《宪法》未提及日语问题,但帕劳共和国昂奥尔州《宪法》第十二条第一项规定,日语是州官方语言,此外,官方语言还包括帕劳语和英语。帕劳共和国昂奥尔州是世界上唯一在《宪法》中给予日语官方语言地位的国家地区。

日本仅在部分法律中规定了日语使用问题,如《裁判所法》第七十四条规定,裁判所使用日语;《刑事诉讼法》第一百七十五条规定,陈述者不通国语时,委托翻译人员进行翻译;《民事诉讼法》第一百零九条规定,口头辩论者不通国语时,委托翻译人员进行翻译。

日本国内对"日语"的指称有多种,包括"普通语""国语""标准语""共通语"等。初期的"普通语"即普遍通行之意。后为进一步实现国家语言统一,将普通语改良加工,成为国民教育和国民精神培育的国语。

---

① [以色列]博纳德·斯波斯基:《语言政策——社会语言学中的重要论题》,张治国译,商务印书馆 2011 年版,第 10 页。

1900年小学校令改正,读书、作文和习字三科合一为国语科,"国语"在教材中首次出现。国语带有民族情感属性,强调语言的国家主体地位。国语首先在词汇范畴建立与汉语相对的内涵,即国语为"和语"。后国语作为一种基本语言概念范畴,与英语"language"内涵相同。明治时期,将国语等同于日语,随后又赋予国语特殊意义,将其与国家、国体概念结合,给予日语相应的国家语言地位。国语成为日本精神和日语的结合终极概念。①

"标准语"由冈仓由三郎翻译"standard language"而来,初见于1890年《方言读本》中《日本语学一斑》。②后因上田万年《关于标准语》系列论说广为知晓,并于1902年起在正式场合使用。

1949年,国立国语研究所在福岛县白河市完成的调查成果《白河市及其附近农村的语言生活实态》,将东北方言与标准语之间的一种可在全国共通理解的语言变体称为"全国共通语",简称"共通语"。

"标准语"为"standard language","共通语"为"common language",两者的共同点为都是通用交际语言,母体均为东京方言。战前多将这种通用交际语言称为"标准语",战后改称"共通语"。

1951年文部省《学习指导要领》中,将"标准语"改称"共通语"。1995年NHK节目基准中,将"标准语"改称"共通语"。日本早期多使用"标准语",其熟知范围较广,随着教育和媒体领域使用"共通语",年青一代呈现出使用"共通语"的倾向。"标准语"与"共通语"两者内容存在许多共性,因此,现代社会并不会进行刻意区分。然而这种称谓的改变,体现出国语标准意识的变迁(见表1-3)。

---

① [韩]イ・ヨンスク:《国語という思想——近代日本の言語認識》,岩波书店1996年版,第ⅵ页。
② [日]佐藤亮一监修、尚学图书言语研究所编:《方言の読本》,小学館1991年版,第274页。

表1-3 《学习指导要领》中"标准语""共通语"的使用变迁①

年份		1947	1951	1958	1968—1969②	1977	1989	1998	2008	2017
标准语	小学	+	-	-	-	-	-	-	-	-
	中学	+	-	-	-	-	-	-	-	-
共通语	小学	-	+	-	+	+	+	+	+	+
	中学	-	+	+	+	+	+	+	+	+

说明：此表为作者根据《学习报导要领》所著。

标准语是一种人为塑造的具有明确规范准则的语言，强调的是规范标准，是一种理想型的语言。共通语并非某些团体或某些群体决定而形成的，而是由于媒体、人口流动和接触等因素形成，是自然规约的全国共通语言，强调的是沟通理解，是一种现实性的语言。

标准语重视规范性，关注规则性，不允许出现变动；共通语重视非地区性，关注通用性，允许出现变动。③ 标准语时代，"kita""kuse"为正确语音，共通语时代，"kita""ki̥ta"以及"kuse""ku̥se"均为正确语音，即有声的"i""u"与无声的"i̥""u̥"均属正确。④ 标准语含有国家意识下的语言干预印象，不允许带有部分地方特色，共通语含有交际需求下的互通理解印象，允许带有部分地方特色。标准语否定方言的存在，将方言置于标准语的二元对立，共通语认可方言的存在，为其保存和使用留下空间，为方言的复苏提供了基础保障，更符合当今社会现实。

（二）国语的普及情况

日本政府并未进行过专门性大规模的语言普查，语言生活状况

---

① 以国语《学习指导要领》修订完成时间统计。
② 1968年为小学国语《学习指导要领》，1969年为中学国语《学习指导要领》。
③ [日]镰水兼贵：《「首都圏の言語」をめぐる概念と用語に関して》，《国立国语研究所论集》2014年第8号。
④ [日]日本国立国语研究所：《言語生活の実態：白河市および附近の農村における》，秀英出版1951年版，第8页。

调查多委托研究机构进行，尤其以国立国语研究所为首，实施相关问题调查。1950 年，国立国语研究所在山形县鹤冈市实施了共通语化调查，为考察 20 年间的语言变化，1971 年、1991 年、2011 年分别开展类似对比调查研究。1950 年和 1971 年，山形县鹤冈市共通语化评分标准为 17.7 分和 25.8 分，完全共通语化者的分值是 31 分（见图 1-5）。①

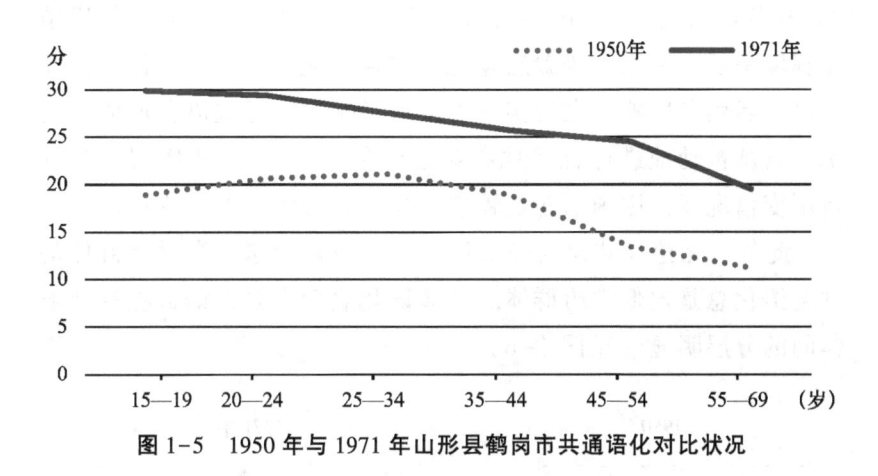

图 1-5　1950 年与 1971 年山形县鹤冈市共通语化对比状况

1950 年时的 35 岁至 44 岁群体，共通语化分值为 18.9 分。21 年后的 1971 年，该群体约视归属于 55 岁至 69 岁群体，共通语化分值为 19.5 分左右，共通语化水平提升不明显。1950 年时的 15 岁至 34 岁群体，共通语化平均分值为 20.2 分。21 年后的 1971 年，该群体约视归属于 35 岁至 54 岁群体，共通语化平均分值为 25.1 分，共通语化程度有所提升。通过山形县鹤冈市共通语化对比状况观察，呈现出年龄越小共通语化提升幅度越大的趋势。

1950 年，以 30 岁为中心的年龄层共通语化程度最高，年龄越往两侧转移，共通语化程度越低。1971 年，15 岁至 19 岁年龄层

---

① ［日］日本国立国语研究所：《地域社会の言語生活：鶴岡における20年前との比較》，秀英出版 1974 年版，第 167—170 页。

的共通语化程度最高，年龄越往高侧转移，共通语化程度越低。1971年较1950年，平均共通语化呈现巨大攀升，国语普及效果提升明显。

可以推测，当国语普及并未达至良好状况下，踏入社会不久的20岁至34岁群体，作为经济社会中最为活跃的年龄层，在现实生产生活影响下，经过语言生涯期记忆，自觉主动地进行着"自我共通语化"。当国语普及达至良好状况下，年龄与共通语化程度呈反向关系，年龄层越低，共通语化程度越高。低龄群体通过外界刺激影响，在现实成长生活影响下，经过语言形成期记忆，盲从被动地进行着"他我共通语化"。可见，年龄层变量保持不变情况下，因国语普及程度不同，共通语化表现各异。

此外，无论是共通语普及程度处于何种状态，高学历群体的共通语化总是比低学历群体的共通语化表现良好，语言在社会群体间的分层明显（见图1-6）。

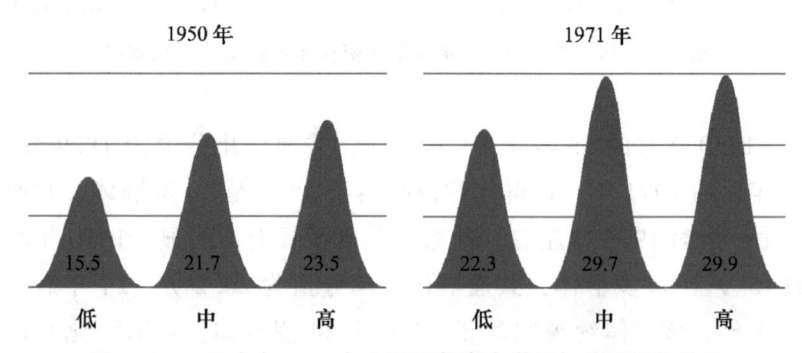

图1-6 1950年与1971年山形县鹤岗市学历与共通语化关系

1927年，《小学校令施行规则（改正）》规定，6年间的国语授课时数为2230学时，1941年《国民学校令施行规则》将其降至1637学时。1927年版国语课程影响下的6岁至12岁学生，1950年时基本为29岁至35岁，共通语化分值约20分。1941年版国语课程影响下的6岁至12岁学生，1971年时基本为36岁至42岁，共通语化分值约 25 分。在国语课时数锐减的条件下，共通语化进程并未有所下降，这在 1991 年及 2011 年开展的共通语化情况调查中也得以体现。说明国语推广过程中，除了需要重视教育领域的规范指导，同时需要加大社会领域的规范引导，社会领域标准用语的影响增强，也能够促进国语推广成效的提升。

1957 年至 1965 年，国立国语研究所在 2400 个调查点开展了 285 个语言项目的调查，调查对象主要为 1887 年至 1903 年出生的男性群体。以此为基础，1966 年至 1974 年完成了以方言日常会话词汇为中心的《日本语言地图》（全 6 集）。1981 年，河西秀早子选取了其中 82 个调查项目计算共通语化，结果显示，此群体全国总平均值为 37.0%，其中，最高值东京为 61.6%，最低值冲绳为 3.3%。[1] 1993 年至 1996 年，井上史雄以 1980 年前后出生的中学生群体为基本对象，就相同的 82 个调查项目进行全国范围共通语化调查，结果显示，此群体[2]全国总平均值为 76.0%。[3]

1979 年至 1982 年，国立国语研究所在 807 个调查点开展了 267 个语言项目的调查，调查对象主要为 1891 年至 1931 年出生的男性群体。以此为基础，1989 年至 2006 年完成了以方言文法为中心的《方言文法全国地图》（全 6 集）。2009 年，镰水兼贵以此为依据计算出共通语化，结果显示，第 1—3 集中收录的 144 个调查项目中，此群体全国总平均值为 35.8%；[4] 全部收录的调查项目中，此群体全国总平均值为 37.6%。[5] 1993 年至 1996 年，井上史

---

[1] ［日］河西秀早子：《標準語形の全国的分布》，《言語生活》1981 年第 354 号。
[2] 此结果提出共通语与方言的双言双语人，仅为共通语单语人。
[3] ［日］日本国立国语研究所：《危機的な状況にある言語・方言の実態に関する調査研究事業報告書》，2011 年，http://www.bunka.go.jp/seisaku/kokugo_nihongo/kokugo_shisaku/kikigengo/jittaichosa/pdf/kikigengo_kenkyu.pdf。
[4] ［日］镰水兼贵：《共通語化過程の計量的分析——『方言文法全国地図』を中心として》，博士学位论文，东京外国语大学，2009 年。
[5] ［日］日本国立国语研究所：《危機的な状況にある言語・方言の実態に関する調査研究事業報告書》，2011 年，http://www.bunka.go.jp/seisaku/kokugo_nihongo/kokugo_shisaku/kikigengo/jittaichosa/pdf/kikigengo_kenkyu.pdf。

雄以1980年前后出生的中学生群体为基本对象，就第1—3集中收录的22个调查项目进行全国范围共通语化调查，结果显示，此群体①全国总平均值为87.3%。②

贺拉斯（Horatius）指出："习惯是语言的裁判，它给语言制定法律和标准。"③ 近百年间，文法共通语化与词汇共通语化增进相似，皆增长约2倍。细化来看，文法共通语化较词汇共通语化增长更为迅速，这主要由于语言系统中，词汇层级较文法层级活跃性强劲所致，文法规范较词汇规范更易实现。

战后共通语理念下的国语政策依旧含有标准意识，但增添了尊重方言的导向。方言态度更加宽松，方言意识得以提升，这对缓和语言冲突起到积极作用。

二 国语与方言关系近况

（一）方言态度宽松

方言政策大致可划分为以下四个时期：

1. 20世纪前的自然存在期。方言只是单纯作为一种地域语言变体，是民众日常交际工具。

2. 20世纪初和20世纪50年代的方言扑灭期。自我语言殖民化，方言视为多余信息，是分裂国家的潜在要素，处于卑劣、低下的地位。

3. 20世纪50年代至20世纪80年代的方言审视期。方言衰退问题引起关注，对传统方言文化表现出关心，方言的价值和作用逐步获得认可。

4. 20世纪90年代至今的方言共生期。方言的继承和发展获得认可，方言的社会功能和资源功效得以重视，肯定了方言的差异性功

---

① 此结果提出共通语与方言的双言双语人，仅为共通语单语人。
② ［日］镏水兼贵:《共通語化過程の計量的分析——『方言文法全国地図』を中心として》，博士学位论文，东京外国语大学，2009年。
③ 王春辉:《语言与社会的界面：宏观与微观》，中国社会科学出版社2017年版，第271页。

能。

　　方言扑灭时期，国定国语教科书的使用，促使国语地位得以确立，声望得以提升，民众对国语外的语言或语言变体的价值观念与意识也随之发生改变。方言是一种禁止性的语言。① 使用带有方音特色的语言时，常被周围同学引起异样注视。方言区出身的移居年轻店员，因方言问题被周围取笑，进而引发自杀事件亦有发生。② 职员会议发言时，因使用不完全标准的国语而被取笑，致使沉默寡言、性格阴郁。赴东京工作，因使用方言而备感困惑，便辞职归乡的年轻人不在少数。

　　类似事件足以表明国语与方言的对立之势，国语被赋予"正确""合理""优美""精英""知识""能力"诸多赞许标签，方言被赋予"错误""卑下""低俗""丑陋""可笑""奇异"诸多贬抑标签。田中克彦认为："明治政府为实现语言统一，充分利用民众对方言的羞耻意识。"③ 通过对语言意识的主观影响，进而诱导语言习得与使用取向。

　　需要说明的是，此阶段并非全民一致赞同灭绝方言，也存在孱弱的反对之声。1911 年起，伊波普猷在冲绳县各地巡回，使用方言进行演讲。1939 年，柳宗悦等 26 人访问冲绳县时，极力批判冲绳县推广国语的极端政策。但这些未能引起社会的足够关注与强烈响应，主要因为强硬推广国语，是符合当时日本政治、经济快速统一发展的国家战略需要。

　　战后民主化浪潮影响下，对方言逐步关切。1947 年《学习指导要领国语编（试案）》指出："应尽量矫正地区方言、方音和舌

---

①　[日] 日本放送协会业务局编：《アナウンス読本》，日本放送出版协会 1941 年版，第 19 页。

②　[日] 水原明人：《江戸語・東京語・標準語》，讲谈社 1994 年版，第 167—168 页。

③　[日] 田中克彦：《言語の思想——国家と民族のことば》，日本放送出版协会 1975 年版，第 200 页。

位发音，使其接近标准语。"① 1951 年《学习指导要领国语编（试案）》要求："避免方言会话，避免方言书写。""传递方言、方音和卑贱语言之不足意识，避免俗语和方言，逐渐更正使用以正确语法为基础的共通语。"②

方言审视时期，20 世纪 50 年代，日本经济步入稳定发展阶段。1958 年《小学校学习指导要领国语编》出现方针转向。一改以往视方言为"俗语""卑贱语言"的语言态度，要求"四年级同学能够理解共通语与方言间的差异，但强调要求其能够使用共通语书写文章，开展对话"③。修正以往排斥方言的语言意识，共通语与方言的区分对待迹象明显。国语普及下的国家身份基本完成，与之相对，方言危机下的地域身份濒临消失。规模性的"失去方言很遗憾""请珍重方言"呼声迭起。④

方言共生时期，1993 年国语协议会发表的《新时代下的国语政策》审议报告指出："方言承担传承地域文化与维系增强地区人际关系的职能，是充满魅力和丰富语言的重要要素。"⑤ 方言不仅是地域传统文化的载体和内容，同时也是地区身份象征、地缘关系维护的特殊工具，体现着独特内涵和个性，可使身处他乡之人一解乡愁之苦。

方言还可丰富国语表现形式，如关西方言的"けむり""怖い""塩辛い""つゆ""めっちゃ""てほしい"，东北方言的"したっけ"，多摩方言的"ウザい"都已进入共通语范畴。方言

---

① ［日］文部省：《学習指導要領国語科編》，1947 年，http://www.nier.go.jp/guideline/s22ejj/chap1.htm。
② ［日］文部省：《学習指導要領国語科編》，1951 年，http://www.nier.go.jp/guideline/s26eja/chap3.htm。
③ ［日］文部省：《小学校学習指導要領》，1958 年，http://www.nier.go.jp/guideline/s33e/chap2-1.htm。
④ ［日］佐藤亮一：《現代日本人の標準語感覚》，《玉藻》1989 年第 24 号。
⑤ ［日］国语审议会：《新しい時代に応じた国語施策について（審議経過報告）》，1995 年，http://www.bunka.go.jp/kokugo_nihongo/sisaku/joho/joho/kakuki/20/tosin03/04.html。

在社会生活中的功效显而易见。2015年全国方言意识网络调查显示，45.7%的民众表示喜欢或较为喜欢出生地方言。① 方言态度较以前宽松开放。

(二) 方言意识提升

方言不仅是一种交际工具，更是文化依赖和情感归属。多元浪潮推动下，失去方言的日本，开始重新审视方言的深刻内涵。

2009年，UNESCO在《全球濒危语言地图》中，对世界语言濒危程度确立了等级分布。日本有8种语言及方言处于极度濒危型或严重濒危型或肯定濒危型的行列，其中包括严重濒危型的八重山方言和与那国方言，肯定濒危型的八丈方言、奄美方言、国头方言、冲绳方言和宫古方言。

目前，日本政府并未出台法律或政策用于方言保护与传承，但随着方言意识的提升，围绕方言的保护和传承实践不断前行。

政府层面，多表现为委托专门机构开展方言调查研究。在文化厅指导下，国立国语研究所于1955年至1956年开启了《日本语言地图》的研究工作。1957年至1964年进入具体调查实施阶段，在全国2400个调查点开展了285项调查。1966年至1974年完成了《日本语言地图》（全6卷），绘制出300幅语言地图。另外，于1977年至1978年开启了《方言文法全国地图》的研究工作。1979年至1982年进入具体调查实施阶段，在全国807个调查点开展了267项调查。1989年至2006年完成了《方言文法全国地图》（全6卷），绘制出350幅语言地图。

21世纪初，文化厅委托国立国语研究所及其合作机构，开展了奄美方言、宫古方言、与那国方言、八丈方言、国头方言、冲绳方言和八重山方言的调查，以及东日本大地震受灾地区的青森县、岩手县、宫城县、福岛县和茨城县方言的调查。

---

① ［日］田中ゆかり、林直树、前田忠彦、相泽正夫：《1万人調査からみた最新の方言・共通語意識：「2015年全国方言意識Web調査」の報告》，《国立国語研究所論集》2016年第11号。

社会层面，1952年至1962年，日本广播局通过录音等手段，整理保存了各地方言，完成了"NHK全国方言资料"。1999年至2000年，NHK在全国47家广播局录制保存了各地区方言影像。1963年，国立国语研究所编《冲绳语辞典》，收录了约15000词汇，由解说、正文和索引组成，解说部分对冲绳首里方言的音声、音韵和文法进行了介绍，且将该辞典词汇和例文进行首里方言语音化，在琉球大学附属图书馆网络公开。① 1981年，多良间村委著《多良间村民间故事》，收录了147个民间故事及谚语。以竖排两段式排版，上段为共通语版，下段为汉字、假名书写的多良间岛方言版。

个人层面，2006年至2014年，菊秀史著《使用与论方言说话吧》（1—4），此系列书籍是以教授儿童与论方言为目的的与论方言文法书，现在作为与论小学方言学习教材。2011年和2013年，宜志政信分别译著夏目漱石名著《我是猫》《公子哥》的冲绳方言版。

此外，1987年起，山形县三川町每年举办全国方言大会。2006年，冲绳县议会将9月18日确立为"琉球方言日"，同年，与论町文化协议会将2月18日确立为"与论方言日"。2012年，与论町教育委员会制定"与论检定测试"，考察与论地理、自然环境、历史、民俗、文化、方言、教育人物和产业观光相关事项。② 2012年，那霸市行政机关实施"方言寒暄语运动"，机关职员对咨询者使用方言寒暄。同年，政府招募面试中，引入方言自我介绍政策。

---

① ［日］琉球大学国际冲绳研究所：《危機的状況にある言語・方言の事態に関する調査研究（八丈方言・国頭方言・沖縄方言・八重山方言）報告書》，2014年，http://www.bunka.go.jp/seisaku/kokugo_nihongo/kokugo_shisaku/kikigengo/jittaichosa/pdf/kikigengo_ryukyu_h26.pdf.

② ［日］琉球大学国际冲绳研究所：《危機的状況にある言語・方言の保存・継承に係る取組等の実態に関する調査研究事業（奄美方言・宮古方言・与那国方言）》，2013年，http://www.bunka.go.jp/seisaku/kokugo_nihongo/kokugo_shisaku/kikigengo/jittaichosa/pdf/kikigengo_ryukyu.pdf.

纵观以上方言保护工作不难发现，自下而上的方言保护行为远胜于自上而下的方言保护行动，政府作为政策规划和制定的重要力量，在方言保护问题上表现出关注不足、力度薄弱的特质。

近代日本，国语一直承担着处理国家事务的语言功能，现代日本，基本完成国语能力建设，这种便利性的语言效应不言而喻。作为统治阶级的政府，若过力导向方言一侧，可能会对目前国语的便利产生减损。因此，对于方言保护问题，政府更加倾向使用隐性化的调查研究代替显性化的政策条文。

自下而上的方言保护方面，收集记录较多，宣传影响较少，方言教育不深刻，方言使用空间仅为星点。这些除受制于国语环境局势外，方言本身具有独特属性，方言具有地区性、不规约性。方言中的语言信息和价值较国语仍旧存在较大悬殊。同一方言对不同地域民众而言，具有相当大的差别意义。对某地域民众是种情感依存和纽带，但对其他地域民众并非如此。对某地域民众附有传承义务，但对其他地域民众并非如此。热爱方言，一般来说，也仅是热爱自己故土的那种方言。

小　　结

日本国语构筑具有应急性，是国家思想、经济和殖民的时代需求。这些需求促使日本政府迅速地自上而下实施国语标准化，利用行政力量治理语言生活。国语规划需要遵循科学规律，基础方言一般应具有权威地域方言加权威社会方言的"双重参照系"属性。

国语推广实践中，在方言地区通过方言矫正与扑灭手段，从生理至心理进行"语言修正"。伴随媒体的普及，国语以口语型语言传播模式铺广开来，日本国语普及程度显著提升。战后日本修正以往偏激性语言意识，语言意识逐渐开放，开展了部分语言资源保护工作，但仍存局限。

语言生活中，通过使用国语，表明自己的社会属位，通过使用方言，表明自己的距离属地。现实状况下，方言较国语依旧处于语言体系中的从属地位，是某种程度上的"低效语言"。为了更好地实现保护和传承方言的目标，培育双言双语或多言多语人当为一种重要解决手段。每种语言或语言变体都含有资源价值，将国语与方言对立，取其一则必舍其一的国语政策不可取。多言多语人的培育，能够持续实现语言的传播和传承，体现效率兼公平，可以最大限度地保障和维护语言平等及语言权利。

第二章

日本文字政策[①]

人类历史发展进程中，为实现信息传递和协同合作，逐渐产生语言，完成了第一次质的飞跃。随着社会进一步发展，利用特殊符号表达特定意义，逐渐产生文字，完成了第二次质的飞跃。人们可以通过语言沟通交流，通过文字记载信息。汉字传入前，日本没有专门用于书写本民族语言的文字，汉字传入后，学习、借用汉字，并进行内化调适创制出假名。随着与西方文化的接触，罗马字传入日本。日本在与西方接触过程中，逐步认识到中西文字之别，对比文字间差异，出现了有别于以往的文字意识论调。这些文字意识论调深刻影响着20世纪至今的日本文字规范标准体系建设。本章主要讨论日本文字的形成发展、意识论调和规范标准三个问题，以期探究日本文字政策历史变迁。

第一节 文字形成发展

依据文字起源，可分为自源文字和他源文字。世界上现有的

[①] 本章部分内容已以《日本罗马字规范标准沿革概略》《汉字传播影响下的日本文字体系建设研究》为题，分别刊发在《现代语言学》2019年第5期和《现代语文》2020年第7期。

文字少属自源文字，多属他源文字。我国汉字属于典型的自源文字，日文属于典型的他源文字。文字是社会文明形成发展的重要基础条件，为推进社会进步发挥着巨大的辅助作用。当今日本文字系统由汉字、假名和罗马字构成。其中，汉字和假名是中国汉字传播影响下的产物，罗马字是西文传播影响下的产物。本节主要梳理日本三种文字的形成发展，展现日本文字历史变迁。汉字和假名是移植、内化中国文化的结果，罗马字是吸纳西方文化的结果。

一　汉字的传入发展

（一）汉字的传入

日本很早就拥有自己的语言，即"大和言葉（やまとことば）"，但汉字传入日本前，日本社会并不存在文字，无法较好地辅助记录口语内容。魏徵著的《隋书·倭国传》指出，"无文字，唯刻本结绳。敬佛法，于百济求得佛经，始有文字。"斋部广成著的《古语拾遗》记载："盖闻，上古之世，未有文字，贵贱老少，口口相传，前言往行，存而不忘。"[①] 三善清行著的《革命勘文》表明："上古之事皆出口传，故代代之事变应遗漏。"[②] 大江匡房著的《朝野群载》（年代不详）阐明："寻其本体，应神天皇之神灵也，我朝始书文字，代结绳之政，即创于此朝。"[③]

日本最早出现的汉字文物是公元前3世纪左右刻记"汉隶"的贝札陪葬物。最早出现的汉文文物是公元前1世纪左右刻记"久不相见，长毋相忘"的连弧纹镜。具有明确时间记载的重要汉字文物是刻有篆书"汉委奴国王"的金印，此为后汉光武帝赐予之物。这在范晔著《后汉书·东夷传》有相应记载："建武中元二年（57），倭奴国奉贡朝贺，使人自称大夫，倭国之极南界

---

① ［日］斋部广成：《古語拾遺》，柏悦堂1870年版，第1页。
② ［日］塙保己一编：《群書類従第拾七輯》，经济杂志社1894年版，第908页。
③ ［日］平井昌夫：《国語国字問題の歴史》，三元社1998年版，第17页。

也。光武赐以印绶。"① 此枚刻有官名的官印，作为后汉册封"汉委奴国王"的象征，证明了中日两国很早便已开展了国家层面交往的史实。此外，汉字也曾作为一种图形符号，刻用于各种衣物、器皿之处，如 2 世纪刻记"奉""年""田""竟"的陶器。

这些文物是日本人早期接触汉字的有力客观史证，也是崇拜中国文化的显性表现。这一时期，汉字在日本社会仅作为一种象征符号，而非文字符号。这些贝札、金印、器皿等皆是财富和权力的特有象征，汉字在社会生活中发挥符咒和装饰等作用，未真正实现文字记录语言的机能。

初期批量汉字主要是经朝鲜传入日本，其后则是由遣隋使、遣唐使输入。有关早期汉字移植的情况，日本最初官修史书《日本书纪》中记载："应神天皇十五年（285）秋，百济王遣阿直岐，贡良马二匹。阿直岐亦能读经典。即太子菟道稚郎子师焉。天皇问阿直岐曰，如胜汝博士亦有耶？对曰：有王仁者，是秀也。翌年春，王仁来日，太子菟道稚郎子师从之，习得诸典籍。莫不通达。"② 对大陆博士王仁来日一事，《古事记》亦具体指明，王仁来日携有十卷《论语》和一卷《千字文》。③ 这说明 3 世纪末，通过朝鲜人之手，正式发挥记录功能的汉字、汉文已传

---

① 范晔原著、陈才俊主编、周学兵注译：《后汉书精粹》，海潮出版社 2015 年版，第 300 页。

② ［日］坂本太郎等校注：《日本古典文学大系》，岩波书店 1967 年版，第 371 页。

③ 刘海燕指出，上田正昭《日本的历史》注意到，王仁携带《千字文》来日本的时间比周兴嗣《千字文》成书早至少 217 年。尾形裕康认为梁武帝之前，已有《千字文》的原型"古千字文"，神田喜一郎指出《古事记》《日本书纪》官修史书作者把原先传入日本的同类字书《急就篇》或者《仓颉篇》错记为后来传入的《千字文》，小川环树认为日本古史的纪年有意拉到初期天皇统治的时代。符力《关于〈千字文〉的制作、别本以及对〈千字文〉传入日本一事的浅见》认为，可能《千字文》的样式很早就存在，《千字文》《千字诗》是当时已有的文章写作形式或者是已有的语文教学的做法。《陈书·沈众传》说："是时梁武帝制《千字诗》，众为之注解。"《梁书·萧子范传》载："子范制《千字文》，其辞甚美。"刘海燕：《〈千字文〉在日本汉语教学历史上的教材价值》，《日本问题研究》2016 年第 2 期。

播至日本。

贵族阶层开启学习汉字、汉文的历史进程。298年，高丽王遣使者朝贡上表，其表文中出现"高丽王教日本国曰"字样。太子菟道稚郎子读后，"怒责高丽使。以奏状无礼，乃破其表"①。说明当时日本贵族阶级已具备汉字读解的语言能力。

403年，日本朝廷始于诸国置国史，记言事，达四方志。② 在各地开始设置掌管文字的史官，记录、汇报地方事况。于是，朝廷将擅长汉字的朝鲜渡来人安排于负责文书读写事务的史部工作，客观上有力地促进了上层阶级间的汉字传播。

隋唐时期，中日文化交流进入了高峰。文字是文化传播的主要载体，文化传播的方向，决定了文字流动的去向。7—9世纪的遣隋使和遣唐使携带了大批汉文典籍回日本，如著名的政治家、学者吉备真备将《乐书要录》（10卷）、《唐礼》（130卷）、《东观汉记》（133卷）、《大衍历之成》（10卷）携带回国。另外，将中国的类书，如《翰苑》（30卷）、《艺文类聚》（100卷）、《类苑》（120卷）、《修文殿御览》（360卷）、《华林遍略》（600卷）也携带回国。③ 日本第一部公家所藏汉籍目录《日本国见在书目录》（884）中，《隋书经籍志》著录典籍有3127部，《旧唐书经籍志》著录典籍有3060部，这几乎相当于当时一半的汉籍流入了日本，④深刻推动着日本社会的前进。

604年，圣德太子执笔以展示官僚伦理规范为主的《十七条宪法》，内容涉及800余字，形式是以四字句为中心的汉文构式，汇集了儒家、道家和法家等佛学思想，引用了《论语》《孟子》

---

① 沈仁安：《日本起源考》，昆仑出版社2004年版，第307页。
② ［日］坂本太郎等校注：：《日本古典文学大系》，岩波书店1967年版，第380页。
③ 李穹：《唐代日本人的汉语文化学习》，硕士学位论文，曲阜师范大学，2013年第4—5页。
④ 刘银红：《隋唐时期中国典籍在日本的流传与影响》，《图书与情报》2001年第3期。

《诗经》《春秋》等多部经典著作,体现出积极吸收中国文化的姿态。

607年创建的"法隆寺"①,其五重塔上刻有"奈尔波都尔佐久夜己"② 字样,推测该九字应是修建期间,经维修匠人之手刻画上去的。从事该工种的人员一般属于庶民阶层,这说明庶民阶层中已经出现拥有汉字书写能力之人。识字不再是贵族和上层阶层的专属行为,识字群体已逐渐扩展至普通社会阶层。

7世纪中叶,朝鲜半岛政局动荡,大批朝鲜人逃难至日本。据大和朝廷编撰的《新撰姓氏录》(814)记载,当时有1182个姓氏居住在京畿地区,分为皇别、神别和诸藩,其中渡来人"诸藩"的姓氏有326个。③ 这些渡来人多数识得汉文和汉字,加速了日本社会识字群体的扩展。

奈良时代(710年至794年)佛学兴盛。圣武天皇(724年至748年)在位期间,大和朝廷设置了专门机构"写经所",组织开展大规模的写经活动,催生出大量的写经生。772年,最快的写经生每天可写5900个字,最慢的可写2300个字。④ 写经生们在汉字构造、表记机能和传播普及等方面发挥出巨大贡献,为汉字日本化提供了广泛坚实的基础。

(二)汉字的发展

最初,大和朝廷的外交文书主要采用纯正汉文书写。早期有详文记载的是沈约著的《宋书·蛮夷传·倭国传》(488),宋顺帝升明二年(478),雄略天皇"遣使上表"宋顺帝,"封国偏远,作藩于外,自昔祖祢躬擐甲胄,跋涉山川,不遑宁处。东征毛人五十五国,西服众夷六十六国,渡平海北九十五国,王道融泰,廓

---

① 天智天皇九年(670)因大火全部烧毁,和铜元年(708)或和铜四年(711)得以重新修建。
② 此为《古今和歌集》假名序中部分"なにはづにさくやこ(na ni ha du ni sa ku ya ko)"的万叶假名书写形式。
③ 潘钧:《日本汉字的确立及其历史演变》,商务印书馆2013年版,第14—15页。
④ 姜建强:《另类日本文化史》,上海交通大学出版社2014年版,第9页。

土遐畿，累叶朝宗，不愆于岁……"① 此236字的上表文，采用了六朝时期流行的四六骈体文的风格，字句、押韵和对仗都十分工整有序。

相对于正式文书纯正汉文的表述，日本人也试图利用"变体汉文"② 形式记录日语。此种尝试最初用于固有人名、地名当中，通过舍弃汉字字义，只取汉字读音的做法进行表记。如著名的汉字实物文物——471年刻有115字铭文的铁剑，正面铭文有"辛亥年七月中记乎获居臣上祖名意富比垝其儿名多加利足尼其儿名弓已加利获居其儿名多加利披次获居其儿名多沙鬼获居其儿名半弓比"；反面铭文有"其儿名加差披余其儿名乎获居臣世々为杖刀人首奉事来至今获加多支卤大王寺在斯鬼宫时吾佐治天下令作此百练利刀记吾奉事根原也"。③ 其中的"获加多支卤"五个汉字对应的日语发音是"わかたける（wa ka ta ke ru）"，即雄略天皇的别名。"乎获居臣、意富比垝、多加利足尼、弓已加利获居、多加利披次获居、多沙鬼获居、半弓比、加差披余、获加多支卤"亦是采用汉字音译表记人名。"斯鬼"是用汉字音译表记地名。

此后，汉字不断日本化，出现了利用汉字记录日语语法特色的表述形式。法隆寺金堂药师如来坐像刻有90字铭文，"池边大宫治天下天皇大御身劳赐时岁次丙午年召于大王天皇与太子而誓愿赐我大御病太平欲坐故将造寺药师像作仕奉诏……"④ 此药师像为用明天皇祈福病愈而建。其中的"大御身、劳赐、誓愿赐、仕奉"属于日语敬语特征的表述方式。"造寺"为"动词+宾语"的汉语语法结构，与之相对的"药师像作"为"宾语+动词"的日语语法结构。虽然全文并未完全按照日语表达方法记录，但语言结构

---

① 王铁钧：《日本学研究史识：二十五史巡礼》，江西高校出版社2004年版，第59页。
② 又称"和化汉文"。
③ ［日］加藤彻：《汉文の素养》，光文社2006年版，第60页。
④ ［日］大岛正二：《汉字伝来》，岩波书店2006年版，第93页。

表记中，已初步显现汉字日本化的迹象，是"汉字文、汉文体"向"汉字文、记录体"①演变的重要例证。

7世纪后半叶，滋贺县大津市北大津遗址出土的木简，如图2-1所示。②

赘	
久	田须
誆	
加ム移母	阿佐ム
精	
之	久皮

图2-1 滋贺县大津市北大津遗址出土木简

其中的"田须久"对应日语发音"タスク（ta su ku）"，"阿佐ム加"对应日语"アザムク（a za mu ku）"，"ム"对应日语助动词"ム（mu）"，"移母"对应日语助词"ヤモ（ya mo）"，"久皮之"对应日语"クハシ（ku ha shi）"。可以发现，在语音表记中，记录"ク（ku）"时，采用了"久"和"加"两种形式，记录"ム（mu）"时，无论实词还是助词或助动词，都采用"ム"的形式。说明一音一表记的规范形式初步显现，但尚未定型。使用汉字简化的假名表记，为今后假名文字的产生打下了基

---

① 假名未产生阶段的文字称为"汉字文"；文体称为"记录体"，属于变体汉文的一种。
② ［日］冲森卓也：《日本の漢字——1600年の歴史》，ベル出版2011年版，第77页。

础。语法表记中，利用汉字记录日语语法中助词、助动词的特征也充分外显。

7世纪末，"宣命体"①出现。宣命体书写方式主要有两种：即大书体和小书体。大书体中，含有实际意义的实词以及日语语法成分的助词均为大写。如"□止詔大□□乎诸闻食止詔"②,③大写的"止"对应日语助词"と（to）"，大写的"乎"对应日语助词"を（o）"。小书体中，大写的汉字表示实词，小写的汉字表示助词。如"二斗出買□御取牟可□"，④小写的"牟"对应日语助词"む（mu）"。此外，也有大小书体并用的情况，如"世牟止言而□，□本止飞鸟寺"，⑤大写的"止"对应日语助词"と（to）"，小写的"止"也对应日语助词"と（to）"。宣命体中大、小写书体方式的出现，表明人们在记录语言时，有意识地区分了实词和虚词间的差异，是对语言结构特征进一步认识基础上的区别对待，为汉字日本化进程提供了语言知识积累和帮助。8世纪中叶，日本已普遍使用汉字表音的表记方法。

周有光先生曾经归纳出汉字传播过程演变的四个阶段，即学习阶段、借用阶段、仿造阶段、创造阶段。⑥语言要求文字能够准确地进行记录，语言特点制约着文字特点。假名文字创造前，日本经过了汉字的接触、移植和日本化过程。日本人通过智慧充分利用汉字的特性，在汉字基础上创造出假名文字。从一个汉字专用时期，递进至汉字、假名混用时代。

---

① 宣命体是天皇颁发诏敕，向庶民宣告皇命或祭祀的祝词或神前颂咏的文章中使用的一种文体。
② "□"因年代久远，无法确定具体形式，故如此表记。下文皆如此。
③ ［日］大岛正二：《漢字伝来》，岩波书店2006年版，第123页。
④ ［日］大岛正二：《漢字伝来》，岩波书店2006年版，第123页。
⑤ ［日］大岛正二：《漢字伝来》，岩波书店2006年版，第123页。
⑥ 周有光：《周有光文集第十四卷：汉语拼音 文化津梁》，中央编译出版社2013年版，第479页。

二 假名的形成发展

（一）假名的形成

周有光先生指出："文字的再生有两种情况。一种是新兴地区的文化上升，要求改变外来文字，创造本族文字。另一种是两种文字接触，一种文字取代另一种文字。"① 日本文字体系中的假名属于前者。

汉字传播至日本，日本人便开始借助汉字表记日语。汉字始于中国，本为记录汉语之物。从语言类型学上划分，汉语属于孤立语，日语属于黏着语。汉语与日语的语序特征不同。

世界上的语言按照语序可以分为：1) 主谓宾，如英语；2) 主宾谓，如朝鲜语；3) 谓主宾，如威尔士语。其中，主谓宾语序的语言约占37%，主宾谓语序的语言约占45%，谓主宾语序的语言约占18%。② 汉语的语序特征属于"主谓宾"结构，日语的语序特征属于"主宾谓"结构。古汉语多为单音节词，如"外"（uai）、"草"（tshau），日语多为多音节词，如"外"（soto）、"草"（kɯsa）。诸多差异意味着单纯照搬照抄汉字与汉语间的对应关系是行不通的。为此，日本在吸收学习汉字的基础上不断内化，创制出假名文字。

假名文字包括两种形式，即平假名和片假名。假名初称为"かりな"，后转称为"かんな""かな"。"名"是"字"意，"假名（かな）"是相对于"汉字"这一"真名（まな）"而言的。

汉字包含三要素，即形、音、义。日本在对汉字实施内化过程中，先舍弃汉字的"义"，取汉字"形""音"，创造出表记日语

---

① 周有光：《周有光文集第四卷：世界文字发展史》，中央编译出版社2013年版，第49页。

② ［日］佐藤义隆：《英語の魅力と習得法——日本の英語学習200周年を記念して——》，《岐阜女子大学紀要》2009年第38号。

发音的万叶假名。这种万叶假名属于许慎《说文解字》六书中的假借形式。万叶假名很早就已开始使用，如上文提到的5世纪出土的铭文铁剑，但这只是运用在人名、地名等特殊领域。至8世纪，万叶假名才开始规模性使用。

《万叶集》（759）采用大量万叶假名进行记录。但这些万叶假名缺乏规约性。如"雪"一词对应有"由吉""遊吉""由企""由棄"等表记方式。① 同一语音由不同万叶假名表记，同一万叶假名表记不同语音的现象常有之。因人而异的万叶假名自不待言，同一文章前后文使用的万叶假名也会出现不同状况。

9世纪，万叶假名逐渐分化成平假名和片假名。关于平假名和片假名的产生，有种说法认为，空海发明了平假名，吉备真备发明了片假名，对此多存有质疑。一般来说，受文字与语言指代关系的限制，普遍使用的文字是不会由个人创造而生的。

平假名的"平"为"容易"之意。这一称呼，初见于桃源瑞仙著的《千字文序》（15世纪后半叶）。② 最早的平假名资料是877年教王护国寺千手观音像胎内桧扇墨书。由于万叶假名保留汉字字形，日语多属多音节词，因此当表记一个日语词汇时，经常需要使用多个汉字形式的万叶假名。于是，万叶假名草书化形成平假名。这一过程中，女性发挥了重要作用，因此，平假名也被称为"女手"。

初期，汉字主要由特殊阶层掌握使用，这一特殊阶层为少数贵族男性。女性为书写和歌、撰写物语，在非正式语言生活场景中，逐步汉字草书化，形成了平假名，如"良"草书化后形成"ら"。由于平假名易学易用，很快男性群体也开始在文学作品中使用，如《古今和歌集》（905）、《土佐日记》（935）等。

片假名的"片"为"不完全"之意，相对于女性在平假名

---

① ［日］大岛正二：《漢字伝来》，岩波书店2006年版，第125页。
② ［日］冲森卓也：《日本の漢字——1600年の歴史》，ベル出版2011年版，第162页。

创制中的价值，男性为片假名的创制作出了贡献，因此，片假名也被称为"男手"。593年，高句丽僧人惠慈和慧聪来日，开启了以此二人为中心的佛法传教。教授佛经时，音读佛经文本，解释教义时，训读佛经意义。①佛教徒在记录教义内容时，实感万叶假名记录不便，主要原因是：1）笔画较多，消耗记录时间；2）佛经文本行距较窄，消耗记录空间。于是，便将汉字碎片化，取其部分组件形成片假名，如"曾"碎片化后提取"ソ"。

平假名和片假名都是由万叶假名演化而来，但两者存在显著差别。演化字源方面，有时并非一致，如"ta"的平假名出自"太"，片假名出自"多"。演化形式方面，平假名是经汉字草化而生，片假名是经汉字碎化而生。使用空间方面，中世时期，平假名较多限用于和歌、物语作品，片假名较多限用于注释学问书籍或佛学宗教书籍。当下，平假名主要用于日常表记，片假名主要用于外来词、拟声拟态词等专属领域表记。

(二) 假名的发展

奈良时代，万叶假名约有1000个。至平安时代，减少至300个左右。这个数量较之现代仍然巨大。造成这一结果的主要原因有：1) 存在变体假名，即异体假名，同一个语音由不同假名表记，如"shi"由"シ"和"志（变体假名）"表记；2) 存在语音分化，现代日语中，"ア行"和"ヤ行"的"エ(e)"语音一致，但平安时代前不同。一个发音为"エ(e)"，如"獲物（エ）"，一个发音为"イェ(ye)"，如"笛（イェ）"。

历史长河中，语音随着时代发展不断分化或融合。奈良时代的日语语音，清音有61个，浊音有27个；现代的日语语音，清音

---

① 奈良时代出现了"音读、训读"之别。"音读"是依据汉字语音的日式仿照读音，"训读"是依据汉字字义的日式原有读音。

有44个，浊音有18个。① 这是由数次语音转变引起的结果。1000年左右，日语语音出现"ハ行转呼"现象，即除词首外，"ハ行"语音转变为"ワ行"语音，如"川"（kaha）转变为"川"（kawa）。此外，"ア行"的"オ"与"ワ行"的"ヲ"发生统合。1100年左右，"い、ゐ、ヰ""え、ゑ、エ"分别发生统合。17世纪，"じ、ぢ""ず、づ"分别发生统合。

这些语音变化，促使清音与浊音出现减少，但是表记语音的假名并未随之消失，仍按照旧有书写形式表记。如虽"川"（kaha）语音已转变为"川"（kawa），但依旧以"カハ"（kaha）表记。这意味着"ハ""ワ"的语音区别功能消失，但书写区别功能仍在。言文出现不一致，假名功能由表音表记转向非表音表记，这便容易造成混乱。

面对假名使用的混杂，藤原定家已具有十分明确的假名规范意识，成为"最初假名规范构筑实践者"②。镰仓时代（1185年至1333年），藤原定家著《下官集》，对"い、ひ、ゐ""お、を""え、へ、ゑ"进行表记规范，强调假名表记和语词汇时的两个规范原则：1）"o"语音在语调高起时，书写成"を"，语调低起时书写成"オ"；2）"い、ひ、ゐ""え、へ、ゑ"无论语调如何，皆依平安时代假名表记方式。

语调的高起或低起有时会随时代发展而发生变化，依据语调实施规范具有不确定性。另外，所谓的"平安时代假名表记方式"，藤原定家并未给予明确解说，并且自身的假名表记中出现了与该原则规范矛盾之处，如其在表记"惜しむ"时，采用"おしむ"，但依据平安时代假名表记方式，应采用"をしむ"。很明显，规范内容存在模糊性。实际上，当时需要规范的假名问题远超这两条原则，因此，其后的行阿著《假名文字遣》，予以补充"ほ、を、

---

① ［日］山口仲美：《日本語の歴史》，岩波书店2013年版，第32—34页。
② ［日］筑岛裕：《歴史的仮名遣い：その成立と特徴》，中央公论社1986年版，第8页。

お""む、う、ふ"的规范问题，藤原定家和行阿的规范形式，被后人称为"定家假名遣"。① 定家假名遣以歌道为中心，盛行于连歌、俳句和文章中，延伸至江户时代广泛的文学作品范畴。

1700年左右，契冲对定家假名遣进行了批判修正，排除定家假名遣依据语调施行规范区别的原则，以平安时代中期前的古典文献假名使用情况为依据，举例成集著《和字正滥抄》，以示和语词汇的假名表记规范。这种规范形式被后人称为"契冲假名遣"，其流通范畴主要集中于和歌、国学著作。

定家假名遣和契冲假名遣均是以和语词汇假名表记为规范对象。18世纪下半叶，本居宣长以"汉字发音"② 为规范对象，利用《韵镜》的反切法，对照万叶假名著《字音假字用格》，用以整理解说"イ、ヰ""エ、ヱ""オ、ヲ"等使用规范。这种规范形式被后人称为"字音假名遣"。字音假名遣与契冲假名遣共称"历史假名遣"③。至"二战"前，历史假名遣长期成为教育、媒体和行政等一般社会领域的假名规范标准。

三 罗马字的传入发展

（一）罗马字的传入

15世纪末期的大航海时代，葡萄牙是首个将航海计划列为国家发展计划的国家，在恩里克王子主持领导下，结束此前孤立性的航海探险，形成有组织、有规模的国家性远航事业。④ 1549年，传教士沙勿略（Xavier）经鹿儿岛上岸，在获得藩主岛津贵久的许可后，开始进行传教活动。自此，随着传教活动的开展，罗马字同时传入日本，传递给部分日本人。

为顺利开展传教活动，传教士必须学习当地语言，以便促使当

---

① "假名遣"有两种意思，一是本文所指的假名使用规范；二是指某类群体或某一时代的假名使用形式。前者如"定家假名遣"；后者如"上代特殊假名遣"。
② 从古代中国借用的形态要素，即汉字字音构成的词汇体系。
③ 亦称"旧假名遣""古典假名遣"。
④ 王璐：《日语外来语表记特征之嬗变》，《黑河学刊》2017年第3期。

地人了解传教内容。当地人也直接或间接接受传教士们的语言。传教士与当地人穿梭于两种文化、两种语言间，为实现积极沟通往来，罗马字成为一大助力工具。

1590年，范礼安（Valignano）带来罗马字活字印刷机器。借由此物，1591年，最早的葡萄牙语式罗马字书籍《使徒行传·桑托斯工作摘要》印刷发行。随后又发行了《信心录》（1592）、《口译平家物语》（1592）、《拉典文典》（1594）、《日本语典》（1604）等耶稣会刊行物。① 这类刊行物目前保存有29本。② 此外，还采用葡萄牙语式罗马字（见表2-1）编辑了便于学习的工具书《日葡辞典》（1603）。

表 2-1　　　　　　　　　葡萄牙语式罗马字③

a	i（j, y）	u（v）	ye	vo
ca	qi（qui）	qu	qe（que）	co
sa	xi	su	xe	so
ta	chi	tçu	te	to
na	ni	nu	ne	no
fa	fi	fu	fe	fo
ma	mi	mu	me	mo
ya	i（j, y）	yu	ye	yo
ra	ri	ru	re	ro
ua（va）	i（j, y）	u（v）	ye	yo（vo）
ga	gi（gui）	gu（gv）	ge（gue）	go
za	ji	zu	je	zo
da	gi	zzu	de	do
ba	bi	bu	be	bo

---

① ［日］土屋道雄：《国語問題争論史》，玉川大学出版部2005年版，第21页。
② 陈青今编译：《日本文字改革史料选辑》，文字改革出版社1957年版，第80页。
③ 陈文彬：《日本罗马字拼音的历史——日本〈罗马字世界〉第497期》，《语文建设》1956年第12期。

续表

| a | i (j, y) | u (v) | ye | vo |
| pa | pi | pu | pe | po |

这时期的罗马字主要是依据葡萄牙语语音拼写而成。可以看出，葡萄牙语式罗马字编写已表现出部分规则性，但是这种规则性完全程度尚不足，这点无论在母音还是子音方面皆有所体现。

语言间的亲密程度，往往与异族间的接触深度与广度密切相连。葡萄牙人的到来，给当时处于极端封闭的日本带来了大量新生景象。① 但是葡萄牙人与日本人的接触，主要存在于宗教或经济个别领域。另外，日本政府察觉到宗教活动的盛行会造成一定程度的社会混乱，② 幕府便逐步实施禁教锁国国策。因此，葡萄牙语式罗马字流传并不广泛，主要集中在宗教范畴。

（二）罗马字的发展

锁国的 220 年间，在与西方交往过程中，荷兰的天文、地理、医学等科技知识，深深影响着日本社会，出现大批兰学者。兰学者依据荷兰语语音拟创建了荷兰语式罗马字（见表 2-2），并运用于著作。如青木昆阳著《和兰文字略考》（1746）、大槻玄泽著《兰学阶梯》（1785）等。

表 2-2　　　　　　　　荷兰语式罗马字③

a	i	oe	e	o
ka	ki	koe	ke	ko
sa	si	soe	se	so
ta	ti	toe	te	to

---

① 王璐：《日语外来语表记特征之嬗变》，《黑河学刊》2017 年第 3 期。
② 王璐：《日语外来语表记特征之嬗变》，《黑河学刊》2017 年第 3 期。
③ 陈文彬：《日本罗马字拼音的历史——日本〈罗马字世界〉第 497 期》，《语文建设》1956 年第 12 期。

续表

a	i	oe	e	o
na	ni	noe	ne	no
fa	fi	foe	fe	fo
ma	mi	moe	me	mo
ja	ji	joe	je	jo
la	li	loe	le	lo
wa	wi	woe	we	wo
ga	gi	goe	ge	go
za	zi	zoe	ze	zo
da	di	doe	de	do
ba	bi	boe	be	bo
pa	pi	poe	pe	po

可以看出，较葡萄牙语式罗马字，荷兰语式罗马字已彰显出十分规则的拼写特征。母音、子音间的规律组合，为当今罗马字拼写规范树立了榜样，成为现在"日本式"拼写法的开山宗祖。[①] 荷兰语式罗马字是日本人从本民族立场出发的早期罗马字拼写法的尝试。但由于该罗马字主要在学者间流通使用，一般社会影响力并不显著。

西欧各国为探寻东方信息，通过借助自创的罗马字了解掌握日本情况，一时间德语式、法语式等诸多西语式罗马字纷纷产出。如凯慕夫尔（Kaempfer，1727）、蒂进（Titsingh，1820）、朗德雷斯（Landresse，1825）、麦都思（Medhurst，1830）、西博尔德（Siebold，1832—1852）、霍夫曼（Hoffmann，1857）、罗斯奈（Rosny，1871）等拟制出各样罗马字拼写法。

葡萄牙人的到来，促使日本人了解到罗马字，荷兰人的到来，

---

① 陈青今编译：《日本文字改革史料选辑》，文字改革出版社1957年版，第60页。

加速日本人熟知罗马字。1853 年，美国敲开日本国门后，大量西方文化涌入。这些外来文化中，以英语负载的文化尤为凸显。黑本（Hepburn）创制的黑本式罗马字，是依据英语语音拼写而成的，子音选用英语音，母音选用意大利语音。① 1867 年，黑本式罗马字拼写著作《和英语林集成》出版②，这本字典销售很广，影响很大。黑本式罗马字随经济商品与文化产物一同渗透至社会生活，在一般社会层面流行开来，黑本式罗马字较之前各式罗马字的影响都更为深刻且广泛。

黑本式罗马字是以西语为中心，因外国人需求而创制的。西语与日语语音间存在巨大差异。黑本式罗马字太过英语化，不能真正反映日语语音特色。于是，对黑本式罗马字反对之声不绝于耳。1885 年，田中馆爱橘提出以日语为中心，依据日本人需求，创制出了田中馆式罗马字。田中馆式罗马字延续了兰学者们的规则性，五十音图中，各行与各列都使用相同的母音和子音字母。

1905 年，田丸卓郎在演讲中，将这种排除外语干扰的日本人自然统读的田中馆式罗马字称为"日本式罗马字"（见表 2-3）。称呼的变化，更明确了这一拼写规范是以"日本的日语"为中心而创制的思想，体现出不一味追颂西风的理念。由他族创制罗马字的被动，转向为本族创制罗马字的主动。

表 2-3　　　　　　　　　　**日本式罗马字**③

a	i	u	e	o
ka	ki	ku	ke	ko
sa	si（shi）	su	se	so
ta	ti（chi）	tu（tsu）	te	to

---

① ［日］土屋道雄：《国語問題争論史》，玉川大学出版部 2005 年版，第 64 页。
② 第三版才开始采用黑本式罗马字。
③ 括号中为"黑本式"。

续表

a	i	u	e	o
na	ni	nu	ne	no
ha	hi	hu (fu)	he	ho
ma	mi	mu	me	mo
ya	i	yu	e	yo
ra	ri	ru	re	ro
wa	wi	u	we	wo
ga	gi	gu	ge	go
za	zi (ji)	zu	ze	zo
da	di (ji)	du (zu)	de	do
ba	bi	bu	be	bo
pa	pi	pu	pe	po

大正年间，出现了众多罗马字方案，如片山国嘉的"片山式"（1914）、鸣海要吉的"鸣海式"（1915）、南部义筹的"南部式"（1916）、左近义弼的"左近式"（1917）、稻留正吉的"稻留式"（1919）。其他还有"世界语式""赛连斯式""古典式"等。但这些方案都不可同"日本式""黑本式"比肩竞争，不久便消失了。[①]

汉字的出现，缩短了日本文字创造的漫长历程，加速了社会向文明迈进的脚步，弥补了日语口语无法延伸和扩展的缺憾，使古代人的聪明才智和知识技能得以传达异地，留至异时。汉字传入日本后，日本表现出积极吸取的态度，在汉字基础上逐步内化，创制假名。相对于汉字与假名，罗马字产生的历史较短。假名是日本主动内化的产物，与本族社会内部进步密切关联，是对汉字表记的优良补充。罗马字的形成，更多的是由他族影响创制而成，不同时期展现出不同影响程度。目前，日本文字系统中，汉字与

---

① 陈青今编译：《日本文字改革史料选辑》，文字改革出版社1957年版，第70—71页。

假名依旧是常用的表记方式，罗马字多用于信息录入或广告等特殊场域。

第二节 文字意识论调

闭关锁国期间，荷兰成为日本了解西方的重要窗口。随着与荷兰的深层接触，国内兴起与传统"汉学"相对的现代"兰学"，形成对华夷思想的首次冲击。其在文字层面的影响表现为对传统汉字的新型意识论调，并且这一改变极大左右着20世纪日本文字规范标准建设。本节以明治维新为节点，辨析明治维新前后的文字意识论调特征与表现。认为日本文字改革意识中，出现过对传统的内省和对后世的展望，甚至也出现过过激的思想，这些行为体现出日本希望重塑语言形象，进而在新型世界格局中寻求本国安身立命之所的规划意识。

一 明治维新前的文字意识论调

透过荷兰看西方的过程中，一些学者逐渐注意到汉字与西文间的差别。尤其以国学者和兰学者为主要群体，展现出对汉字的排斥意识。政治家、兰学之祖新井白石在审查斯多悌（Sidot）传教士时，将得知的西方世情著成《西洋纪闻》（1715），文中对中西文字描述道："（西文）字母仅二十有余，一音贯之，文省意广，其妙天下无遗音。汉字万数有余，非强识之人，无法暗记。"①

新井白石主要从文字数量寡众进行比较，认为文字数量少，则记忆负担轻；文字数量多，则记忆负担重。汉字多数一字一词，而西文多数多字一词。如《康熙字典》有47216字，《韦氏词典》约有12万词。因此，仅从字量多少来断定记忆负担强弱并非全面。《西洋纪闻》虽成书于18世纪初，但一直作为秘本，未予以

---

① ［日］新井白石著，村冈典嗣校订：《西洋纪闻》，岩波书店1936年版，第44页。

公开。1882年此书才正式流通上市，因此对江户时期日本社会汉字意识影响不深刻。①

地理学家西川如见著的《町人囊》（1719）指出："红毛人文字二十四，两字合一，共四十八。一字不过四五笔。唐土文字量、画甚多，难度第一。"②

西川如见从数量和笔画两个方面，对汉字与西文展开比较。汉字数量多，笔画繁杂，这对于学习汉字而言，增加了不少难度。对此，近现代日本政府为了普及教育和提升国力，在制定汉字规范标准时，着重以汉字的字量和字体为主要对象，实施有力的规范指导。

国学家贺茂真渊著的《国意考》（1765）主张："较之不便汉字，表音文字假名似拉丁字，实属便利。汉字三万八千，天竺字仅五十，然可记五千余卷佛语经书，假名字样五十音犹是如此。荷兰字仅二十五。"③

贺茂真渊曾表示，使用借来之物——汉字，国语将会成为奴隶。表音文字假名同拉丁字母相似，字少且记录便利。当时的日本社会，汉字处于高势地位，较为高雅，假名处于低势地位，较为通俗。贺茂真渊这种推崇假名、排斥汉字的意识，体现出国学者寄望在纯粹日语中，探究日本传统国学根源的本质思想。

经济家本多利明著的《西域物语》（1798）阐述："支那字仅于东方之朝鲜、琉球、日本，于北方之满洲诸国，于西方之天竺。西文起欧罗巴诸国、亚墨利加诸国、亚弗利加西南副诸国、东天竺南阳诸岛，至支那南洋诸岛、日本南洋诸岛、东虾夷诸岛、堪察加半

---

① ［日］土屋道雄：《国語問題争論史》，玉川大学出版部2005年版，第24页。
② ［日］西川忠亮编：《西川如見遺書第7編：町人嚢7卷》，东京印刷株式会社1898年版，第112页。
③ ［日］国学院编辑部编：《賀茂真淵全集（4）》，吉川弘文馆1906年版，第3950页。

岛、美国纳维亚大国……各国各岛言语各异，然用二十五字。"①

本多利明不但从字量维度进行比较，还对文字的国际通行度展开分析。量少且通行度高的文字，明显更符合经济原则。但是一国文字并非简单经济计算便可进行取舍。文字往往与历史、文化、社会等诸多因素相关联，能够适应记录本国语言的文字，对本国民众来说，才能称得上是最为经济的表记符号。强行改变成不符合文字发展规律的表记形式，不但会产生经济损失，还可能会造成社会动荡。

江户时期的国学派和洋学派对汉字的批判意识，彰显出江户社会两种重要思潮倾向，即对国学复兴的渴望和对实学追逐的热忱。有关汉字问题，多从文字字量、难易、通行度等范畴展开探讨，或表现出废汉字立假名的论调倾向，或表现出废汉字立西字的论调倾向（见图2-2）。但此时的汉字意识论调，仅限于书面文字的

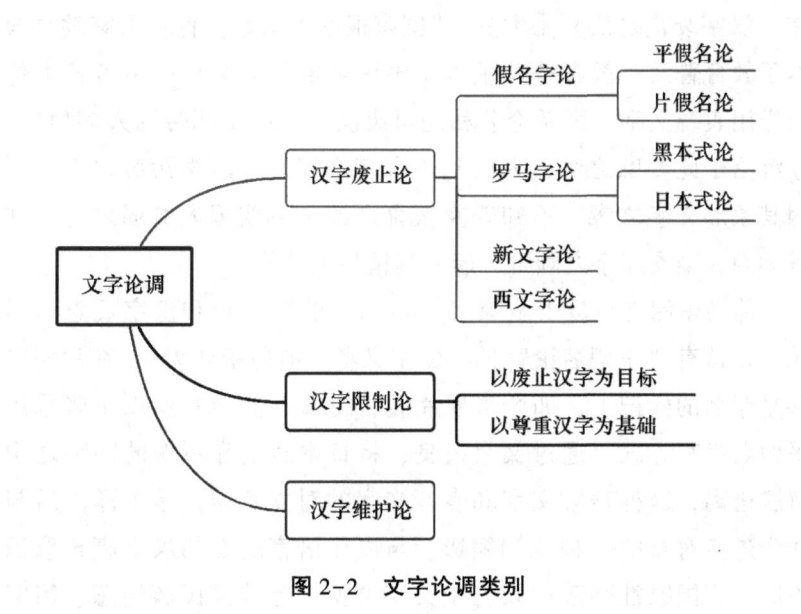

图2-2 文字论调类别

---

① ［日］滝本诚一编：《日本经济丛书（卷12）》，日本经济丛书刊行会1915年版，第156—157页。

表述，在社会层面的影响力度并不充分，也未能真正上升至国家设计层面，更没有具体实施汉字规范标准建设。这种排斥汉字的呼声，至明治时期才得以形成规模并达至高潮。1868年，明治维新后，文字意识论调进入活跃时期，此时的文字理念，继承了江户中期已然形成的文化觉醒态势，对汉字问题表示出质疑。

二 明治维新后的文字意识论调

（一）汉字废止意识论调

1. 假名文字意识论调

幕末的1866年，前岛密首次正式公开阐明废止汉字的论调。提出《汉字废止之议》《废汉字私见书》《兴国文废汉字议》等建言书。大体以废止汉字、普及教育、振兴国家为主旨，将汉字视为"原始、野蛮"的"化石"，国运不兴、民智不开的"毒药"。在《汉字废止之议》中力陈："国家根本于国家教育，国家教育根本于教育普及，教育普及根本于国民可懂简易文章……若日本仿西洋用表音文字，则无论公私均可废汉字……支那帝国人多地广，今沉沦于此萎靡之势，人民陷于野蛮之俗，为西洋污蔑之态，皆因其象形文字之毒，不知普及教育之道……兹国人贫弱之势，推其远因，染支那字之顽毒，麻痹其精神也。"①

前岛密深受传教士威廉（William）的东方观和汉字观意识影响，是持有"平假名论"的实学主义者。前岛密认为："在片假名和平假名的标记上，如今掌握片假名的人不多。"② 所以主张采用平假名纵写方式。通过文字改良，将日本从萎靡不振的国势之中解脱逃离，这种表意文字和表音文字的对立意识，是东洋落后与西洋进步对立的一种认知缩影。与以往语言层面的汉字废止意识不同，将国家社会落后归咎于文字类型，上升至民族情感、国家

---

① ［日］前岛密：《国字国文改良建议书》，こにしのぶはち1899年版，第6、12页。

② 洪仁善：《战后日本的汉字政策研究》，商务印书馆2011年版，第7页。

建设层面。

江户末期、明治初期，正值幕府解体、新政府建立时，国家在权力争夺中已费尽心力，对前岛密的建言书并未加以重视。此外，汉字一直是上层社会群体的权力象征，废除汉字意味着剥夺这些精英人士的特权，削弱贵族的权势，前岛密的建言也因此曾受到过嘲讽和敌视。《汉字废止之议》至1899年才得以正式刊行，虽然建言并未取得成功，但是定格了初期废止汉字的基本走向，指出文字与教育、教育与国力的紧密关系。

为实现平假名文字表记目标，19世纪80年代，三个假名文字团体组织成立，它们是主张使用"历史假名遣"的"かなのとも"①和主张使用"表音假名遣"②的"いろはくわい""いろはぶんくわい"③。1883年，三个团体实现大团结，合并为"かなのくわい"，由有栖川宫威仁亲王担任会长。假名会分划"月""雪""花"三个分部，"月部"支持"历史假名遣"，"雪部"支持"发音假名遣"，"花部"支持增加假名量，且各自出版不同机关杂志。④ 因假名意识的差异，假名会在经过短暂的协调统一后，于1884年再次分化为主张"历史假名遣"的"もとのとも"和主张"表音假名遣"的"かきかたかいりようぶ"。⑤ 假名会会员曾一度多达一万人以上，但终因彼此假名意识的异质性，以及日语完全假名表记的局限性和反欧化社会风潮因素的影响⑥，1892年，组织已完全停止假名表记宣传活动。

之前的个人或团体假名论者，多数倾向平假名表记，但"一战"后，以大阪工商界者为主体的片假名论调涌现。1914年，山下芳太郎在《时事新报》上发表了片假名论说。1920年，"假名

---

① 1881年成立，以古典文献学者为主。
② 按照发音实态进行假名记录的方法。
③ 1881年、1882年分别成立，以庆应大学相关人士为主。
④ ［日］丸谷才一：《国語改革を批判する》，中公文库1999年版，第44页。
⑤ ［日］平井昌夫：《国語国字問題の歴史》，三元社1998年版，第181—184页。
⑥ 1888年，日本开始出现反欧化主义风潮，假名化与罗马字化运动受到严重阻滞。

文字协会"成立，从实业家立场出发，主张"表音式假名遣"片假名左横写形式，认为"这更适合打字机的录入使用，对于提升工作效率和经济效益更具价值"①。并向美国打字机厂商 UNDERWORD 购买打字机，开始使用假名文字打字机。② 片假名论者侧重现实生产，多以实践运用为主，对片假名与其他文字在打字机录入方面的优劣比较研究稍显不足。

2. 罗马字意识论调

罗马字论调初见于 1869 年南部义筹著的《修国语论》。1883 年，黑本式罗马字论支持者矢田部良吉在《采用罗马字拼写日语》中强调："我邦文字习得为难，使用亦不易……须文字改良。"③ 这种困难，矢田部良吉认为主要是由于汉字所造成。因此主张，"不使用如中国之极不便汉字，应使用如欧洲之表音文字……罗马字为现代文明各国公用文字"④。矢田部良吉在舍弃汉字的同时，也否定了假名的表记功效，选择采用与众多国家相同的罗马字，这是当时社会西风浪潮影响下文字意识取向的一类表现。

1885 年，矢田部良吉和外山正一等创设"罗马字会"，田中馆爱橘是该会成员。罗马字会提倡黑本式罗马字为规范标准形式。田中馆爱橘指责："罗马字会采取的黑本式标记法使得'五十音的纵横整齐的规则也失掉了'。"⑤ 于是，以五十音图为基础，结合日语语音体系和音节特征，创制日本式罗马字，但"因一票之差被

---

① ［日］土屋道雄：《国語問題争論史》，玉川大学出版部 2005 年版，第 144 页。
② ［日］梅棹忠夫：《智识的生产技术》，樊秀丽译，商务印书馆 2016 年版，第 139 页。
③ ［日］土屋道雄：《国語問題争論史》，玉川大学出版部 2005 年版，第 53 页。
④ 陈青今编译：《日本文字改革史料选辑》，文字改革出版社 1957 年版，第 10—11 页。
⑤ 罗晓莹：《日语假名罗马字标记法的历史及发展》，《郑州航空工业管理学院学报》（社会科学版）2014 年第 6 期。

否决"①。日本式罗马字论支持者离开了罗马字会。因彼此罗马字意识的异质性，以及日语完全罗马字表记的局限性和反欧化社会风潮的因素，19世纪90年代，罗马字论者的宣传活动急速衰退，1892年后处于完全停止状态。

甲午战争后，国内文字表音化意识再次兴起。为团结所有罗马字论支持者，1905年设立"ローマ字ひろめ会"。该协会起初并未过多干涉罗马字规范标准选取问题，之后决定将稍做修改的黑本式罗马字称为"标准式罗马字"，将其作为规范标准。② 日本式罗马字论支持者再次脱离而去，独立设置"日本ローマ字会"。一度多达约2万名会员的"ローマ字ひろめ会"，终因内部罗马字规范标准的差异矛盾，以及外部保守排洋势力的抵制走向消亡。

3. 新文字意识论调

1886年，小岛一腾著的《日本新字全》中提出："将罗马字施以变形，创制出不仅能用于日语表记，且能用于世界各国语言表记的24字日本新字，并辅以4种类型的点，形成正音204个、变音609个，共计813个表记符号。"③ 这个数量较旧有表记庞大繁杂，并且是否适合日语表记尚未可知，民众接受程度如何也有待考量，普及实施缺乏群众基础。

新文字论调者，在字形设计方面，或是将原有文字加以改良，如田中秀穗；或是将某类符号加以改良，如平岩愃保。在字量设定方面，或是定量19个新字，如平岩愃保；或是定量75个新字，如稻留正吉。在创制原因方面，或是批判汉字的非效率性，如朝比奈知泉；或是批判汉字诱发日本近视者增量，如石原忍。这些新文字一般都是依据个人意念设计的，并不具有典型共性，且并

---

① 洪仁善、姜岩胜:《日语罗马字表记的历史演变考论》,《东北师大学报》(哲学社会科学版) 2016年第2期。
② 因将"黑本式罗马字"作为拼写规范标准，"标准式罗马字"称呼亦开始使用。
③ [日] 土屋道雄:《国語問題争論史》,玉川大学出版部2005年版，第69页。

非完全科学合理，推广使用未有可操作性。

4. 西文字意识论调

1872年，森有礼在写给耶鲁大学语言学家威廉（William）的信件中谈道："我国高层次思想家、有识之士多数对音韵文字抱有憧憬，将来日语如果不采用具有丰富表现力的欧洲语言，难以与西洋文明国保持步调一致。"① 同时提出，剔除不规则变化后的英语变体，使之取代日语的"简易英语论"。这是一种极具冲击力的语文意识，森有礼不仅限于停留在文字层面，甚至上升至语言层面，不仅是废止汉字的文字意识，更是废止日语的语言意识。这是在西方文明冲击下，文化整合过程中的西洋崇拜，期望迅速欧化的极端显现。

1946年，志贺直哉在《国语问题》中指出："如果当时接受森有礼的提议……现在的日本应该更加进步……采用世界上第一美好的法语作为国语……在森有礼时代实现困难，但当今未必不可。"② 虽然志贺直哉与森有礼提出相异的西语形式，但其相似之处在于，皆将文字改革从单维的文字层面上升至多维的语言层面。不同之处在于，森有礼的文字论调表现出诉求快速实现日本与西方接轨前进的思想，志贺直哉的文字论调表现出诉求快速实现日本与战败茫然分离的思想。

（二）汉字限制意识论调

福泽谕吉倡导实利主义的汉字限制论，并首次明确了汉字限制的具体数量。"日本既有假名文字，却仍旧使用汉字，甚有不便。然古往今来，举国日用之书，皆用汉字，今俄而废之，亦有不便。速废汉字难，待寻时机。不可旁观，时起渐废汉字事，文章少疑难字，不用之，字量可控2000字至3000字。"③ 福泽谕吉亲自实

---

① ［日］大久保利谦编：《森有礼全集第一卷》，宣文堂书店1972年版，第310页。
② ［日］土屋道雄：《国語問題争論史》，玉川大学出版部2005年版，第222页。
③ ［日］福泽谕吉：《福沢全集卷3》，时事新报社1898年版，第1页。

践，编著以限制汉字为前提的最初的小学国语教科书读本《文字之教》（1873），其中选取了802个教育汉字，体现出手段论和目的论的限制汉字意识，将限制汉字字量作为废止汉字的中间手段，最终目标依旧是废止汉字。

福泽谕吉的汉字限制意识不像前岛密等如此激进，也不像森有礼等如此偏执，是一种具有逐步递进性质的汉字废止论改良版。一时间，这种思想成为主流，深刻影响着日本文字政策发展。

1886年，矢野文雄著的《日本文体文字新论》中提出："汉字假名混合表记具有优越性。"① 同时也表示汉字字量甚多，应当对其进行节减限制。翌年，在《邮便报知》发表社说："汉字数量限制为3000字，论说、杂报等在此限制范围内用字，小说等文学较难实施限制，布告、布达、公司名和人名等允许使用此范围外汉字。"② 同年11月，作为附录发行了《三千字字引》。

与福泽谕吉相同，矢野文雄也表示应当限制汉字数量，但矢野文雄认识到不同领域用字情况存在差异，两者汉字意识存在根本分别。福泽谕吉是以废止汉字为目标的汉字限制意识，矢野文雄是以尊重汉字为基础的汉字限制意识。事实证明，矢野文雄更具可行性，与现今日本文字政策基调基本一致，即以汉字假名混合书写形式为前提，一定汉字范围内，开展文字规范标准建设。

（三）汉字维护意识论调

受甲午战争影响，日本国家主义高扬。相对于明治初期极端推崇西化，此时，开始对这种过度行为进行批判反思，采取维护保守传统主义的价值取向，国家主义逐步兴起。

1895年，国粹学者三宅雪岭发表《汉字利导说》，强调汉字的重要性，视汉字为"渡河之舟筏"③，同时承认汉字存在弊端。主

---

① ［日］土屋道雄：《国語問題争論史》，玉川大学出版部2005年版，第68页。
② ［日］平井昌夫：《国語国字問題の歴史》，三元社1998年版，第198页。
③ ［日］平井昌夫：《国語国字問題の歴史》，三元社1998年版，第81页。

张"应利导东洋交通工具之汉字,发挥其长处,汉字之利在于得东亚思想、辅东亚攻略、成东亚商略"①。1900年,井上圆了发表《汉字不可废论》,驳斥汉字腐朽、书写困难等论断,认为"汉字不仅是语言记录工具,更是日本精神表述工具"②。汉字维护论调持有者中,不乏一批国粹主义人士,对汉字的使用和保护起到一定积极作用,但尚未执念至只可采用汉字表记的程度。较汉字表记日语的书写价值,更关注汉字在"大东亚共荣圈"的流通价值,具有典型的国粹精神。

兰学和洋学影响下的日本社会,除受到来自19世纪欧洲比较语言学文字进化论观点的影响外,也从对中国的认识即是对世界的认识转向对中国的认识只是对世界部分的认识。对中国进行重新描写,对汉字进行重新阐释,欲摆脱东洋文明,转为西洋文明的超文字范畴思想突出。

对汉字的选择,实质是对东方传统的选择。汉字废止和汉字限制的意识论调,彰显出汉字阻碍社会进步的思想。汉字维护的意识论调,大多出于汉字的东洋殖民流通价值,以及维护国粹传统的功能。这些文字意识论调的博弈,随着日本社会发展不断更迭,在文字规范标准建设中充分展现。进入20世纪,表音化与表意化自下而上的纠结挣扎,显现为自上而下的文字政策。

第三节 文字规范标准

日本文字系统由汉字、假名和罗马字构成,日本文字规范标准相对多样,主要包括三个维度,汉字规范标准、假名规范标准和罗马字规范标准,其中,汉字规范标准较其他两个维度更为复杂。汉字规范标准涉及三个领域,一般社会领域、人名领域和信息领

---

① [韩]イ・ヨンスク:《「国語」という思想——近代日本の言語意識》,岩波书店1996年版,第43页。
② [日]丸谷才一:《国語改革を批判する》,中公文库1999年版,第60页。

域，三个领域的规范标准工作分别由文部科学省、法务省和通商产业省①负责。本节主要分维度、分领域考察日本文字规范标准建设问题，分析不同维度、不同领域的文字规范标准情况与特征，透过日本文字政策表层现象，探寻文字政策的背后意义。日本文字规范标准建设中，"汉字关心"多于"假名关心""罗马字关心"，文字适用项与情感项成为日本确立汉字假名混合书写形式正式地位的关键因素。

一　汉字规范标准

（一）近代汉字规范标准

1. 明治时期（1868年至1912年）

明治政府发布"五条誓文"，推行文明开化、开启民智的国策。教科书编撰中，为明确教材中的汉字问题，1872年，文部卿大木乔任命田中义廉、大槻修二、久保吉人和小泽圭二郎开展了汉字调查工作。1873年，调查组制定了教科书汉字选定草案《新撰字书》，这份记录3167字的草案，是文部省最早的汉字字量调查草案。1887年5月和10月，文部省发行了《寻常小学读本》《高等小学读本》，这两套教材在排除复杂笔画的基础上，臻选了被广泛使用的约2000个汉字。这时期的字案和教科书中，汉字字量问题主要是从教育教学角度出发，以益于教学为导向的调查、设计和选定汉字的行为。

1900年，原敬在《汉字减少论》中阐述："节减汉字需要借助政府力量和舆论力量。"② 部分主张汉字改革的人士，已经逐渐意识到政治力量在语言规划中的重要作用。帝国教育会国字改良部认为："由于日本文字、文体、文法皆无固定标准，处于无序支配状态。改良此等错杂、纷乱、不规、不统的语文文章，

---

① 即现在的经济产业省。
② ［日］冲森卓也：《日本の漢字——1600年の歷史》，ベル出版2011年版，第294页。

当属急务。"① 1900 年向内阁、贵众两院建议，尽快着手国字、国语、国文调查研究，并对其实施改良。这种自下而上的政府诉求，很快在教育领域得以响应。

1900 年文部省发布省令《小学校令实施规则》明确规定了编撰寻常小学教科书的用字，需在规定的 1200 字范围内选定。这是首次以政令形式对教育用字数量进行的限制。保科孝一对此评价道："文部省断行的小学教科书中汉字节减的规定，为国字改革的前途带来一片光明。"② 这次尝试表明了政府对汉字问题的根本态度，即通过限制汉字数量，进而达到完全废止汉字、采用表音文字的目的。这一方针在日本文字政策史上延绵了数十年之久。但是，政府首次出台的汉字限制政策并未得到社会的一致认可，1908 年便予以撤销。

1902 年，国语调查委员会制定了"四条六项"③ 的调查方针，此调查是以采用表音文字为前提开展的。表音文字选取时，究竟采用假名还是罗马字，政府希望通过考察，进而对两者进行取舍。对于汉字问题，则将节减程度和内容作为调查的主要目标，意图废止汉字的取向十分明显。此次调查是表音派与国家政权势力结合的产物。④

2. 大正时期（1912 年至 1926 年）

短暂的大正时代，政府主要从事了两项较有意义的汉字规划工作，一是制订最初系统性的字体整理方案《汉字整理案》；二是制订最初一般社会领域的汉字限制方案《常用汉字表》，且对该表内

---

① [韩]イ・ヨンスク：《国語という思想——近代日本の言語認識》，岩波书店 1996 年版，第 44 页。
② [日]保科孝一：《国語問題五十年》，三养书房 1949 年版，第 35 页。
③ 四条：1. 采用表音文字，调查假名、罗马字优劣。2. 采用言文一致体，对其进行调查。3. 调查国语音韵组合。4. 调查方言，选定标准语。六项：1. 节减汉字。2. 整理现行普通文体。3. 书简文其他日常惯用特殊文体。4. 国语假名遣。5. 字音假名遣。6. 外国语书写方式。
④ [日]福田恒存等著：《なぜ日本語を破壊するのか》，英潮社 1978 年版，第 16 页。

汉字制定了相应的《字体整理案》。在汉字的"定量、定形、定音"问题中，政府已有计划地开展了"定量、定形"的干预行动。

1919年文部省公布《汉字整理案》。《汉字整理案》以寻常小学教科书所载的2600余汉字为对象，以"康熙字典体"①的字形为基础，以简便为主，重视惯用，以及活字体和手写体一致化为方针进行整理。字体的统一规范是教育教学和信息互换的基础保障，同一文字字体因使用者而异，这对汉字教育造成严重困扰，对社会交际带来现实不便。整理过程中，虽然以"康熙字典体"为基础，但并非一概否定世俗字体，体现出"尊古重今"整理理念。《汉字整理案》作为最初体系性的字体整理方案，虽未能获得期待中的良好效果，但为今后汉字字体整理工作树立了典范，部分整理方针和宗旨也得以沿用。

1921年设置"临时国语调查会"，从事国语相关事宜调查工作。1923年，临时国语调查会制定了1962字的《常用汉字表》。规定一般社会领域可用的汉字数量仅为1962字，《常用汉字表》充满限制汉字的色彩。《常用汉字表》的出台，突破了原有教育领域的汉字限制政策，从国民教育扩展至国民生活，汉字限制政策延伸至一般社会领域。

临时国语调查会的34名委员中，13名是报界代表、3名是出版界代表，媒体在汉字限制政策问题上，表现出积极参与支持的态度，其原因主要是，当时报纸主要依靠工人逐字活字排版，汉字过多则会严重影响生产成本和工作效率。1923年8月6日，东京和大阪有影响力的20家报社发表共同宣言："汉字限制历经讨论步入实施。限制政策早一日实施，国民文化早一天进步。"② 计划同年9月实施《常用汉字表》，但因受9月1日关东大地震影响，计划被迫停滞。

《常用汉字表》未能在一般社会生活领域发挥功效，但在媒体

---

① 也称"旧字体"或"正体"。
② ［日］平井昌夫：《国語国字問題の歷史》，三元社1998年版，第242页。

与政府限制汉字的相同理念下创制的《常用汉字表》,成为大正时期最重要的汉字政策。

1925年临时国语调查会发表《字体整理案》,对《常用汉字表》内1020个字进行了字体整理。与《汉字整理案》整理原则几乎无异。两部整理案最主要的差异在于整理对象不同,《汉字整理案》以教育汉字为基本对象,《字体整理案》以《常用汉字表》内部分社会汉字为基本对象,由教育汉字到社会汉字的领域用字扩展,使得汉字限制层级更加多样。

3. 昭和前期(1926年至1945年)

基于金子坚太郎等对《常用汉字表》遗漏《教育敕语》①中部分汉字的非难,以及《常用汉字表》的现实作用和报纸、杂志中汉字具体的使用情况,根据时代用字变迁,临时国语调查会决议对《常用汉字表》实施修正。1931年完成了1858个字的《常用汉字表(修正)》。

1931年九一八事变爆发,日本国内对战争进展状况的报道增多,涉及的中国地名、人名骤增,汉字限制难以遂愿,《常用汉字表(修正)》实施不具可行性。加之文化界的强烈批判,国内右翼保守势力强硬反对,《常用汉字表(修正)》的实施遭到严重抵制。在客观与主观双重条件下,《常用汉字表(修正)》未能在社会上真正产生功效,但是通过字表的完善修订,可以看出政府坚持限制汉字的根本态度。

1934年,废止调查机关"临时国语调查会",设置咨询机关"国语审议会"。翌年,文部大臣进行了"汉字调查"的咨询。1938年,国语审议会完成《汉字字体整理案》。《汉字字体整理案》是以《常用汉字表(修正)》为对象,以"康熙字典体"为基本,尊重惯用,以简便为主。将文字依据使用场域划分为两种,主要是将诏敕等政治用字及法令行政用字与一般社会用字进行归

---

① 1890年,明治天皇颁发的有关国民精神和学校教育的诏书。以灌输皇室利益至高无上、维护天皇制国体为基本精神。

类区别。这种因领域而异的人为性汉字归类划分，在《标准汉字表》（1942）表现得更加明显。

为改善无限制的汉字使用状况所造成的社会生活不便，依据《常用汉字表（修正）》使用情况，应时势所需，对汉字进行整合，以便向官厅及一般社会提供统一规范标准。①1942年国语审议会发表了《标准汉字表》，将汉字划分三类，即常用汉字1134字，准常用汉字1320字，特别汉字74字，共计2528字。常用汉字是与国民日常生活关系较为紧密的，使用频率较高的汉字；准常用汉字是与常用汉字相比，与国民日常生活关系不太紧密，使用频率偏低的汉字；特别汉字是皇室典范、帝国宪法、历代天皇的追号、国定教科书刊载的诏敕、赐予陆海军人的敕谕、向美国及英国宣战的诏敕，以及常用汉字与准常用汉字以外的文字。三类汉字的划分依据是国民日常生活关系紧密度、使用频率及使用场域。

《标准汉字表》中的142字的简体字，并不具有任意使用性，在诸如"皇室典范""帝国宪法""历代天皇追号""印刷书写诏敕"等特殊场合下，禁止使用。这是强大保守势力和限制汉字取向间相互妥协的产物，通过强调典型传统特殊场合下的汉字使用，以达到一定程度上的汉字限制平衡抉择。

保守派对于汉字限制问题依旧存有极大不满。头山满、金泉定助等12位联名提出《〈标准汉字表〉反对建议书》："国语问题关联国体概念，并非允许断然以功利便宜为主旨，变革千古语言文字。国语审议会依据一派专断，发表抑止正论的汉字限制案，断意准常用汉字及特殊汉字的态度，表明其国体非违思想。"②

1942年进行了《标准汉字表》修订，废止原有三类汉字区别，形成了2669字的《标准汉字表（改正）》。除了选字方面的变化

---

① ［日］冲森卓也：《日本の漢字——1600年の歴史》，ベル出版2011年版，第301页。

② ［日］平井昌夫：《国語国字問題の歴史》，三元社1998年版，第354页。

外，更重要的是，规定2669字是小学六年义务教育的习得内容，而非限制社会用字。这种放弃社会领域汉字限制的结果，主要是因右翼保守势力的高压所致。深深融入日本的汉字、汉词，成为寻求日本民族根源的工具，是守护日本传统文化、防止欧美文化殖民的重要手段。因此，日本保守势力对汉字进行"积极"维护和巩固。

20世纪40年代，军国主义高涨的日本，《标准汉字表（改正）》出台小心谨慎。由于《标准汉字表（改正）》的反对呼声过于强烈，并且国际战争局势不断扩大，政府无暇顾及汉字政策的贯彻执行。《标准汉字表（改正）》未能形成现实功效，但对战后不久《当用汉字表》的制定奠定了基础，成为《当用汉字表》直接讨论的对象。

1900年代，是日本汉字改革的转折阶段，汉字限制问题由讨论上升至政策规划。20世纪上半叶，政府发布的数部汉字字量、字体规范标准，由于诸种原因，均未形成明显社会约束，未发挥具体限制功用。但为现代汉字规范标准建设提供了规划方针和方向，一段时期内，现代汉字规范标准建设延续着近代汉字规范标准建设的路线方针。

（二）现代汉字规范标准

1. 一般社会领域

（1）昭和后期（1945年至1988年）

1945年，文部大臣就汉字限制问题，向国语审议会提出咨询。1946年国语审议会发表了1295字《常用汉字表（案）》，这个数量对于教育用字过多，但对于社会用字又过少。① 战前为降低能耗、提高效益，一直与政府限制汉字政策保持相同步调的媒体委员以及法律界委员认为："1295字无法满足报纸刊行时所

---

① ［日］国语审议会（终战——改组）：《第10回総会議事録》，1946年5月8日，http://www.bunka.go.jp/kokugo_nihongo/sisaku/joho/joho/kakuki/syusen/sokai010/01.htmll。

需的正常汉字用量,且《宪法》中的 62 个字未列入《常用汉字表(案)》。"① 此外,对于表内汉字字体、字训等问题,以及地名、人名、官厅名、官职名、各银行、公司和店名等全部采用假名书写这一问题也存有争议。

1946 年内阁训令和内阁告示②公布《当用汉字表》,该表字数为 1850 字,其中含简化字 131 字。《当用汉字表》沿袭了战前《常用汉字表》《标准汉字表》中不涉及固有名词的方针,常见惯用如地名"大阪"的"阪"③、人名"伊藤"的"藤"等都未列入考虑范围内。虽然承认了简化字的正式地位,但未提供汉字字体、音训规范标准。

《当用汉字表》首次以内阁训令、内阁告示形式发布,对语言生活产生重要影响。明晰一般社会领域汉字限制色彩,延续战前国语审议会废止汉字、改用表音文字的路线。"当用汉字"意为当时日常生活中必要使用的汉字,制定过程中,同时表示《当用汉字表》会应社会发展,每数年实施修正,使之将来逐渐接近教育用字数量。

不定期的修正计划,实质上是在社会发展基础上,以减少汉字字量,将一般社会用字与教育用字字量统一设为近期目标,废除汉字设为终极目标,并坚信这一目标必会实现。《当用汉字表》是实现近期目标的第一步骤,也是第一部得以具体执行的汉字规范标准。《当用汉字表》的颁布,给一般社会用字划定字量范围,限制性质异常明显。表意派船桥圣一指出:"《当用汉字表》的限制政策,严重影响日语日常表达。"④ 这种强硬措施,

---

① [日] 国语审议会(终战——改组):《第 9 回总会议事录》,1946 年 4 月 27 日,http://www.bunka.go.jp/kokugo_nihongo/sisaku/joho/joho/kakuki/syusen/sokai009/01.html。

② 内阁训令,内阁向各官厅发布的命令;内阁告示,展示内阁决议事项,指导民众行事。

③ 都道府县名中,14 字未列入,包括阪、奈、冈、阜、栃、茨、埼、埼、梨、媛、鹿、熊、潟、绳。

④ [日] 国语审议会:《第 1 期第 3 回总会议事录》,1950 年 1 月 30 日,http://www.bunka.go.jp/kokugo_nihongo/sisaku/joho/joho/kakuki/01/sokai003/05.html。

造成民众日语使用与读解上的困难，阻碍日语的正常表达与健康发展。

《当用汉字表》收纳战后新制《宪法》的全部汉字，为领会其内涵提供了语言保障，是文字政策服务国家的体现。《当用汉字表》限定一般社会用字范围标准，虽未提供汉字字体、音训规范标准，但其提供了该两项政策的讨论对象。《当用汉字表》发布后，国语审议会着手处理相关问题，制定了《当用汉字音训表》《当用汉字字体表》。

日语有音训读音差异，因此，同一汉字可能会出现多种读音。1948年，内阁训令和内阁告示发布《当用汉字音训表》。以一字一音一训的整理方针为基础，对1850字的当用汉字规定了2006个音读和1116个训读。书写过程中，即使属于《当用汉字表》的汉字，若其读音不属《当用汉字音训表》，只可采用假名表记，对汉字使用添加字音维度的限制。

1949年，内阁训令和内阁告示公布《当用汉字字体表》。《当用汉字字体表》出台前，一般社会领域视《当用汉字表》的字体为规范标准。《当用汉字字体表》出台后，政府对汉字字体制定明确的规范标准。《当用汉字字体表》与《当用汉字表》间存在438字的字体差异，汉字字体政策延续性损害，造成民众汉字字体使用的困扰。

《当用汉字字体表》的发布，意味着战后初期"当用汉字"系列规范标准工作的结束。《当用汉字音训表》《当用汉字字体表》都是对《当用汉字表》内的汉字进行的整合，并未涉及表外汉字。这是国语审议会在限制、减少汉字，进而最终废止汉字规划意识下的呈现。国语审议会认为表外汉字会被表音文字取代，表内汉字则通过限制、减少的阶段性手段，最终也会被表音文字取代。因此，认为仅暂时创制《当用汉字表》内汉字的规范标准即可。由于没有关注表外汉字，表外汉字的使用出现混乱。《当用汉字表》的极端限制与不合理之处，致使汉字规范标准贯彻执行中，不断产生冲突矛盾。

国语审议会采用委员互选方式，推荐下期委员候选名单的选举制度，因此，一直占据多数力量的表音派，得以在这种"民主性"选举制度下保有大量席位。国语审议会审议语言政策时，以投票数作为最终裁决，这就意味着人员的组成结构成为语言政策抉择的关键因素。表意派的政策意愿往往不能获得支持和体现，这在之前诸多政策中都得以印证。表音派与表意派语言态度针锋相对，使得语言规划工作摩擦不断。

这种矛盾争执在1961年升级为正面交锋。为表示对国语审议会选举制度的不满，3月20日的会议中，发生了表意派五委员退场事件。此事经《国文学》《新潮》特辑以及朝日等各大报纸和NHK三回专题报道，引发了社会的广泛关注，产生出媒介事件效应。诸种压力下，1962年，国语审议会改为文部大臣直接任命委员的制度方式，表意派的劣势地位明显改善。国语审议会中，逐渐基本实现表音派、表意派和中立派的人数均等之像。①

1964年，吉田富三提出："国语是一国文化之根本，是国民之思想，以国字表记的思想所关联的国语，与单纯以传播、交际之便利，寄托于某种表音符号的机械性手段，本质上存在区别。应确立'汉字假名混合文体'为国语的正式书写文体，国语审议会应在此前提下，审议国语相关问题。"② 1966年文部大臣表示："从现在起，在'汉字假名混合文体'的前提下，审议改善国语问题。"③

文部大臣的话语代表了日本政府对于汉字问题的心声，是日本汉字政策史上重要的转折点。表明日本政府积极肯定汉字的价值，

---

① 黎力：《明治以来的日本汉字问题及其社会文化影响研究》，博士学位论文，南开大学，2013年。
② [日]国语审议会：《第6期第49回総会議事録》，1962年12月13日，http://www.bunka.go.jp/kokugo_nihongo/sisaku/joho/joho/kakuki/06/sokai049/01.html。
③ [日]国语审议会：《第8期第58回総会議事録》，1966年6月13日，http://www.bunka.go.jp/kokugo_nihongo/sisaku/joho/joho/kakuki/08/sokai058/03.html。

认可汉字在日语表记中不可替代的作用，否定1900年代以来限制、节减和废止汉字的根本方针，终结了曾经一直努力期盼的文字表音化改革目标。自此，日本汉字政策进入新的历史阶段，汉字限制色彩逐渐缓和，随之而来是创制更为弹性化的汉字规范标准。

文部大臣向国语审议会提出"国语政策改善具体措施"咨询。1971年，国语审议会首先着手当用汉字音训改革。1973年，内阁训令和内阁告示发布《当用汉字改定音训表》，内容更改为2187个音读和1900个训读。《当用汉字改定音训表》指出："自明治以来，一般采用汉字假名混合书写方式。'汉字假名混合文体'原则上是汉字表示实意，假名表示语形变化以及书写助词、助动词。采用这种方式，无须每词分开书写，也可一目了然，是活用表意文字汉字和表音文字假名的书写方式。汉字字量和字音的限制，不利于文章表述。本表是为实现一般社会生活中，良好语文表述而制定的指导性规范标准。"①

内阁训令、内阁告示首次承认"汉字假名混合文体"的优势，批判旧往的汉字限制政策，表露文字政策的缓和性质，限制方针自此走向宽松化。

战后日本经济快速增长，短短二十年就跃居世界第二经济强国。文字使用也伴随国家现代化一同变革。《当用汉字表》内部分汉字已几乎不再使用，当下一般社会生活中常用的汉字却未能成为当用汉字。文部省表示："汉字造词能力强、语义明晰，但用量过大则会导致表达与理解的误解，把握这些特点，才能把文字表记变得更加丰富与优美。"② 文部省一方面认为有必要对现有汉字规范标准进行客观评定，一改与社会发展的不适状况；另一方面又不想大幅改变已定汉字字量，进而完全放弃限制汉字的传统立

---

① ［日］阿辻哲次：《戦後日本漢字史》，新潮社2010年版，第168—169页。
② ［日］日本文化厅编：《常用漢字表（審議稿）》，大藏省印刷局1981年版，第3页。

场。回顾审视以往汉字规范标准，成为这一时期语文工作的重点。

1981年，内阁训令和内阁告示公布集字量、字音、字体于一体的1945字《常用汉字表》，同时废止了当用汉字系列政策文件。当用汉字系列政策文件，是以当用汉字字量、字音、字体三维度，限制一般社会日常汉字使用的规定性规范标准。《常用汉字表》将此三维合一，是一般社会日常汉字使用的指导性规范标准。《当用汉字表》倾向严苛限定，《常用汉字表》倾向宽松引导，这种转变具有可操作性，是科学性和现实性的进步。

《当用汉字表》至《常用汉字表》的三十余年间，逐步明晰、肯定了汉字假名混文文体的作用和地位，表现出在限制汉字前提下的宽松化政策走向。相对于以往仅将表内汉字作为讨论对象，受全球信息化浪潮与信息技术手段更新发展的影响，表外汉字规范标准已成为不可避谈的问题。

（2）平成—令和时期（1989年至今）

20世纪80年代，《朝日新闻》东京本部开始使用计算机编辑。曾为节省时间和成本而极力主张限制、废止汉字的诸家媒体，受惠于信息技术进步普及，原有的汉字问题已不再成为发展阻碍。

在信息技术的辅助下，人们能够轻易输出《常用汉字表》外的汉字，书写倾向发生变化。调查显示，在"がくぜん、^{がくぜん}愕然、愕然"三种形式中，21.7%选择第一种，64.8%选择第二种，11.7%选择第三种；在"はく製、^{はくせい}剥製、剥製"三种形式中，26.7%选择第一种，54.1%选择第二种，18.0%选择第三种。① "愕然""剥製"等表外汉字，纵使笔画繁杂，对机器而言，也同样能够较快录入显示。书写内容和环境的改变，促使日本政府直面未曾问津的表外汉字问题，亟须解决表外汉字混乱冲突，以求社会语言生活平稳和谐。

---

① ［日］日本文化厅：《2003年度国語に関する世論調査》，2004年，http://www.bunka.go.jp/tokei_hakusho_shuppan/tokeichosa/kokugo_yoronchosa/h15/。

现实社会语言生活影响着国家语文政策调整。1993年,文部大臣向国语审议会进行"新时代下的国语政策"咨询,表外汉字成为审议重点。表外汉字整理时,并非将所有数以万计的表外汉字为对象,而是以与常用汉字使用频率相差无几的表外汉字为对象。

2000年发布的《表外汉字字体表》,意非扩充《常用汉字表》,是以一般社会生活中使用的印刷文字为对象,因此,《表外汉字字体表》中的字体也被称为"印刷标准字体"。虽然不是强制执行的规范标准,但文字字体事关文字计算编码问题,故《表外汉字字体表》特意强调:"今后电子产品将进一步深入国民生活,希望信息媒体在表外汉字字体问题处理时,尊重《表外汉字字体表》。这与国内外计算机文字编码有直接关联。"[①] 其内涵实质是,希望媒体、信息等领域在制定或使用表外汉字字体时,参考此字体表,避免各领域发生"自立门户"的混乱现象。

2001年,日本中央省厅实施改革,决定削减审议会数量,文化审议会统合国语审议会等多部门,文化审议会下设的国语分科会,成为语言政策主管部门。2004年,文化厅开展的"国语问题世论调查"结果显示,信息技术作用下,社会生活使用的汉字字量呈现增长态势。2005年2月,国语分科会提交了《信息化时代下常用汉字讨论》报告,认为信息时代的汉字表记呈现常态化,有必要对《常用汉字表》进行重新审议。次月,文部科学大臣向文化审议会国语分科会提出咨询"应对信息化时代的汉字政策问题"。同年,国语分科会就《常用汉字表》与社会发展不适情况展开调查(见图2-3)。

2010年,内阁训令和内阁告示发布2136字的《改定常用汉字表》,剔除了《常用汉字表》(1981)的5个字,追加了196个字,

---

① [日] 日本文化厅编:《(新訂)公用文の書き表し方の基準(資料集)》,第一法规株式会社2011年版,第247页。

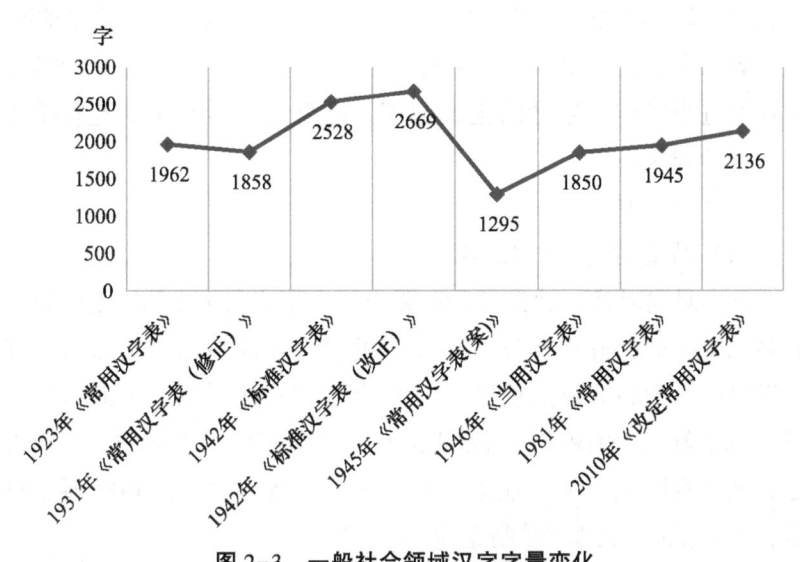

```
字
3000
2500    2528  2669
2000 1962 1858                    1850 1945 2136
1500                     1295
1000
 500
   0
   1923年《常用汉字表》
        1931年《常用汉字表（修正）》
              1942年《标准汉字表》
                    1942年《标准汉字表（改正）》
                          1945年《常用汉字表(案)》
                                1946年《当用汉字表》
                                      1981年《常用汉字表》
                                            2010年《改定常用汉字表》
```

图 2-3　一般社会领域汉字字量变化

变更了 33 个字的读音。《改定常用汉字表》主要是发挥指导性作用，期望对表中未涉及的领域给予尊重和参考，首次将固有名词中的都道府县名称用字作为考察对象，增加了公共性较高的"熊""阪"等 11 字都道府县的名称用字，以及地区名称用字"畿"、国别名称用字"韩"。

《常用汉字表》（1981）制定时，未曾预料汉字环境变化如此之大，因此，此次常用汉字选定工作中，着眼于信息环境与常用汉字的作用关系，将出现频率高、造语力强作为基本考量，优先考虑音、训两方都常使用的汉字。汉字出现频率是选定过程中的关键性因素，但并非唯一因素，与其他汉字是否能够组合构词，也成为汉字选定的一个重要参考项。构词能力强的汉字，可以在同样汉字字量基础上，通过重新组合形成新词，更易丰富表述诸多现象，符合经济原则。

战前制定的汉字规范标准已涉及字量和字体，字音至战后才纳入讨论范畴。字量、字体和字音三维度中，字量始终是日本政府探讨的重点与难点。汉字字量规划中的第一次较大幅度增长，出现在20世纪40年代,这主要是因日本国内传统保守势力的抵制影响。第二次较大幅度增长,出现在21世纪初叶,这主要是因信息时代的进步影响。字量的更迭起落,凸显出日本对汉字饱含敬畏与担忧的相斥心理。

2. 人名领域

(1) 战前时期（1945年以前）

日本封建时代,姓氏是天皇赐予国内豪族人士之物,普通百姓有名无姓。这种姓氏制度的主要目的是,提高自己政治权威,建立以自己为中心的政治秩序。① 672年,壬申之乱后,天武天皇施行"八色姓",为赐予对国家忠诚且有所贡献的人士之物。其目的是打破出身限制,任用能人。奈良末期,所有大氏族均被赐予朝臣,"八色姓"失去了实际意义。②

1870年,为编制户籍,太政官布告允许平民使用姓氏。1873年,太政官布告明令禁止使用历代天皇御谓或御名的文字,体现出尊崇皇权的时代特征。对与天皇称谓无关的其他文字,并未多加限制。1875年,明治政府颁布了《苗字必称令》,规定姓氏使用为国民义务。1914年《户籍法》规定,人名用字应选取简字或字画明了的文字。这只是表达了人名用字尽量清晰简易的取向指导,并无明确具体施策。

1938年国语协议会议事中,宫田幸一提出:"应当就人名选字问题进行适当立案,择取合适且温和美丽的500汉字。"③ 随后,国语协议会组织专门委员会五人组,经过两年左右的讨论,发表了《标准取名读本》。列举儿童取名时应选用的500字,这些汉字是由国语协议会专门委员会五人组非正式决定的,并不涉及国家层面,也不具有公共约束力。希望借由此500字,弥补《常用汉

---

① 蔡凤林:《试论古代日本姓氏文化的特点》,《哈尔滨工业大学学报》(社会科学版) 2016年第4期。
② 蔡凤林:《试论古代日本姓氏文化的特点》,《哈尔滨工业大学学报》(社会科学版) 2016年第4期。
③ [日] 宫田幸一:《国語運動懇談会で》,《国語运动》1938年第9号。

字表（修正）》（1931）中不涉及固有名词的不足，对人名用字加以限制的意图表露无遗。

"二战"以前，国家层面出现人名应使用简易汉字的规定，但没有真正意义上的具体指导措施。社会层面出现较为主观的人名汉字字量指南。这些对战后人名的汉字政策提供了前期基础，但未能有效发挥根本作用。"二战"以后，人名领域开始实施汉字限制政策，并在户籍申报中得到具体贯彻和执行。

（2）昭和后期（1945年至1988年）

1947年5月20日，召开新制《宪法》下的首次特别国会。井伊诚一指出《户籍法》改正理由之一："为符合当用汉字政策制定主旨，规定儿童取名时应采用常用简易文字。"① 11月25日参议院司法委员会中，民事局长从三个方面解释了"儿童取名必须采用常用简易汉字"的意义：1）使用非常用且复杂的汉字进行户籍申报，违反汉字整理主旨；2）汉字限制方面，地名和人名方面最为困难；3）基于以上两点，各方对此项规定提出强烈要求。②

1947年，《户籍法（改正）》第五十条规定：1）儿童取名须采用常用简易文字；2）常用简易文字范围由法务省规定。司法省令③《户籍法实施规则》第六十条规定的"常用简易文字"包括：1）《当用汉字表》所示汉字；2）片假名或平假名（变体假名除外）。对此有人提出异议，表示希望儿童取名时，允许使用罗马字。因户籍中未曾使用过罗马字或阿拉伯数字等外国文字的先例，这类社会用字虽未在正式规定中予以涉及，但现实实践中排除在外。

拥有日本国籍，出生后14日内，须向出生地或籍贯地的市町村区市民行政中心申报户籍。申报户籍的儿童名字如采用"复杂汉字"，则被视为未积极配合国家汉字政策的表现，不予受理。

---

① ［日］圆满字二郎：《人名用漢字の戦後史》，岩波书店2005年版，第3页。
② ［日］圆满字二郎：《人名用漢字の戦後史》，岩波书店2005年版，第5页。
③ 各省厅发布的命令。

当时日本汉字政策的基本路线是，限制、减少和废止汉字。由于固有名词用字复杂，《当用汉字表》（1946）未有涉及固有名词。《户籍法（改正）》首先将固有名词中的人名用汉字实施限制，后逐步扩展至其他固有名词范畴的规划意识明显。此项人名用字政策，积极迎合了《当用汉字表》的限制方针，凸显出《当用汉字表》在用字方面的重要影响，以及政府对于汉字问题的根本态度。

1948年1月1日《户籍法（改正）》正式实施。这意味着1948年后的新生儿，应按照法律相关规定选字命名，汉字只可在《当用汉字表》择定，使用表外汉字进行户籍申报时，将不予受理。

《当用汉字表》将固有名词排除在外，法务省将《当用汉字表》中所有汉字皆视为固有名词人名用字的常用简易范畴。《当用汉字表》的社会用字与人名用字间存在较大差异，会出现一些以往常用于人名的汉字不再被允许使用的情况，如"昌""也"，以及不常用于人名的汉字却被允许使用的情况，如"死""苦"。这种不符合现实社会需求的汉字政策，为取名带来巨大不便，严重伤害了民众情感。

《户籍法（改正）》实施前的1947年新生儿中，男性取名为"稔"者，位居第2，男性取名为"弘"者，位居第5。① 女性取名为"美智子"者，位居第4。② 但"稔""弘""智"并未收录在《当用汉字表》。使用频率较高的"浩"等也未收录在内。因此，《户籍法（改正）》的实施，致使1948年第一次婴儿潮时期出生的270万名新生人口，不能再使用这些名字。此外，《户籍法（改正）》将人名用字范围限定在《当用汉字表》，此事未经国会讨论审议便予以实施，也受到社会各界的非议。

---

① 明治安田生命年度名字排行榜TOP10：男孩，https://www.meijiyasuda.co.jp/enjoy/ranking/year_men/boy.html。

② 明治安田生命年度名字排行榜TOP10：女孩，https://www.meijiyasuda.co.jp/enjoy/ranking/year_men/girl.html。

《户籍法（改正）》执行中，各地发生多起因取名用字而引发的严重摩擦。因人名用字问题导致户籍申报失败，法律上便属于无国籍的日本人，无法享受战后食品配给和疾病疫苗注射等福利。战后初期饥馑杂乱的社会环境中，这些福利成为克服恶劣条件和环境的关键要素，关系个人能否得以继续生存的问题。至学龄时期，无法享有义务教育的权利，成年后，无法享有作为公民的选举权利和被选举权利，这都关系个人成长和发展。因人名汉字限制政策，可能将原属"真正的日本人"，变成一生无国籍、无人权的"伪真正的日本人"。

　　不仅民众十分不满，专门负责户籍事务的工作人员对此也意见颇多。户籍事务工作人员并非汉字专家，接受户籍申报请求时，都必须认真核对该汉字是否属于《当用汉字表》，如不属于，还需要向申报人解释原因及劝说其更改用字。这种查阅与劝说的负担，大大降低了户籍事务处理的工作效率，同时，易造成工作人员与民众的冲突矛盾。《户籍法（改正）》落实中出现许多不适之处，如何合理增添人名用汉字，成为争论焦点。

　　1951年的众议院会议上，议员川端佳夫向文部大臣就《当用汉字表》中没有"悠""冈""埼"等人名常用汉字的问题提出了质疑，文部大臣表示确实存在问题，应当进行审议，并认为"应该找出缓和这一问题的对策"①。文部大臣就人名用字问题，表示出可商讨回旋的态度。此外，媒体也对人名用字再讨论表现出极大关注和关心。1951年2月8日至24日的短短十数天，《朝日新闻》《每日新闻》等主流报纸，就人名用字政策发展情况发表了十数篇报道。②

　　1951年，国语审议会向文部大臣和内阁提交的《关于人名汉字的建议》指出："尽量选用常用简易文字用于人名当是理想，希望人名用字应在当用汉字范畴内。但因人名用字具有社会习惯和

---

① 洪仁善：《战后日本的汉字政策研究》，商务印书馆2011年版，第59页。
② ［日］圆满字二郎：《人名用漢字の戦後史》，岩波书店2005年版，第44页。

差异特征，必须考虑增加《当用汉字表》外的汉字。"①

1951年，内阁训令和内阁告示发布了《人名用汉字别表》。法务省令《户籍法实施规则（改正）》第六十条规定的"常用简易汉字"包括：1)《当用汉字表》所示汉字；2)《人名用汉字别表》所示汉字；3) 片假名或平假名（变体假名除外）。"常用简易汉字"范围扩充了《人名用汉字别表》。人名用汉字限制路线开始松动，曾经禁止使用的"哉""彦"等，也可再次选用。

《人名用汉字别表》首次打破了人名用字仅限在《当用汉字表》的界限，是对人名用字使用范围的补充。人名用字关系民生问题，关系民众用字习惯。《当用汉字表》只是对一般社会领域用字范围进行的界定，《当用汉字字体表》制定时，只考虑《当用汉字表》内汉字字体问题，《人名用汉字别表》范围超出《当用汉字表》，必须考虑这部分字体的规范。选定《当用汉字表》作为人名用字，字体既可依据《当用汉字表》中的字体规范，也可依据《当用汉字字体表》中的字体规范；选定《人名用汉字别表》作为人名用字，字体只能依据《人名用汉字别表》中的字体规范。

国语审议会对《人名用汉字别表》的制定和认同，是为了缓和社会中因人名用字而产生的矛盾冲突，并非真正否定其坚守的限制、减少和废止汉字政策的路线。因此，国语审议会强调常用简易人名用字的现实理想性，以及《当用汉字表》对于人名用字选取的重要依据。《人名用汉字别表》的出台，一段时期内缓和了人名用字的矛盾。至1976年的25年间，人名用字一直处于稳定阶段，其后进入频繁增长时期。

日本战后经济飞速发展，民众生活水平得到巨大提高，城市化人口比重由1950年的37.5%，提升至1975年的75.9%。② 物质基

---

① [日] 国语审议会：《第1期第11回総会議事録》，1951年5月14日，http://www.bunka.go.jp/kokugo_nihongo/sisaku/joho/joho/kakuki/01/bukai03/01.html。

② 国家统计局城市社会经济调查总队、中国统计学会城市统计委员会编：《2001中国城市发展报告》，中国统计出版社2002年版，第261页。

础已基本得到保障的前提下，民众追求自我个性。人名用字的选取趋势与以往出现较大差异。1965 年，《东京新闻》刊载了《"子"名字的减少》，《每日新闻》刊载了《变化中的名字》。

以往日本夫妇给女儿起名时，喜用"子"字。通过提取 1946 年至 1975 年间每年位居前十的女孩名字的数据计算发现，300 个名字当中，有 241 个名字含有"子"。但相伴时代发展，这种青睐发生变化。通过提取 1976 年至 2015 年间每年位居前十的女孩名字的数据计算发现，300 个名字当中，仅有 46 个名字含有"子"。① 渡边三男分析："战败后的日本人欧化倾向波及人名选取用字；不拘泥于传统表述的年轻父母，追求更加个性化用字。"②

人名用字意识的改变，促使人名用字政策再讨论。1966 年，文部大臣公开承认"汉字假名混合文体"为日本正式书写文体，一般社会生活领域中的当用汉字限制色彩出现缓和，这种汉字意识的转向，同样影响着人名领域汉字规范标准的建设。

1974 年，法务省向民事行政审议会就人名用字问题提出咨询。民事行政审议会表示："为方便处理户籍事务，继续沿用《当用汉字表》《人名用汉字别表》，同时也需应现实发展，适量追加《人名用汉字别表》用字。"③

1976 年，法务大臣非正式咨询机关"人名用字问题恳谈会"探讨决议追加 28 字。由于人名用字问题属于国语政策内容，国语审议会是国语政策主管机构，因此，法务省向国语审议会转交此 28 字人名用字追加请求，并强调希望尽快实施此追加案的意愿。

法务省对此次人名用字问题的态度十分强硬，国语审议会却相当被动，如果国语审议会不同意法务省建议，法务省便会通过修

---

① 计算数据出自明治安田生命年度名字排行榜 TOP10：女孩，https://www.meijiyasuda.co.jp/enjoy/ranking/year_men/girl.html。
② ［日］圆满字二郎：《人名用漢字の戦後史》，岩波书店 2005 年版，第 104—105 页。
③ ［日］大森政辅：《子の名に用いる文字の取扱いに関する民事行政審議会の答申及びその実施について》，《户籍》1981 年第 441 号。

改《户籍法实施规则》的方式增加人名用字。① 最终，国语审议会讨论决议接受人名用字追加方案。

1976年，内阁告示发布《人名用汉字追加表》。法务省令发布的《户籍法实施规则（改正）》第六十条规定的"常用简易汉字"包括：1)《当用汉字表》所示汉字；2)《人名用汉字别表》所示汉字；3)《人名用汉字追加表》所示汉字；4) 片假名或平假名（变体假名除外）。"常用简易汉字"范围扩充《人名用汉字追加表》。

《人名用汉字别表》是为保障《当用汉字表》的顺利实施，在多重压力下，国语审议会积极推崇制定的结果。《人名用汉字追加表》是法务省主导追加下，国语审议会被动悉知商议的结果。可以看出，法务省在人名用字问题上逐渐占据主动地位。国语审议会对法务省就人名用字相关事宜的讨论修改可能会妨碍今后国语审议会语言管理工作一事表示担心。法务省为使自身户籍管辖工作进一步良好运转，对于部分法则进行修改实属必然，制订的人名用字修订方案转交国语审议会讨论的形式，使得法务省深感束缚。

1978年，国语审议会表示："为合理完善户籍事务等民事行政工作，将有关人名用字问题及其对策委托至法务省，法务省审议过程中，希望参考国语审议会意见。"② 接到国语审议会有关人名用字问题的转交通知后，法务省迅速对民事行政审议会进行相关咨询。1981年，民事行政审议会答复：1) 维持原有汉字限制方式；2) 在现有人名用字范围基础上追加54字。③

对于人名用字限制问题，户籍事务从业人员中，有87%赞成

---

① ［日］国语审议会：《第12期第99回総会議事録》，1976年7月22日，http://www.bunka.go.jp/kokugo_nihongo/sisaku/joho/joho/kakuki/12/sokai099/index.html。

② ［日］国语审议会：《第13期第107回総会議事録》，1978年6月30日，http://www.bunka.go.jp/kokugo_nihongo/sisaku/joho/joho/kakuki/13/sokai107/index.html。

③ ［日］大森政辅：《子の名に用いる文字の取扱いに関する民事行政審議会の答申及びその実施について》，《户籍》1981年第441号。

限制汉字，10.6%反对限制汉字。① 普通民众中，97.7%表示不会使用限制范围外的汉字，6%表示会使用限制范围外的汉字。② 可见，户籍事务从业人员和民众均表现出仍旧希望限制汉字的倾向意识。

户籍事务负责人坚持汉字限制路线的主要因由是，当时一般配置的打字机内置的字库只有2000余汉字，若撤销人名用字限制政策，可能会出现打字机无法输出的汉字，这样就必须采取手写方式申报户籍。将人名用字限制在《当用汉字表》《人名用汉字别表》《人名用汉字追加表》，当户籍申报者无法正常书写时，工作人员可展示此三表，以供参考服务。

民众的汉字限制取向，多出于汉字辨识、记忆和读解等因素，选取非大众熟识的汉字作为人名用字，可能会增加孩子今后在社会集体中人名辨识难度，也有可能在日本传统的"集团主义"作用下，因人名用字"异于常人"，而遭受歧视或排挤，为避免诸多不利的可能结果，民众多自觉选取限制范围内的汉字。

因一般社会领域《常用汉字表》（1981）政策的影响，同年，旧有的《人名用汉字别表》《人名用汉字追加表》予以废止，规划新《人名用汉字别表》，以《户籍法实施规则》中的"别表第二"形式展示。

法务省令《户籍法实施规则（改正）》第六十条规定的"常用简易汉字"包括：1)《常用汉字表》所示汉字；2)《别表第二》所示汉字；3) 片假名或平假名（变体假名除外）。该项规定中，有两处扩大人名用字范围，《常用汉字表》较《当用汉字表》增加了95字，《别表第二》即《人名用汉字别表》③增加了54字。此后几乎都以扩展《人名用汉字别表》的方式，增添人名用字。

---

① ［日］圆满字二郎：《人名用漢字の戦後史》，岩波书店2005年版，第142页。
② ［日］林大监修、宫岛达夫等编：《図説日本語》，角川书店1982年版，第155页。
③ 下文中将"别表第二"称为"人名用汉字别表"。

(3) 平成—令和时期（1989年至今）

日本人名中的大量误字和俗字对户籍汉字信息化工作造成了严重阻碍。1978年，全国联合户籍事务协会开启户籍事务信息化误字、俗字清扫运动。

1989年，法务大臣向民事行政审议会咨询有关《户籍法实施规则（改正）》第六十条的实施问题，以及户籍中汉字误字、俗字的处理意见。经民事行政审议会审议，前者在继续维持原有人名用字限制政策的同时，追加118字，后者需尽量解决户籍误字、俗字问题。①

1990年，法务省令《户籍法实施规则（改正）》在《人名用汉字别表》中增加了118字。1994年公布《户籍法（改正）》，认可了户籍业务负责人可以从业务需求出发，不再变更已刊载于《汉和辞典》的俗字，变更未刊载的由于书写习惯等造成的误字。变更时，须事先通知本人，如当事人拒绝，由本人提出申请，以现有纸质户籍形式办理相关业务。就此，大量俗字进入电子户籍。从前的户籍簿以纸质户籍为前提，进行户籍申报。信息时代，户籍申报时，采用信息录入代替手写汉字，计算机对误字、俗字的甄别困难，规范标准汉字成为户籍信息化的基础保障。

除限制字量、字体，人名用字还牵涉字义问题，如较为知名的"恶魔事件"。1993年，东京夫妇给新生儿取名"恶魔"，此二字均属人名用字范畴，但因其意义不良，申报户籍时，被以"名字待定"处理。夫妇对此不满，控诉至东京家庭法院，法院判决可以采用"恶魔"申报户籍，但父母在此事件中，存在滥用命名权的行为。最终，父母将孩子名字改为"亚驱"。②

---

① [日] 法务省民事局第二课：《人名用漢字等に関する諮問に対する民事行政審議会答申について》，《户籍》1990年第558号。

② [日] 宫崎乾朗：《「悪魔ちゃん」事件にみる命名の自由とその限界》，《爱媛法学会》1996年第3号。

人名用字政策虽未明确涉及字义问题，但由于人名的特殊性质，要求尽量选取宜用于人名的汉字，少数父母出于特殊需求，存在使用不良汉字取名的可能性，造成处理户籍事务的困扰。这类现象主要是因为，人名用字政策建设过程中，过多关注字量、不太关注字体、从未关注字义，说明汉字字义之于人名用字的重要。

1996年冲绳县夫妇为新生儿申报户籍时，因选用人名用字范围外的"琉"字，遭到"名字待定"处理。1997年11月18日，那霸市家庭法院决议，允许使用"琉"字申报户籍，但表示这只是"个别讨论"条件下的一种认可。12月3日法务省发布省令《户籍法实施规则（改正）》，在《人名用汉字别表》中追加了"琉"字。

2004年，法务大臣向法制审议会提出"人名用汉字范围重视化（扩大）"咨询，法制审议会表示，继续维持原有人名用字限制，同时追加了488字。9月27日，法务省令《户籍法实施规则（改正）》追加了488字。同时，将1981年的205字暂用字体升格为正式字体。

2010年《改定常用汉字表》增至2136字，其中包含129字人名用字。法务省令《户籍法实施规则（改正）》剔除了已纳入《改定常用汉字表》的129字，同时追加了《改定常用汉字表》删除的5字。

人名用字除批量增添外，也可以单独数字增添的方式进行扩充。这些人名用字多是经法院判定后，要求户籍业务部门处理户籍申报事务，进而升级进入人名用字范畴。

法院判定是否能够成为人名用字的评判标准因字有异，但仍存在一定通性，即这些汉字均较为简易常用。如札幌高等法院以邮编号码簿中出现含有300余"曾"字地名，且"曾"为常用汉字"僧、增、赠、憎、層"的部分构件为依据，判定"曾"字的常用性。大阪高等法院认为，"祷"以"祈祷""黙祷"等形式出现概率较高，且属信息领域汉字规范标准中的第1水准汉字，是人名用字"禱"的异体字，比"禱"笔画数少。

这种简易常用通性，常以出现频率为参考，遵循前例主义，与已有的常用汉字，以及人名用字的笔画数、汉字构造等进行对比考察，同时与信息领域汉字规范标准中的第1、第2水准内容相结合，进行综合断定，具有较强的主观性。

人名领域的汉字规范标准，最初是在战后初期汉字限制方针下促成的。随后，户籍事务开启信息化，由于信息技术水平所限，继续限定人名用字范围。20世纪90年代，信息化迅猛发展，汉字信息处理技术大幅提高，对人名用字范围不断扩充（见图2-4）。

图2-4　人名领域汉字字量变化①

人名领域的汉字规范标准仅涉及字量和字体，且相对于字量、字体政策较为宽松，对于人名的字义并未表现出关心。自战后限定人名用字政策起，人名用字字量呈现持续增长态势。目前，可用于人名的汉字包括除人名用字863字外，还可使用《改定常用汉字表》（2010）内2136字，共计2999字。

---

① 1981年10月1日，剔除已纳入《常用汉字表》（1981）中8字，追加54字；2010年11月30日，剔除已纳入《改定常用汉字表》（2010）中129字，追加5字。

3. 信息领域

(1) 昭和后期（1945年至1988年）

人类发展进程中，先后经历了三次大的社会浪潮，第一次浪潮是农业浪潮，第二次浪潮是工业浪潮，第三次浪潮是信息化浪潮。发生了四次大的文字工具革新，第一次文字工具革新是两千多年前的造纸技术，第二次文字工具革新是一千多年前的印刷技术，第三次文字工具革新是百年前的字母打字机，第四次文字工具革新是近几十年的文字计算机。

信息化浪潮中，受惠于文字工具技术的革新，汉字书写方式和使用环境发生了巨大改变，客观现实因素深刻影响着日本信息领域汉字规范标准建设。1874年REMINGTON出售了首部商用英文打字机，1978年日本东芝发明了商用打字机JW-10[1]，其后富士通、夏普和三菱等相继制造出售各自品牌的打字机商品。1979年PC8001发售，计算机开始迅速普及，日常书写从依靠手写发展为机器输入。

汉字结构复杂程度与汉字输入时长已无必然联系，只要得知此汉字发音，便可轻易使其呈现在计算机显示屏幕上。知名表音派学者金田一春彦受信息技术打字机的影响，对原有汉字限制意识发生改变，"如果习惯使用打字机操作方法，常用汉字增加至3000左右，也是没问题的"[2]。

1978年，东芝JW-10打字机售价为630万日元，当时日本工薪阶层平均年收入约260万日元。东芝JW-10打字机的高额售价，令普通民众实难承受。1979年生产的300部打字机，主要由行政领域以及部分大型企业购置。[3] 20世纪80年代，信息技术突飞猛进，计算机制造商相继竞争，开发出优良低价的计算

---

[1] JW，即Japanese Wordprocessor。
[2] [日] 金田一春彦：《日本語新版（下）》，岩波书店1988年版，第12—14页。
[3] [日] YOMIURI编辑部编：《パソコンは日本語をどう変えたか》，讲谈社2008年版，第92页。

机产品。

1985年计算机售价降至5万日元，当时日本工薪阶层的平均年收入约365万日元。这为计算机产品的普及提供了客观条件。信息文字不再只是行政、大型企业和特殊人士的专用之物，任何人都可以轻松接触文字处理的时代已然到来。

进入21世纪，通过信息网络实现交际沟通，信息传递已十分普遍。2000年日本颁布《IT基本法》，翌年出台以建设成为世界最先端IT国家为目标的e-Japan战略。近二十年来，日本网络用户增长速度突飞猛进（见图2-5）。

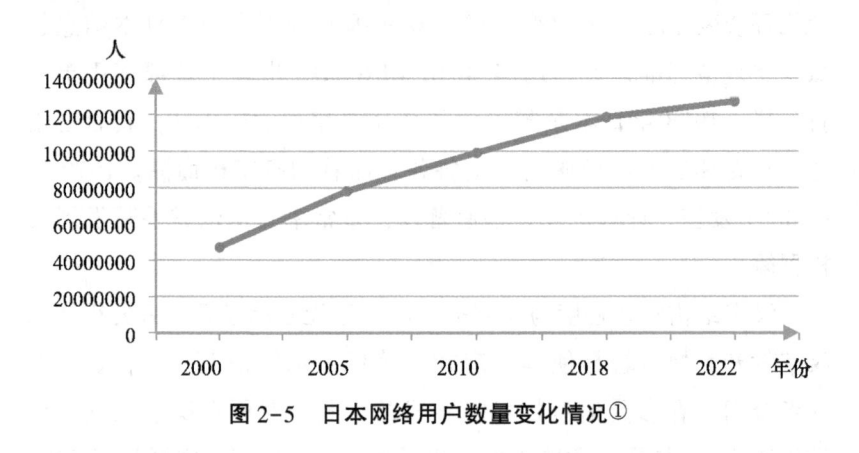

图2-5 日本网络用户数量变化情况①

汉字记录的语言发生变化，汉字使用也会随之发生变化；汉字书写的工具发生变化，汉字使用也会随之发生变化。汉字规范标准化是汉字信息化的基本保障。汉字信息处理技术首先要解决的问题是进行汉字编码，研制基本字符集合。编码可以分为"内码"和"外码"。确定汉字在计算机内部的表示形式，为每个汉字分配一个唯一的编码，这是内码，也称"机内码"。设计键位组合，在国际通用的小键盘上，用不同的键位组合，把成千上万个不同的汉字，从字库里检索出来，敲打出来，这是

---

① https：//www.internetworldstats.com/asia/jp.htm。

外码，也称"输入码"。① 汉字编码除了需要解决汉字字量问题，还需要解决汉字字体问题。

20世纪70年代，计算机厂商开始着力开发并成功研制出汉字信息处理系统，逐步在企业及行政自治体扩展使用。但是由于各个厂商的汉字编码并不统一，可能出现在A公司表示"山"的编码，在B公司同样编码位置却出现"川"。② 这样就严重影响了信息交换的顺利开展。

有关汉字统一编码问题，早在1970年，信息处理学会汉字编码委员会就推出了《标准编码用汉字表（试案）》。但工业技术院认为开展信息领域汉字编码工作为时尚早。当时，打字机键盘输入方式下，仅可输出2000个左右的汉字，《标准编码用汉字表（试案）》的6100字的字量过多，其中包括人们不易识读的汉字。③ 汉字字模存储技术方面，富士通公司的MB8364 16×16点阵汉字字模库，收纳了2965汉字，充电气公司的MSM38128 24×24点阵汉字字模库，收纳了3418汉字。④

《标准编码用汉字表（试案）》并未能够成为日本工业规格标准JIS（Japanese Industrial Standard），但其为1978年信息领域的汉字规范标准JISX0208：1978（即78JIS）⑤ 的诞生奠定了基础。1978年日本规格协会进行汉字信息化，将汉字统一编码。

1973年，行政管理厅⑥为提高行政信息处理效率，开展汉字编码工作，制定了《行政信息处理用基本汉字符号调查报告》，选定

---

① 李宇明主编：《当代中国语言学研究（1949—2015）》，中国社会科学出版社2016年版，第476页。

② [日] YOMIURI编集部编：《パソコンは日本語をどう変えたか》，讲谈社2008年版，第136页。

③ [日] 芝野耕司：《漢字・日本語処理技術の発展：漢字コードの標準化》，《情報処理》2002年第12号。

④ 郭平欣、张淞芝主编：《汉字信息处理技术》，国防工业出版社1985年版，第21页。

⑤ 1987年前称"JIS C 6226-1978"，也可称"第1规格"。

⑥ 即现在的总务省。

2817字为行政管理厅基本汉字。行政管理厅将人名、地名中的汉字使用情况列入考虑范畴，体现出汉字编码的行政性特质。

通商产业省对行政管理厅的汉字编码行为表示出担忧，为防止各领域和部门间形成汉字编码林立态势，随即指示开展汉字标准信息化编码工作。1978年，通商产业省公布了最初的日本工业规格信息交换用汉字符号集78JIS。78JIS制定时，同样将人名、地名中的汉字使用情况列入考虑范畴，体现出文字政策的国家服务理念。78JIS的出台，遏制了此前因汉字编码差异所造成的汉字信息处理中的乱码现象，为实现高效信息互换提供了基本条件。

78JIS是以信息处理标准化为目的制定的汉字符号集合，依据使用频率等情况，将6349个汉字分为两个水准，第1水准包含常用汉字和高频汉字，涉及《当用汉字表》《人名用汉字别表》中的汉字，以及政令常用汉字和固有名词常用汉字等共计2965字。将都道府县编码JISX0401汉字和市町村编码JISX0402的汉字，全部置于第1水准。第2水准包含旧字体和使用频率次高的3384字。对字体进行区别化，第1水准汉字使用的是通用字体，第2水准汉字使用的是旧字体。对许多汉字的正体字与异体字，也实施了区别编码。

1981年，一般社会领域与人名领域皆推出新制的汉字规范标准，即《常用汉字表》《人名用汉字别表》，受此影响，78JIS修订为JISX0208：1983（即83JIS）。[①] 字量方面，《常用汉字表》《人名用汉字别表》的新增汉字，本就已全部纳入78JIS，除《人名用汉字别表》中的13字在第2水准外，其余均在第1水准，83JIS对此13字未进行水准间转移。83JIS第1水准依旧保持2965字，第2水准因字体原因，增加人名用字"遥、瑶、尧、槙"的旧体字，增至3388字。

83JIS的大幅变动主要体现在字体方面，约299字的字体发生

---

① 1987年前称"JIS C 6226-1983"，也可称"第2规格"。

了更改。83JIS 试图以《常用汉字表》为基础指导，对表外汉字字体进行类推统合。如《常用汉字表》中的"区、躯、欧、枢、殴"将"區"简化为"区"，于是，83JIS 便将原有的"鷗"简化为"鸥"。此外，将 22 组如"檜"和"桧"、"藪"和"薮"等汉字符号区点的位置进行了互换，致使安装 78JIS 文字系统的计算机变更为 83JIS 系统后，汉字无法实现正常显示。

（2）平成—令和时期（1989 年至今）

1990 年，人名领域推出了新制的汉字规范标准《人名用汉字别表》，① 受此影响，83JIS 修订为 JISX0208：1990（即 90JIS）。② 字量方面，第 1 水准继续保持 2965 字，第 2 水准追加人名用字"凛""熙"，增至 3390 字。字体方面，225 个字进行了细微示例字体的更改。1997 年，90JIS 修订为 JISX0208：1997（即 97JIS）。③ 此次修订，均未涉及字量、字体，主要是对每个编码的字形进行充分认定，补充此前该方面工作的遗缺。2010 年，一般社会领域推出新制的汉字规范标准《改定常用汉字表》，受此影响，2012 年，97JIS 修订为 JISX0208：2012（即 12JIS）。④ 仅在表述依据基准部分等进行更新说明，对 97JIS 并未实施文字革新。⑤

信息技术进步，信息产品普及，全球化背景下国际交往越发频繁，第 1、第 2 水准的汉字，已无法满足现实使用需求，通商产业省便计划对其实施扩充。1985 年起，为期两年的调查研究显示，多数意见要求在不变更现有规格前提下增加字量。主要原因是，若变更现有规格标准，信息交换处理时容易造成不利影响。

1990 年以 83JIS 为基础进行补充，制定信息交换用汉字符号

---

① 在《人名用汉字别表》基础上，追加了 118 字。
② 也可称"第 3 规格"。
③ 也可称"第 4 规格"。
④ 也可称"第 5 规格"。
⑤ JIS 漢字コード：JIS 第一・第二水準，http：//www.shuiren.org/chuden/teach/code/main4.htm。

集——辅助汉字JISX0212：1990增加共计5801字。由于该文字辅助集合未能沿用原有文字编码等问题，并未真正实现普及。因此，其后制定JIS扩张汉字。

2000年，以97JIS为基础制定信息交换用汉字符号集——扩张汉字JISX0213：2000。增加第3水准1249字和第4水准2436字，共计3685字。扩张汉字字体按照常用汉字字体整理主旨收录简体字。2000年《表外汉字字体表》出台，2004年JISX0213：2000修订为JISX0213：2004。字量方面，尽管并不存在增加汉字的迫切性，但为呼应时代要求，第3水准增加了10字，增至1259字。

字体方面，第1水准的140字和第2水准的28字，由扩张新字体变更为"康熙字典体"，这是为使信息领域字体与一般社会领域《表外汉字字体表》整合一致，是一般社会领域影响信息领域汉字规范标准建设的重要体现，是对《表外汉字字体表》的尊重与响应。2010年在《改定常用汉字表》的出台影响下，2012年JISX0213：2004修订为JISX0213：2012。仅在表述依据基准部分等进行更新说明，对JISX0213：2004并未实施文字革新。①

信息化时代促成了跨时空的资源互动，除硬件设施外，国家信息化语言文字平台的"底层是由语言文字规范标准、字库和词语库等、语言文字的处理软件构成的语言文字平台"②，其直接影响信息化的水平。随着各领域间协同发展，多方协作更加紧密，领域间的规范标准相互渗透。

一般社会领域的全部常用汉字和人名领域的多数人名汉字，被纳入信息领域汉字规范标准的第1水准，余下的人名汉字被纳入第2水准。信息技术进步条件下，应时代需求，扩充了第3水准和第4水准。信息领域汉字用量远超一般社会领域和人名领域，信息领域以一般社会领域和人名领域的汉字规范标准作为参照，量身

---

① JIS漢字コード：JIS補助漢字・第三・第四水準漢字，http://www.shuiren.org/chuden/teach/code/main5.htm。

② 李宇明：《信息时代的语言文字标准化工作》，《语言文字应用》2009年第2期。

制定符合现实社会需求的本领域汉字规范标准。

纵观信息领域汉字规范标准建设过程，有时因过度偏向多领域间的通融性，未能充分考虑自身领域内前后政策间衔接互识，导致计算机无法正确识别，如 78JIS 修订为 83JIS。因此，需要明确信息领域与一般社会领域和人名领域的差异，既要认识到领域间的通性，也要认识到领域内的个性；既要考虑人为软性因素，也要考虑计算机硬性因素。

二　假名规范标准

（一）近代假名规范标准

语音具有活跃性，文字具有稳定性，语音常以渐变形式演化，文字可以突变形式演化。随着历史发展，语音发生演变，若文字仍旧故步自封，则会出现言文不一现象。言文不一多数会在社会群体知识率低下的情况下，得以较好保持。一旦社会群体知识率提升至一定水准，这种情况会被打破，便实施与口语相适应的新型书面语改革。

中国、印度、阿拉伯国家和古罗马，都曾经历过言文不一的历史。日语语音经过数次统合，以往区别性的发音，已不再发挥其差异功能。但记录历史发音的"历史假名遣"依旧延续使用。语言本体发音与假名表记之间产生区别。

明治政府创立国民教育初期，以教授古典文语为主。这是因为当时现代语学尚未兴起，江户时代国学诸先哲整理研究的古典假名遣，处于国家教育的标准地位。历史假名遣是记录历史语音的规范标准，但这种表记方式已与时下语音不完全一致。明治时期，日本大力普及教育。1880 年，适龄人口初等学校就学率为 41.06%，1890 年为 48.93%，1900 年为 81.48%，1910 年为 98.14%。① 教育普及，社会群体知识率提升，语音与表记语音的假

---

① ［日］文部省编：《日本の成長と教育》，帝国地方行政学会 1962 年版，第 180 页。

名关系脱节问题显露无遗。

1872年《学制》颁布之际，普通教育文语采用汉字假名混合表记形式。假名部分，将历史假名遣作为规范标准，历史假名遣是学校教育的正规表记形式。1874年，文部省制定历史假名遣教科书《单语图》《连语图》。但是，教育实践者认为："历史假名遣对于儿童来说过于复杂，改用表音式假名遣更为合适。"① 随着国民教育的普及，以现代语音为基础的表音式假名遣作为教育统一规范标准的呼声涌起。1878年，千叶县师范学校校长将动词词尾外的假名遣依据表音式实践讲授。②

假名规范标准问题，实质是假名表记方式选择问题。桥本进吉认为，选择方式可以划分为三种：③

零干预。现存的每种假名表记方式，均视为规范标准形式。如语音"kou"中，"ko"可用"こ""か"表记，"u"可用"う""ふ"表记。于是，在零干预的假名规范标准理念下，采用"こふ""かう""こう""かふ"中的任何形式表记"甲"，均视为正确。

表音式假名遣。语音基础上的人工干预，什么样的语音就采用什么样的假名表记。如语音"kou"中，"ko"可用"こ""か"表记，"u"可用"う""ふ"表记。于是，在表音式假名遣的假名规范标准理念下，如采用"こう"表记"kou"，那么其余的"こふ""かう""かふ"表记形式，均视为错误。

历史假名遣。词汇基础上的人工干预，什么样的词汇就采用什么样的假名表记。如语音"kou"中，"ko"可用"こ""か"表记，"u"可用"う""ふ"表记。于是，在历史假名遣的假名规

---

① [日]日本文化厅编：《国語施策沿革資料2：仮名遣い資料集（論表集成その1）》，大蔵省印刷局1981年版，第219页。
② [日]日下部重太郎：《仮名遣復古から新仮名遣の改良整理へ》，1933年，http://www.bunka.go.jp/kokugo_nihongo/sisaku/joho/joho/sisaku/enkaku/pdf/02_132.pdf。
③ [日]桥本进吉：《橋本進吉博士著作集第三冊：文字及び仮名遣の研究》，岩波书店1949年版，第316—317页。

范标准理念下,"孝"以"かう"表记,"甲"以"かふ"表记,"公"以"こう"表记,"劫"以"こふ"表记。

相对于第一种,后两种的规范意识更强烈。第二种与第三种相比,第二种以语音为基准,表记方式较为简单明了。第三种以词汇为基准,表记方式较为繁杂困难。因为,第三种表记形式是以民众拥有一定语言知识为前提,需要民众掌握该词汇所属范畴,也有可能会出现因词汇范畴差异,同一发音采用不同假名、同一假名出现不同发音的现象。

1900年文部省令《小学校令实施规则》规定,编撰寻常小学教科书时,废止变体假名,采用表音式字音假名遣。1904年至1909年间的第一期小学国定教科书依此规定,采用字音假名遣表记汉语词汇,历史假名遣表记和语词汇。

1905年计划修订国定教科书时,假名规范标准问题再次引发争论。1905年2月,文部省就有关《国语假名遣改定案》向高等教育会与国语调查委员会提出咨询。《国语假名遣改定案》主张:"在中小学教育领域,大体以现代语音为基础,不区分词语范畴,均采用表音式假名遣。"① 根据审议意见,计划修订《国语假名遣改定案》后,将表音式假名遣作为假名规范标准。但是,这项计划遭到保守派贵族院议员等反对。

为妥善处理假名规范标准问题,1908年文部大臣就假名规范标准事宜提出咨询,这为恢复历史假名遣的规范标准地位提供了契机。新设置的"临时假名遣调查委员会"中,有推崇表音式假名遣的大槻文彦,也有推崇历史假名遣的森鸥外。

历史假名遣拥护者认为:"假名遣改定是破坏国家历史、国民道德和国家传统的行为,是极度危险的思想。"② 森鸥外指出:"历

---

① [日]日本文化厅:《国語施策沿革資料:仮名遣い諸案本文》,1980年,http://www.bunka.go.jp/kokugo_nihongo/sisaku/joho/joho_sisaku/enkaku/pdf/01_big_01.pdf。

② [日]大野晋、柴田武编:《岩波講座日本語3·国語国字問題》,岩波书店1977年版,第283页。

史假名遣作为规范标准，一般情况下，陆军省均持有相同意见。"①
表音式假名遣拥护者认为："语言是实体，文字是符号。从这种关系来看，文字的天然职责是尽量正确代表语言。历史假名遣是数千年前国语表记的规范标准，缺乏现实合理性。与之相反，表音式假名遣则建立在现实合理性基础上，较历史假名遣更简洁便宜。因此，从假名使用本质来看，表音式假名遣更具优势。"②

1908 年，内阁政府行政更迭，7 月新任文部大臣未等临时假名遣调查委员会讨论出最终结论，便决议撤回咨询，将历史假名遣作为假名规范标准。8 月的《小学校令实施规则》规定，废止表音式字音假名遣，使用历史假名遣。于是，上周第一期国定教科书使用的"東京（とーきょー）"，这周突然变为"東京（とうきやう）"。③

另外，第一期国定教科使用期间，表音式字音假名遣仅限小学教科书使用，中学教科书仍旧使用历史假名遣，这种缺乏衔接性的突变，易造成表记混乱。对于撤销表音式字音假名遣、恢复历史假名遣作的行为，《读卖新闻》发表社说："文字使用关乎一国文明进步，其取舍改废需经学者、教育家慎重研究，绝不是文部大臣随意左右之事。今文部省令第二十六号撤销假名及汉字的相关规定，是侮蔑学者、轻视教育者，以自身好恶情感，阻碍国家百年大计之行径。"④

1914 年，帝国教育会全国小学教员会议建议文部大臣废止历史假名遣，采用表音式假名遣。假名规范标准问题成为临时国语调查会调查的重要内容。

1924 年底，临时国语调查会发表的《假名遣改定案》指出："现行国语假名遣习得耗费精力，其本身表记方式十分困难。国民

---

① ［日］小泉保：《日本語の正書法》，大修館书店 1978 年版，第 6 页。
② ［日］保科孝一：《国語学精義》，同文館 1910 年版，第 552—576 页。
③ ［日］平井昌夫：《国語国字問題の歴史》，三元社 1998 年版，第 99 页。
④ ［日］吉田澄夫、井之口有一编：《明治以降国語問題論集》，风间书房 1964 年版，第 586 页。

本受制于汉字表记,亦采用复杂假名遣则会增添负担。该改定案可促进文字表记便益,且利于国民教育前进和国家文化事业发展。"①对此,山田孝雄、芥川龙之介和桥本进吉等提出反对意见:"文字乃社会历史产物,故不应忘却其承载国民精神生活之根本。破坏文字表记之正义与秩序,乃属大不敬之行径。"②"假名遣是以国民传统为基础的国语表记规范标准,国语依此拥有生命力。一旦改革,将会破坏国语传统。"③

20世纪30年代,日本右翼保守势力崛起泛滥。民族主义者对日本传统文化抱有尊崇之情,文字是文化的重要载体,大正时期自由民主思潮下的表音文字倾向,令民族主义者倍感日本传统文化的毁灭态势,极大地刺激了其国家情感。这种对于本国传统文化及精神的继承和维护,左右着传统表记规范标准。《假名遣改定案》最终未能真正实施,但成为《现代假名遣》(1946)讨论的基础方案。

(二)现代假名规范标准

为帮助日本构筑现代化教育制度,1946年3月美国教育使节团发表的《教育使节团报告书》指出:"若不进行文字简化,日本将无法完成民主主义国家建设。"④ 针对美国废除汉字的指示,部分原来主张废除汉字的人士,感受到伴随战后日本国体保留下来的日语可能存在的潜在威胁,便改变立场,转至汉字保守派阵营。此外,还有部分学者认为,中国将来要走拉丁化道路,日本会成为唯一使用汉字的国家。⑤ 这在一定程度上为表意派阵营添力。

战后汉字规范标准建设问题属于关键,这一问题中,限制减少

---

① [日]小泉保:《日本語の正書法》,大修馆书店1978年版,第260页。
② [日]小泉保:《日本語の正書法》,大修馆书店1978年版,第7页。
③ [日]安藤正次:《仮名遣の本質と歴史的仮名遣》,https://www.bunka.go.jp/kokugo_nihongo/sisaku/joho/joho_sisaku/enkaku/pdf/02_180.pdf。
④ [日]丸山敏秋:《日本的国语政策与汉字教育》,《汉字文化圈》2007年第5期。
⑤ [日]有光次郎、仓石武四郎、松坂忠规:《「言語政策を話し合う会」をめぐって》,《言语生活》1958年第86号。

汉字是当时文字工作的主要任务和方向。实施汉字限制，意味着今后将采用假名或罗马字表记。较罗马字，日本人更倾向于本国发明创造的传统文字——假名。在罗马字使用国家众多的世界文字格局中，若使用与之相异的其他文字，能更加凸显本国特点。于是，便需要平衡各种假名表记形式的利弊，确立假名规范标准。

1946年，内阁训令和内阁告示公布《现代假名遣》，"旧有的历史假名遣表记复杂，使用困难。以现代语音为基础，不仅减轻教育负担、提高生活效率，且能促进文化水准的提升"①。《现代假名遣》前言规定：1）大体以现代语音为基础，展示出假名书写现代日语的基本准则；2）主要适用于现代口语文体；3）不涉及原文的假名遣以及变更假名表记困难之处。此外，专门列表展示《现代假名遣》与历史假名遣的对照关系。

《现代假名遣》大体以现代日语语音为基础，是现代语书写的规范标准。对拗音、拨音、促音和长音都明确了规范标准。继承了部分历史假名遣特征，并非完全性表音式假名遣，而是由历史假名遣向完全性表音假名遣的渐进过渡。1947年的第六期国定教科书起，以该形式作为假名表记的规范标准。

历史假名遣符合古代日语语音，现代假名遣符合现代日语语音。对于现代人来说，现代假名遣更为轻松。现代假名遣绝不是简单的便宜主义产物，其印证着语言本质，是尊崇语音发展的改革必然产物。与历史假名遣相比，现代假名遣不再以词汇作为区别标准。制定之时，历史假名遣的使用基础尚且雄厚，因此，"は、を、へ"助词表记、"じ、ぢ、づ、ず"统合表记、"オ列"长音表记，部分继承历史假名遣特征。

历史假名遣"くわ""ぐわ"写成"か""が"，"ぢ""づ"写成"じ""ず"，但两词联合时，如"鼻血（はなぢ）""三日月（みかづき）"，或同音连呼时，如"縮（ちぢみ）""鼓（つ

---

① ［日］仓岛长正：《国語100年（第2版）》，小学馆2002年版，第38页。

づみ）"保持旧貌。发音为"わ""い""う""え""お"的历史假名遣"は""ひ""ふ""へ""ほ"，书写成"わ""い""う""え""お"。可见，表音为基础的方针十分明显，但延续部分历史假名遣特征，表音基础上允许存在例外。

受《常用汉字表》（1981）影响，《现代假名遣》进行了部分修订，1986年，内阁告示和内阁训令发布修订后的《现代假名遣》。《现代假名遣》前言规定：1）以现代语音为表记原则，尊重部分表记习惯，允许特例；2）适用于法令、公文、报纸、杂志和广播等一般社会生活领域，是现代国语表记的指导性规范标准；3）不涉及科学、技术和艺术等其他专业领域，以及个人表记范畴；4）主要适用于现代口语文体，不包括原文中的假名遣，以及固有名词范畴；5）不以拟声拟态词、感叹词、特殊方言发音和外来语等表记方式为规范对象；6）部分发音存在不确定性的词汇，如"頬（ほほ/ほお）""的確（てきかく/てっかく）"等，本假名遣并不适用于确定该类词汇的发音标准；7）并非完全对应盲文和罗马字国语的表记规范标准；8）历史假名遣是明治以后至《现代假名遣》（1946）的一般社会假名表记规范标准，至今仍于部分文献中使用。历史假名遣与国家历史、文化存在深厚关联，应当予以尊重。本假名遣继承部分历史假名遣成分，在深刻理解假名遣基础上，有利于掌握历史假名遣知识。①

因注重假名使用的稳定性，内容方面只进行小范围修改，如示例中的"抛"改为"放"，"固唾*"改为"固唾"，"頬*·朴△"改为"頬·朴△"等，②并未做过多根本性大幅调整。

《现代假名遣》（1986）与《现代假名遣》（1946）相同，依

---

① ［日］日本文化厅编：《（新訂）公用文の書き表し方の基準（資料集）》，第一法规株式会社2011年版，第183页。
② 未列入《常用汉字表》（1981）的汉字使用"*"标示，未列入《常用汉字表》（1981）的音训使用"△"标示。

旧是以现代语音为基础，是现代日语表记的规范标准。与《现代假名遣》（1946）的不同之处主要表现在前言第 2 条，该假名遣的性质发生转向，即从旧有的严苛性准则发展为新生的柔性指南。另外，更加明确划定出该假名遣的非适用范围，强调充分尊重历史假名遣的文字意识。

虽然仍有部分人士，如丸谷才一、井上靖等认为历史假名遣更具优越性，但经过《现代假名遣》（1946）数十年的影响，历史假名遣的使用群体已大大削弱；反之，《现代假名遣》已渗透至生活各个角落。

当前，历史假名遣多用于和歌、俳句等古典文学以及部分传统固有名词之中。现代假名遣在教育、行政、媒体和服务多领域的绝对地位持续稳固。日本一方面认可历史假名遣在特殊领域的功能价值，另一方面确立现代假名遣在现代日语表记中的地位典范。从历史假名遣改革为现代假名遣，是社会进步下的假名书写改良，实现言文一致，迎合日本现代民主社会建设和人民生活美好发展的需求。

三　罗马字规范标准

（一）近代罗马字规范标准

甲午战争后，"文部省对罗马字问题表现出积极的态度"①。为统一罗马字规范标准，1900 年文部省设置"罗马字表记调查委员会"，发表了《罗马字表记调查报告》。该报告形成的罗马字表记法，实质是两大争论方案，即黑本式罗马字与日本式罗马字的折中形式，当中，黑本式罗马字特征更为明显。② 该方案并未获得普遍响应，持反对意见者颇多。社会中依旧延续以黑本式罗马字、日本式罗马字为主，其他各繁形式为辅的表记局面。

---

① 洪仁善、姜岩胜：《日语罗马字表记的历史演变考论》，《东北师大学报》（哲学社会科学版）2016 年第 2 期。
② 陈青今编译：《日本文字改革史料选辑》，文字改革出版社 1957 年版，第 69—70 页。

国内方面，中央气象台、陆地测量部、水路部、海军省和陆军省等部门使用日本式罗马字，铁道省和商工省地质调查所等使用黑本式罗马字，银行、公司和商店等不仅两种方式并用，也出现使用其他罗马字形式的现象。①

国际方面，1928年的国际地理学会议上，英国代表雷纳兹（Reynolds）提议，日本缺乏罗马字规范标准，使得地图转载、书籍引用、学术界和经济界中的罗马字表记十分不便，希望日本将黑本式作为罗马字规范标准。法国及其他国家的代表则认为，此种做法属干涉内政的行为。日本代表山崎直方对此也予以拒绝，表示不能够将此意愿传达给本国政府。于是，雷纳兹便将原有提议修正为，希望日本统一地名领域的罗马字规范标准，并以个人名义声明，希望将黑本式作为罗马字规范标准。1931年，日内瓦国际语言学会议提出，日本式罗马字更适用于日语表记。于是，同年召开的国际地理学会议，建议日本政府将日本式罗马字作为地名领域的规范标准。

面对国内外错综的罗马字表记状况，1930年文部大臣就关于罗马字规范标准问题，特设了"临时罗马字调查会"。1937年，审议结果以内阁训令形式发布，该形式称为"训令式罗马字"。训令指出，"国语罗马字表记欠缺统一，甚是不便。罗马字统一关乎教育、学术及国际关系，是极为必要之事"②。发布的训令式罗马字与黑本式罗马字、日本式罗马字皆不同，较之黑本式罗马字，更接近日本式罗马字。对此，黑本式罗马字拥护者表示反对，纯粹日本式罗马字拥护者也表示反对，于是，便呈现出训令式、日本式、黑本式三足鼎立的罗马字表记之态。③但在此过程中，训令

---

① 洪仁善、姜岩胜：《日语罗马字表记的历史演变考论》，《东北师大学报》（哲学社会科学版）2016年第2期。

② ［日］文部省编：《国語シリーズ23：ローマ字問題資料集》（第1集），明治图书出版社1955年版，第9页。

③ ［日］文部省编：《国語シリーズ23：ローマ字問題資料集》（第1集），明治图书出版社1955年版，第47页。

式罗马字逐渐表现出优势。

20世纪30年代日本民族主义兴盛，以日本式罗马字为基础的训令式罗马字出台，是在罗马字规范标准问题上的国家设计。海军少佐福永恭助认为："（黑本式罗马字）以英语为基础表记日语，意味着想把日本沦落为英美殖民地。"① 注重日语语音的日本式罗马字，更体现以日本为中心的语言服务情感。对其稍做修改的训令式罗马字，则是拉拢黑本式罗马字支持者的一种协调手段。

（二）现代罗马字规范标准

1945年，驻日美国联合国最高司令部指令第2号规定，各市町村道路入口及车站等名称，采用黑本式罗马字表记。② 黑本式罗马字在美国势力支持下占据上风地位。1946年与1950年，美国教育使节团多次指责日语汉字表记的不足，冠以汉字属于特有阶层独占之物，严重影响大众识字率提升，阻碍现代日本民主化进程，劝导日本政府实施罗马字国字化。

1946年的《教育使节团报告书》指出："早晚会全部废弃汉字，取而代之应是表音文字。较假名，罗马字更具优势。适合培育民主公民意识，促进国际理解能力。日本人在国内生活或国际关系上正处于转型期。罗马字可与世界接轨，为增进知识、传播概念发挥巨大贡献。"③

1950年的《教育使节团报告书》指出："国民拥有罗马字表记能力，是今后国际关系和国民生活中必要能力。"④ 为加强罗马字影响力，美国向读卖报知报社提出"罗马字表记形式应占据

---

① ［日］福永恭助：《ヘボン式ローマ字論を撃滅する》，ローマ字社1933年版，第43页。
② ［日］文部省编：《国語シリーズ23：ローマ字問題資料集》（第1集），明治图书出版社1955年版，第175页。
③ ［日］文部省编：《国語シリーズ23：ローマ字問題資料集》（第1集），明治图书出版社1955年版，第178—179页。
④ ［日］文部省编：《国語シリーズ23：ローマ字問題資料集》（第1集），明治图书出版社1955年版，第185页。

20%版面"① 的要求。

美国以罗马字更易实现日本民主化和国际化为外在因由，一味鼓励日本罗马字国字化。实质内在本因是，"禁止公文使用汉字，易于控制日本人思想，可严格监督日本政府官员间书信往来。可以令日本人不受战前宣传浸染，培育思想纯洁的新生代"②。罗马字国字化不但能够形成亲美式统一战线，还可使日本人失去战前阅读能力，切断整个民族传统，演变成为愚昧无知的群体。失去战前阅读能力，阻断与日本传统历史、文化和思想的代际延续，可减损美国占领军的操控消耗，更加利于其统治顺遂。

文字是国家思想与历史文化重要的记录、传播载体，美国为实现美国化的日本，积极劝说日本政府改革文字的同时，1946年下令禁止学校、警察等公共机关开展柔道和剑道活动，禁止举办《假名手本忠臣藏》等歌舞伎表演，防止文化活动中的传统思想渗透回归。

为防止美国文化殖民，破除日本民众识字率低下的"美国想象"，日本民间信息教育局指示开展全国范围内识字率调查工作。1948年以15岁至64岁的17000名日本人为对象，进行日本人读写能力调查。结果显示，被试对象中，1.7%属完全文盲者，2.1%属识假名不识汉字者。③

高识字率的结果表明了日本教育普及较为完备。美国对此结果表示十分困扰，并私下要求柴田武修改结果，柴田武对此表示拒绝。该结果使得美国积极倡导的罗马字建议失去现实理据。④ 加之罗马字改革派霍尔（Hall）发生管理岗位调动，美国的罗马字推行

---

① 洪仁善、姜岩胜：《日语罗马字表记的历史演变考论》，《东北师大学报》（哲学社会科学版）2016年第2期。

② [日]久保义三：《对日占领政策と战后教育改革》，三省堂1964年版，第73页。

③ 刘元满：《汉字在日本的文化意义研究》，北京大学出版社2003年版，第183页。

④ [日]柴田武、田中克彦、无着成恭：《言語解放の時代の精神史》，《言語生活》1985年第401号。

计划完结。①

美国在获取了最大经济利益的同时，也垄断着日本文化教育阵地。②《教育使节团报告书》要求："将罗马字教育纳入小学正规教育课程范围。"③ 并示意日本政府尽快成立专门机构，进而商讨学校教育中的罗马字讲授问题。1946 年设置"罗马字教育协会"，协会提交的《罗马字教育实施意见》指出："小学四年级（或三年级）开始罗马字教育。每年的教育课时为 40 小时以上。以训令式罗马字作为规范标准。"④

于是，编撰出版训令式罗马字教科书，但因美国一方支持黑本式罗马字，也发行了黑本式罗马字教科书，同时，日本式罗马字教科书也获得发行许可。1947 年，小学义务教育四年级起开始讲授罗马字，罗马字正式进入义务教育领域。1950 年，学校罗马字的教授情况，如图 2-6 和图 2-7 所示。⑤

可以看出，多数小学和近半数中学开授了罗马字课程。虽然《罗马字教育实施意见》表明了训令式罗马字的规范标准地位，但其不具有实际约束力。教育实践中，训令式、日本式和黑本式三种罗马字形式的教科书均有使用。此外，还有讲授三种基本罗马字表记外的其他形式。三种基本罗马字表记中，小学阶段训令式罗马字更胜一筹，中学阶段训令式罗马字优势并不明显，训令式与黑本式罗马字讲授的学校数量较为接近。日本式罗马字无论在小学阶段还是在中学阶段，都明显处于弱势。

---

① [日] 日本文化厅编：《国語施策百年史》，ぎょうせい出版 2006 年版，第 681 页。

② 陈松岑：《社会语言学导论》，北京大学出版社 1985 年版，第 106 页。

③ [日] 文部省编：《国語シリーズ23：ローマ字問題資料集》（第 1 集），明治图书出版社 1955 年版，第 47 页。

④ [日] 文部省编：《国語シリーズ23：ローマ字問題資料集》（第 1 集），明治图书出版社 1955 年版，第 13—14 页。

⑤ [日] 文部省编：《国語シリーズ23：ローマ字問題資料集》（第 1 集），明治图书出版社 1955 年版，第 186—187 页。

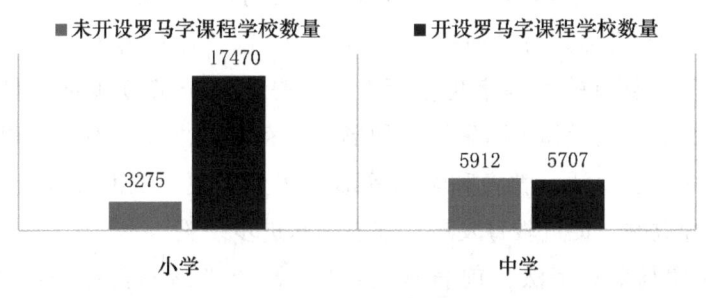

图 2-6　1950 年罗马字课程设置情况

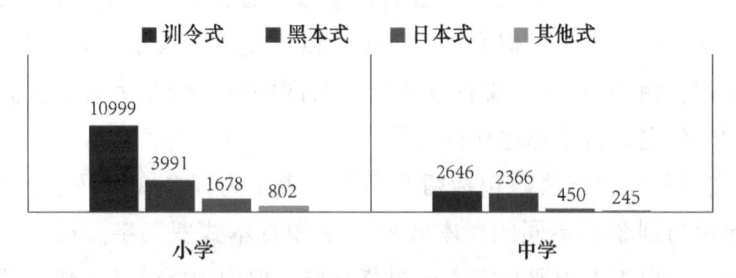

图 2-7　1950 年各式罗马字教授情况

罗马字教育混乱现象，主要是因为国家顶层设计未能获得民众认可，且设计不具约束力。确立的训令式罗马字优势不显著，尤其教育领域，缺乏强有力的贯彻执行。教育领域往往是社会领域的标准参照，教育领域罗马字教授混杂，社会领域便易出现混乱。

日本政府对汉字与假名的规范标准贯彻实施明显强于罗马字。早期日本虽然偏向走表音文字改革之路，但这是以假名代替汉字为基本理念的文字革新，这点在《当用汉字表》《人名用汉字别表》中十分明显。《当用汉字表》规定使用假名表记表外汉字，并非使用罗马字表记表外汉字。《人名用汉字别表》仅涉及汉字与假名表记，而未涉及罗马字表记问题。自始至终，日本政府思想深处都将罗马字视为外来之物，而非日常表记之用。

为解决社会层面的罗马字表记混乱，1948 年文部省设置"罗马字调查会"①。1954年以内阁训令和内阁告示颁布《罗马字缀字法》，一般仍称其为"训令式"。训令指出："1937年9月21日训令第三号发布的罗马字规范标准，本是期望能够逐步推行使用，但现实语言生活却依旧采用多种形式并存共用之态。对行政事务、一般性社会生活、教育和学术等形成诸多不便，规范标准统一能够提升效率，促进教育发展，增强学术进步。"②

《罗马字缀字法》前言规定：1）鼻音"ン"全部采用"n"表记；2）表记鼻音的"n"后，若接母音为"y"时，需在鼻音"n"后采用"'"隔开；3）促音以重叠子音首字母表记；4）长音在母音上标注"^"，但大写字母也可以重复母音表示；5）特殊读音允许自由书写；6）文首以及固有名词的首字母要大写，但固有名词外的名词首字母也允许大写。③

《罗马字缀字法》包括两个字表，表1为训令式罗马字，表2为揭示与训令式不同的黑本式罗马字和日本式罗马字。规定一般情况下，以表1为罗马字表记规范标准，但因国际情势、传统惯例等不便更改之处，也可以字表2为罗马字表记规范标准。相对于1937年版一元化训令式罗马字的做法，此次特设表2，表2上5行是黑本式罗马字，下4行是日本式罗马字（见表2-4—表2-6）。

表2-4　　　　《罗马字缀字法》（1954）表1

a	i	u	e	o			
ka	ki	ku	ke	ko	kya	kyu	kyo

---

① 1949年，国语审议会重组之后，"罗马字调查分科审议会"延续"罗马字调查会"的调查审议工作。

② ［日］日本文化厅：《ローマ字のつづり方内閣訓令第1号》，1954年，http://www.bunka.go.jp/kokugo_nihongo/sisaku/joho/joho/kijun/naikaku/roma_kunrei.html。

③ ［日］日本文化厅编：《（新訂）公用文の書き表し方の基準（資料集）》，第一法规株式会社2011年版，第206页。

续表

a	i	u	e	o			
sa	si	su	se	so	sya	syu	syo
ta	ti	tu	te	to	tya	tyu	tyo
na	ni	nu	ne	no	nya	nyu	nyo
ha	hi	hu	he	ho	hya	hyu	hyo
ma	mi	mu	me	mo	mya	myu	myo
ya	(i)	yu	(e)	yo			
ra	ri	ru	re	ro	rya	ryu	ryo
wa	(i)	(u)	(e)	o			
ga	gi	gu	ge	go	gya	gyu	gyo
za	zi	zu	ze	zo	zya	zyu	zyo
da	(zi)	(zu)	de	do	(zya)	(zyu)	(zyo)
ba	bi	bu	be	bo	bya	byu	byo
pa	pi	pu	pe	po	pya	pyu	pyo

表 2-5　　《罗马字缀字法》(1954) 表 2

sha	shi	shu	sho
	tsu		
cha	chi	chu	cho
	fu		
ja	ji	ju	jo
di	du	dya	dyu	dyo
kwa			

续表

sha	shi	shu	sho
gwa			
			wo

表2-6 《罗马字缀字法》(1954) 表1与表2间差异对比[①]

si	ti	tu	hu	sya	syu	syo
shi	*chi*	*tsu*	*fu*	*sha*	*shu*	*sho*
tya	tyu	tyo	zi	zya	zyu	zyo
cha	*chu*	*cho*	*ji*	*ja*	*ju*	*jo*
(zi)	(zu)	(zya)	(zyu)	(zyo)		
di	du	dya	dyu	dyo		
ka	(o)	ga				
kwa *	wo *	gwa *				

不仅诸种形式的罗马字间存在字母书写差异，表记规则上也有所不同。如《罗马字缀字法》前言第一条规定，鼻音"ン"全部采用"n"书写。但采用黑本式罗马字表记时，在"b、m、p"前，鼻音"ン"却采用"m"书写，即"新聞（しんぶん）"的训令式罗马字表记为"sinbun"，黑本式罗马字表记为"shimbun"。

第二条规定，表记鼻音的"n"后，若接母音为"y"时，需在鼻音"n"后采用"ʹ"隔开。但采用黑本式罗马字表记时，往往不遵循此条规则，即"田園（でんえん）"的训令式罗马字表记为"denʹen"，黑本式罗马字表记为"denen"。

第三条规定，促音以重叠子音首字母表记。采用黑本式罗马字

---

① 斜体为黑本式，粗体为日本式，"＊"特定用语中使用。

表记时，在"chi、cha、chu、cho"前，却将"c"改为"t"，即"一致（いっち）"的训令式罗马字表记为"itti"，黑本式罗马字表记为"itchi"。

第四条规定，长音在母音上标注"^"。但采用黑本式罗马字表记时，却不使用"^"，即"東京（とうきょう）"的训令式罗马字表记为"tôkyô"，黑本式罗马字表记为"tokyo"。

1957年，国语审议会指出："必须承认罗马字表记尚未完善适用于学术、教育和国民生活。"[①] 1961年废止教授罗马字的专用教科书，将罗马字教学纳入国语教育体系。1966年，文部大臣明确了"汉字假名混合文体"的国语表记地位，国语罗马字化便无再起之势。

虽然日本政府把训令式罗马字确立为主要规范标准，1989年训令式罗马字也成为ISO3602国际规范标准。但在英语强势冲击下，以英语为基础的黑本式罗马字使用情况越发广泛。日本地质学会、气象厅气象年报和月报中的地名、地质调查所、水路部、国土地理院、日本国旅券中的姓名等，均采用黑本式罗马字。"三洋（SANYO）""富士通（FUJITSU）""东芝（TOSHIBA）""三菱（MITSUBISHI）"等，许多大型企业品牌表记也采用黑本式罗马字。2020年东京奥运会道路标识表记规范标准也延续以往道路标识表记方式，确定采用黑本式罗马字。

教育领域中，2017年文部科学省告示第105号《义务教育诸学校教科用书审定基准》表示："小学三年级涉及的罗马字书写规范标准，以《罗马字缀字法》（1954）为基本依凭。"[②]《罗马字缀字法》包括训令式、黑本式和日本式三种罗马字形式，这便意味着三种都可作为罗马字教授的规范标准。日本争论百余年的罗马

---

① ［日］国语审议会：《第4期第36回総会議事録》，1957年11月15日 http：//www.bunka.go.jp/kokugo_nihongo/sisaku/joho/joho_kakuki/04/sokai036/03.html。

② ［日］文部科学省：《義務教育諸学校教科用図書検定基準》，http：//www.mext.go.jp/a_menu/shotou/kyoukasho/kentei/1411168.htm。

字规范标准问题，至今仍未完成真正意义上的统一。

小　结

日本作为现今同样使用汉字表记的国家之一，其文字系统深受中国汉字传播影响。从汉字的传入到假名的形成，再到罗马字的传入，日本通过吸收内化，不断调试，形成了当前包含汉字、假名和罗马字三种形式的文字体系。明治维新前，日语表记问题的讨论已然出现；明治维新后，日语表记问题的争论进入高潮。20世纪初，日本政府开启意识性的文字规范标准建设历史，其中，汉字规范标准建设较假名和罗马字更为复杂且多变。

日本文字政策随着客观社会发展变化，更掺杂主观能动意志。文字选用关系文字使用者的情感偏好，是意识形态多重因素影响下的结果。日本文字形成发展历史进程中，日本从未摆脱汉字独立书写。汉字作为一种象征，其流行与使用，成为统治阶层、上流社会的群体身份外显。与西方国家深入接触，对于承载着传统文化的汉字，日本充满着复杂矛盾的心理，发生了不同程度的意识转向。

对一个社会的成功起决定作用的，是文化而不是政治。① 日本政府放弃原定的表音化限制汉字路线，最终确定汉字假名混合书写文体的正式地位，认可汉字在日语表记中的正式价值，最根本在于对汉字文化的深切情感。汉字是日本祖先学来之物，在不断吸收改造中，已然成为本国文化之根、承载本国文明之物，并非可以所谓的便宜主义表音文字所替代。

---

① ［美］塞缪尔·亨廷顿、劳伦斯·哈里森主编：《文化的重要作用——价值观如何影响人类进步》，程克雄译，新华出版社2002年版，第3页。

第三章

日本民族语言政策①

日本是世界公认的民族结构较为简单的国家，其人口主要以大和族为主，数量占总人口的 99.3% 以上。② 除大和族外，2008 年，阿依努族成为唯一获得日本政府官方承认的少数民族。百余年间，国家主导下的民族国家归一化进程中，日本政府出于国家战略需求，开启了自上而下的民族语言同化政策。政府作为最高级层别的社会组织，通过国家机器介入教育领域，贯彻语言同化政策。家庭作为最基础层别的社会组织，通过家长仲裁介入习得领域，执行语言同化实践。在诸种强硬措施影响下，阿依努民族语言使用者骤然减少、濒临消失。本章主要讨论日本民族基本概况、民族语言政策的历程变化和民族语言政策作用下的民族语言生活现状。

第一节　民族基本概况

阿依努族历史悠长，就时间范围看，最早可追溯至 2 万多年前

---

① 本章部分内容已以《日本阿依努民族语言同化与民族认同问题研究》为题，刊发在《日本问题研究》2022 年第 6 期。
② 武心波：《当代日本社会与文化》，上海外语教育出版社 2001 年版，第 11 页。

的旧石器时代。① 就空间范围看，北至千岛列岛、南至琉球群岛，均有阿依努人的活动迹象，是日本最古老的民族。

8000 前的绳文时代末期，因外来移民的到来，阿依努人势力范畴逐步衰退，生活空间被迫压缩至边缘地带。据《日本书纪》记载，8 世纪左右，因遭坂上田村麻吕击败，阿依努族被驱赶至日本北部地域生活。就阿依努族分布地域来看，主要包括千岛阿依努族、桦太阿依努族和北海道阿依努族。现在的阿依努人除东京和本州东北部等地有少量居住者外，主要以北海道为居住区，其中平取町、白老町和阿寒町为三大聚集地。

1988 年，推测东京的阿依努人约为 2700 人。② 2017 年调查显示，居住于北海道的阿依努人为 13118 人。③ 因调查方式等其他客观因素干扰，事实上的阿依努族人口远远超越该数量。④ 目前，日本国家或机构尚未就全国范围内的阿依努族人口数量进行过规模化调查，因此不能确定具体的全国阿依努族人口数据，仅推测大致为 5 万至 10 万人。⑤

阿依努人介于蒙古人种和赤道人种（尼格罗—澳大利亚人种）的过渡类型。在现代计算科学技术辅助下，北海道札幌医科大学的植原和朗从人类生物学视角出发，通过民族基因对比，认为阿依努族与大和族相同，与蒙古人种基因较为相似。近来研究进一步证明，这两个民族与生活在贝加尔湖畔区域周边的蒙古人、布

---

① ［日］アイヌ政策の在り方に関する有識者懇談会：《アイヌ政策の在り方に関する有識者懇談会報告書》，2009 年，https://www.kantei.go.jp/jp/singi/ainusuishin/pdf/siryou1.pdf。

② ［日］日本国立国語研究所：《危機的な状況にある言語・方言の実態に関する調査研究事業報告書》，2011 年，http://www.bunka.go.jp/seisaku/kokugo_nihongo/kokugo_shisaku/kikigengo/jittaichosa/pdf/kikigengo_kenkyu.pdf。

③ ［日］北海道環境生活部：《平成 29 年北海道アイヌ生活実態調査報告書》，2018 年，http://www.pref.hokkaido.lg.jp/fs/2/2/8/9/7/0/3/_/H29_ainu_living_conditions_survey_.pdf。

④ 因调查时采取自主告知的方式，部分被调查者担心阿依努族身份歧视或本身并不知道实为阿依努族等原因干扰，此统计数量存在一定局限性。

⑤ ［日］北海道观光振兴机构：《アイヌ文化・ガイド教本》，2019 年，https://visit-hokkaido.jp/ainu-guide/pdf//ainu_guide.pdf。

里亚特蒙古人和亚库特蒙古人同种同源。①

阿依努族的指称不限一种,如"阿依努""虾夷""乌塔里""土人"等皆为其称呼。古代中国将日本与匈奴等异族同视,便取孝灵天皇的御名"大倭根子日子太琼"中的"倭·琼"(wai·nu),即"倭奴"(wai·nu)指称日本。因执掌政权的大和族对此称呼感有不适,便将其强加于虾夷民族使用,后"倭奴"(wai·nu)讹音转化为"阿依努"(ayi·nu)。②

《日本书纪·景行二十七年》第一次采用"虾夷"指称阿依努族。③ 中国古称桦太阿依努族为"クイ"(kui),后阿依努族使用其讹化音"カイ"(kai)予以自称,大和族根据古代中国的华夷思想,效仿唐朝异族称呼模式,使用"カイ"的假借字"虾夷",指称不服从大和族统治的阿依努族。④

因"阿依努""虾夷"均带有歧视性含义,对阿依努族污名化,因此,部分阿依努人建议使用阿依努语中"同胞""伙伴"之意的"乌塔里"(utari)⑤ 称呼。目前,"阿依努"(ayi·nu)属较普遍广泛的称呼。

7世纪,进入擦文文化时代,该时期的文化为阿依努族文化原型。生活实践中,阿依努族逐渐拥有自己独特的民族语言、习俗。阿依努族虽生活在日本列岛,但其语言属于马来—波利尼亚语系,与日语差别较大,且有口语无书面语,主要以假名或罗马字表记。阿依努语曾至少有19种方言形式。⑥ 后经过语言接触融合,形成具体的三种方言,即千岛方言、桦太方言和北海道方言。这些方言间在发音和词汇上虽有差异,但并不十

---

① [日] 川圭介:《阿伊努人的历史——文化特征》,《世界民族》1996年第3期。
② [日] 内田良平:《日本の亚细亚:皇国史谈》,黑龙会出版部1932年版,第7页。
③ [日] アイヌ民族博物馆编:《アイヌ文化の基础知识》,草风堂1993年版,第34页。
④ [日] 田中祐吉:《日本人の祖先》,精华堂书店1921年版,第7—8页。
⑤ "乌塔里"为音译。
⑥ 张中华:《差点消失的日本民族——阿伊努族》,《时代文学》2010年第1期。

分显著。① 彼此之间不存在共同交际语。

最早的阿依努语文献记录是，1621 年意大利传教士安杰利斯（Angelis）献给罗马教皇报告书中的 54 个阿依努词语。② 最早的阿依努语词汇集是《松前言》（1624 年至 1644 年）。千岛方言仅保存有 1000 词左右的语言资源，桦太方言与北海道方言保存的语言资源相对较多。

2009 年，UNESCO 将阿依努语列为极度濒危型语言类别。1884 年，千岛方言区的民众被迫强制移居后，千岛方言逐渐消亡。1994 年，最后一位桦太方言使用者浅井タケ去世，桦太方言步入消亡。现在仅剩北海道阿依努方言者。③ 2010 年左右，仅剩不足 10 人的北海道阿依努方言母语者④，且在 80 岁以上的高龄。⑤ 可以推测，现今这些母语者的数量更加不容乐观。阿依努语母语者从 19 世纪中叶近 2 万人骤减至当今的寥寥无几，这种突变型语言转移，与幕末以降的阿依努民族语言政策存在直接关联。

第二节　近代民族语言政策

日本近代民族语言政策表现为两类模式，一类为禁止语言习得政策；另一类为语言殖民同化政策。前类属明治维新前的政策方针，后类属明治维新后的政策方针。随着时间的推移，这类语言

---

① ［日］上野昌之：《アイヌ語の衰退と復興に関する一考察》，《埼玉学園大学紀要》2011 年第 11 号。
② ［日］北海道立アイヌ民族文化研究センター編：《アイヌ文化紹介小冊子——総集編》，北海道立アイヌ民族文化研究センター 2005 年版，第 4 页。
③ ［日］上野昌之：《アイヌ語の衰退と復興に関する一考察》，《埼玉学園大学紀要》2011 年第 11 号。
④ ［日］ソジエ内田恵美：《日本の言語政策における統一性と多様性》，《教養諸学研究》2008 年第 125 号。
⑤ ［日］上野昌之：《アイヌ語の衰退と復興に関する一考察》，《埼玉学園大学紀要》2011 年第 11 号。

殖民同化政策愈发强硬，1899出台《北海道旧土人保护法》①，语言殖民同化政策得以正式贯彻。本节主要以《北海道旧土人保护法》的出台作为重要事件节点，将近代日本民族语言政策划分为明治中期前与明治中期后两个阶段，讨论两段时期内不同的民族语言政策表现及其影响结果。明治时期的日本民族语言政策发生质变，由隔离到同化，语言同化政策强制灌输于教育领域，教育领域的语言政策影响改变社会领域的语言生活，阿依努人的民族语言能力迅速削弱。

一 明治中期前的民族语言政策

12世纪末，大和族商人开始在北海道与阿依努族展开通商交往。15世纪，大和族不断移居北海道，侵占原本属于阿依努族群生活的区域，为此，两个民族兵戎以对。至19世纪，爆发多次如"柯虾曼尹"（1457）"虾库虾尹"（1699）"库纳昔里·迈纳西"（1789）等规模性战争，但均以阿依努族失败结束。

16世纪起，松前藩开始对虾夷地区实施统治，采取分而治之原则，将大和族与阿依努族划分归置于"和人地"和"虾夷地"。规定居住在"虾夷地"的阿依努族，若无松前藩特许，不得自由出入属地。这一期间，主要采用愚民化政策，视阿依努族为"禽兽属类"。②只是单纯利用阿依努人的体力价值，强制地或是奴隶化地获取阿依努人劳动力。③使其从事简单粗重的体力生产，同时为防止阿依努人智慧发达，禁止其学习使用日语，依旧延续原有民族习俗。

---

① 阿依努人长期被以"夷人"等歧视性称呼指称，1878年，日本政府颁布《旧土人名称一定》，制度化规定，土著居民以"土人"指称。《户籍法》实施过程中，为与北海道普通民众加以区别，户籍上以"旧土人"记录指代。
② [日] 平田未季：《開拓者仮学校附属「北海道土人教育所」におけるアイヌ教育の実態：教科書から見る明治初期のアイヌ教育政策》，《北海道大学大学院国際広報メディア·観光学院院生論集》2009年第5号。
③ [日] 上野昌之：《近代アイヌ差別の発生についての考察》，《早稲田大学大学院教育学研究科紀要》2012年第19—2号。

18世纪，沙俄南下，深感外敌来袭危机的江户幕府，为更好地管辖阿依努族，阻止沙俄吞并，便开始逐步改变统治方针。1856年，幕府正式进行同化政策实践，向阿依努族"归俗者"发放"改俗牌"（见图3-1），拴其脖颈。并以"归俗土人""新シャモ"等称呼奖励。

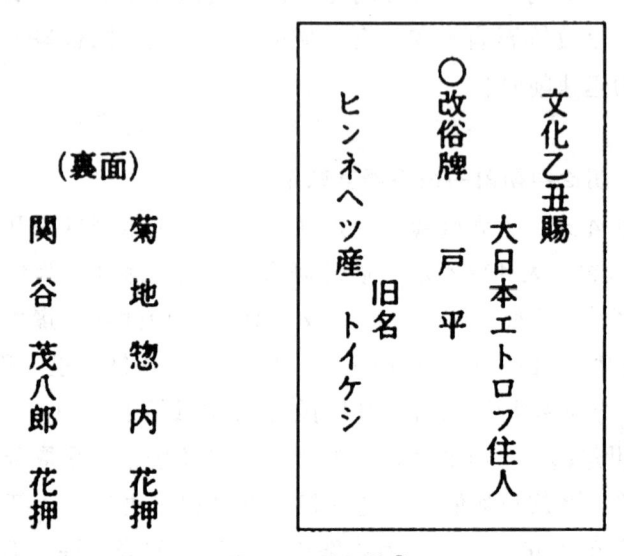

```
（裏面）            文化乙丑賜
                    ○改俗牌  大日本エトロフ住人
菊地惣内  花押      ヒンネヘツ産  戸平
関谷茂八郎  花押              旧名  トイケシ
```

图 3-1　改俗牌①

但改俗归顺者数量极少，据资料记载显示，1858年，北海道的积丹等18处的6441阿依努人中，仅1203人改俗归顺。② 此时，在语言层面，仍旧未采取具体同化措施，究其原因有：1) 国语观念和形式尚未形成；2) 幕府腐朽，势力屡薄，无力实施多重强力同化政策。

1868年，日本进入明治时代，翌年"虾夷"改称"北海道"，

---

① ［日］小川正人：《「北海道旧土人保護法」・「旧土人児童教育規程」下のアイヌ学校》，《北海道大学教育学部紀要》1992年第58号。
② 陈吉庆：《幕末明治时代的阿伊努族人口政策》，《外国问题研究》1989年第2期。

设置开拓史开展殖民统治。日本政府将北海道视为"皇国之北门"①，以同化为手段，逐步完成阿依努族与沙俄的异质，以及与大和族的同质，进而实现维护本国统治利益。

1871年颁布《旧土人赐物禁目》，主要涉及四项内容：1）禁止烧毁死者居住过的房屋、进行迁居；2）禁止女子刺青②；3）禁止男子佩戴耳环，女子暂时予以许可；4）学习日语、练习写字。③这时期仅鼓励学习日语，并未强制同化。随后为贯彻《旧土人赐物禁目》，颁布《旧土人教化谕达》，限定只能使用日语、日文，对触犯规定者予以严厉惩治。语言同化政策导向已初显，但并未进行真正实质行为，也没有真正意识到语言同化与民族融合的深刻关系，只是限制使用阿依努语，欠缺自上而下的顶层语言教育规划。

1871年明治政府颁布《户籍法》，实施国民户籍制度。1876年开拓史颁布《创氏改名》，要求阿依努人履行姓氏日本化的国民义务。将阿依努人同作一般民众纳入户籍制度，改为大和人一般姓氏，实现姓氏制度同质化。语言、习俗的改变，需要投入大量时间精力和资本经济，更改姓氏显然较此两者更易施行。

明治初期，政府在全国确立租税体制，在北海道引入近代土地所有权制度。此时的阿依努族尚未建立土地所有权概念，因此，阿依努族几乎无人取得土地所有权。④ 1872年至1877年，政府制定《地所规则》《北海道土地卖贷规则》《北海道地券发行条例》等系列法令，以北海道无人居住、无人所有的无主之地，依据先占原则，将原本属于阿依努族传统渔猎区域设定所

---

① 张小敏、王延中：《近代日本爱努人国民化措施与当前文化保护政策》，《世界民族》2014年第6期。
② 阿依努族成年女性会在手部和唇周围刺青。
③ [日] 广濑健一郎：《開拓史仮学校付属北海道土人教育所と開拓使官園へのアイヌの強制就学に関する研究》，《北海道大学教育学部紀要》1996年第72号。
④ [日] アイヌ政策の在り方に関する有識者懇談会：《アイヌ政策の在り方に関する有識者懇談会報告書》，2009年，https://www.kantei.go.jp/jp/singi/ainusuishin/pdf/siryou1.pdf。

有权限,宣布阿依努族居住地附近的多数土地、山林为政府用地,合法纳入国家管控范围。为吸引大和族定居北海道,规定赴北海道的大和族定居者,每人最多可分配 33 公顷耕地,此项制度成功吸引了批量大和人的到来。加之交通、经济的进步发展,以及屯田兵①制度的拓殖奖励政策,北海道大和人口数量急剧增长(见图 3-2)。

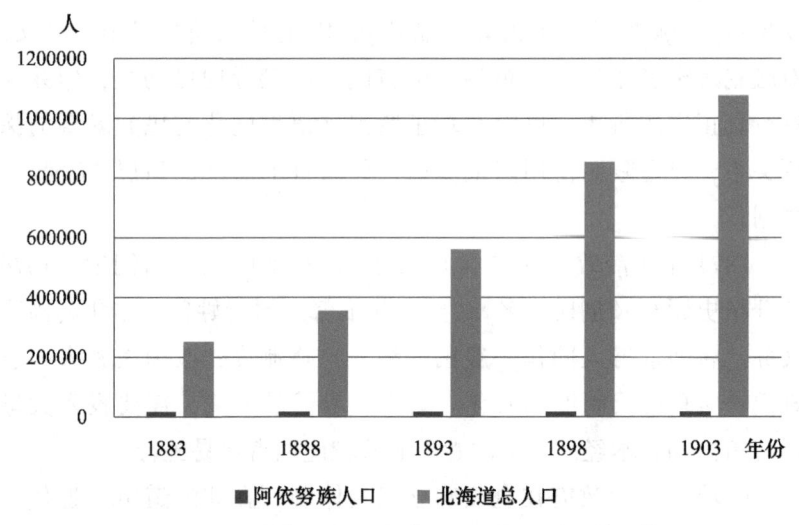

图 3-2 阿依努族与北海道总人口数量对比情况②

因大和族群的大量渗入,诱发阿依努族传统生产生活发生改变。旧有狩猎区域逐渐缩窄,迫使如日高、千岁的阿依努人,不得不远行至天塩、桦太狩猎。③ 后出台的《狩猎法》《北海道渔业取缔规则》《北海道旧土人保护法》等法规,明令禁止阿依努人传统渔猎等行为,鼓励农业生产活动。据阿依努犯罪司法当局的报

---

① 1874 年至 1904 年,执行北海道治安及开拓任务的士兵部队。
② [日]小川正人:《「アイヌ学校」の設置と「北海道旧土人保護法」・「旧土人児童教育規程」の成立》,《北海道大学教育学部紀要》1991 年第 55 号。
③ [日]小川正人:《「北海道旧土人保護法」・「旧土人児童教育規程」下のアイヌ学校》,《北海道大学教育学部紀要》1992 年第 58 号。

告记载:"1890 年至 1899 年,刑法外的 154 件案件中,涉及渔猎行为的违法案件约有 111 件。"①

在取缔传统渔猎活动的同时,1871 年起,政府积极施行劝农政策,鼓励阿依努人从事农业生产,或派遣专人指导,或发放农具、种子等。此外,免费分配土地用以居住、耕种。《北海道旧土人保护法》第一条规定,无偿发放每户 1.5 万坪②"给予地",要求阿依努人从事农业生产之用。

数量上,这仅相当于大和族移民免费获得土地面积的六分之一,且实际多数未能真正达至 1.5 万坪。截至 1909 年,发放给 3850 名阿依努人约 9656 町步③的"给予地",平均每人约 2.5 町步,这与《北海道旧土人保护法》规定的 1.5 万坪(5 町步)相距甚远。④

质量上,"给予地"多为分配给大和人后所剩的难垦之地。1924 年,北海道厅调查结果显示,在发放的 8225 町步"给予地"中⑤,不能作为开垦地的约 815 町步,属于"未开垦地"⑥的约 1816 町步,仅 5614 町步可用于开垦使用。⑦

《北海道旧土人保护法》第三条规定,从获取"给予地"之日起,15 年若未从事农耕开垦,便可依法收回国有。这样便将原本居住生活于肥沃地域的阿依努族,合法化地驱赶至贫瘠之地,同

---

① [日]小川正人:《「北海道旧土人保護法」・「旧土人児童教育規程」下のアイヌ学校》,《北海道大学教育学部紀要》1992 年第 58 号。

② 1 坪为 3.3058 平方米。

③ 1 町约为 9917 平方米。

④ [日]小川正人:《「アイヌ教育制度」の廃止:「旧土人児童教育規程」廃止と 1937 年「北海道旧土人保護法」改正》,《北海道大学教育学部紀要》1993 年第 61 号。

⑤ [日]小川正人:《「アイヌ教育制度」の廃止:「旧土人児童教育規程」廃止と 1937 年「北海道旧土人保護法」改正》,《北海道大学教育学部紀要》1993 年第 61 号。

⑥ 给予地与居住地相距甚远,无法形成实质性开垦。

⑦ [日]小川正人:《「アイヌ教育制度」の廃止:「旧土人児童教育規程」廃止と 1937 年「北海道旧土人保護法」改正》,《北海道大学教育学部紀要》1993 年第 61 号。

时完成了传统渔猎至农业生产的结构转型。1925年，阿依努族从业人员当中，约61%从事农业生产活动。①目前，阿依努族依旧以农业、小手工业等基础体力劳动为主要就业方向。

一系列法规政策支撑着北海道开拓殖民，这是为了促使阿依努族大和化，实现真正国家同质归一的战略目标。可以看出，这些同化政策都是在主体民族大和族获得基本利益基础上的归化工程，是以主流群体利益当先的归化行动。大量大和族移居者的到来，侵占阿依努族原有生活土地，破坏原有生活方式，对人数居少数弱势地位的阿依努族来说，危难之中寻求生存，舍弃自己相对落后的传统文化，努力融入相对先进的大和文化，被视为一种较普遍通行的生存之道。

为同化阿依努族，改良阿依努族旧有习俗、语言，铃木十郎向函馆裁判所权判事严玄溟进言，设置教授语言、礼法的"笔学所"。1868年，进言被采用，但受戊辰战争影响，并未具体实施。1870年，开拓史在《庶务规则》中表示，计划设置教育阿依努儿童的"手习所"，但据文献观察，未有具体开展迹象。②1872年，黑田清隆指出："为实施北海道开拓事业，培养指导人才当为急务，应当设置农业教育机构。"③并明确指出人才的培养方式是，"与其教授风习，不如移致庄岳之间，容易且迅速"④。主张较北海道，东京更容易改变阿依努族原有生活方式，同时可以使之迅速习得日语。

---

① [日] 小川正人：《「アイヌ教育制度」の廃止：「旧土人児童教育規程」廃止と1937年「北海道旧土人保護法」改正》，《北海道大学教育学部紀要》1993年第61号。

② [日] 小川正人：《「アイヌ学校」の設置と「北海道旧土人保護法」・「旧土人児童教育規程」の成立》，《北海道大学教育学部紀要》1991年第55号。

③ [日] 平田未季：《開拓者仮学校附属「北海道土人教育所」におけるアイヌ教育の実態：教科書から見る明治初期のアイヌ教育政策》，《北海道大学大学院国際広報メディア・観光学院院生論集》2009年第5号。

④ [日] 上野昌之：《アイヌ語の衰退と復興に関する一考察》，《埼玉学園大学紀要》2011年第11号。

1872 年，殖民教育进入具体实施阶段。开拓使在东京增上寺和涩谷分别开设以教授读写为主的"开拓使临时学校附属北海道土人教育所"（以下简称北海道土人教育所），以及以指导农业为主的"开拓使第三官园"。将 13 岁至 38 岁的 38 名阿依努族青少年强制送至东京学习。在生活习俗和语言环境甚是迥异的陌生之地，1874 年，学生中有 4 名病死、3 名因病返乡、1 名逃离。在对余下的阿依努族学生去向调查中显示，多数人的意愿是归乡。于是，同年废止了北海道土人教育所。翌年，废止了开拓使第三官园。

总体来看，北海道土人教育所的阿依努族青少年学习效果并不理想。[①] 虽以同化教育为主体方针，但在如皇族访问时，却要求阿依努族同学身着民族服装表演舞蹈。[②] 在主张国家民族大统一时，却在部分情况下，强调民族特殊存在性，可见，这时的民族同化政策并不完全彻底。

1875 年开拓使临时学校移至札幌，1877 年队雁以及濑棚、千岁、白糠等地，设置了教授农耕的学校。至 19 世纪 80 年代，设置了多所早期类型的阿依努族教育学校，但多以失败告终。这些学校的教学媒介语为日语，并且大和儿童占据多数，由于歧视偏见，一些阿依努儿童或选择退学，或去传教士开办的教育机构学习。

1877 年，基督教传教士巴彻勒（Batchelor）开办了以阿依努儿童为主要教育对象的教育所，利用罗马字从事阿依努语教育，此类教学机构近 10 所。后因《私立学校令》（1899）的影响，宗教教育遭遇干预和限制，1900 年代，传教士开办的教育机构相继变更或关闭。

---

① ［日］上野昌之：《アイヌ語の衰退と復興に関する一考察》，《埼玉学園大学紀要》2011 年第 11 号。

② ［日］小川正人：《コタンへの『行幸』『行啓』とアイヌ教育》，《日本教育史学》1991 年第 34 号。

北海道教育界中心人物岩谷英太郎主张："陶冶心性，开发能力，逐步同化为我国民。"① "较之融合，促进同化为第一便利良策。"② 面对着国民迅速归一、基础人才培养和传教士教育干预的三重压力，为顺利开展殖民开拓，在之前教育失败的经验基础上，着力展开强制性同化教育，实施阿依努族学校教育政策重构。

二 明治中期后的民族语言政策

《北海道旧土人保护法》第九条规定，利用国家经费建设北海道旧土人部落小学。《北海道 10 年拓殖计划》（1900）提出，在阿依努儿童数量大于 30 名以上的村落，自 1901 年起，每年建设 3 所小学，7 年建设 21 所旧土人小学的具体建设规划。《旧土人教育设施相关手续》（1904）表示，在 21 所小学未覆盖的地区，制定委托教育制度，通过国家财政支付委托教育资金，促使阿依努儿童进入大和儿童的小学就学。

为配合《北海道旧土人保护法》的实施，1901 年颁布了《旧土人儿童教育规程》《旧土人儿童教育规程施行注意事项》。《旧土人儿童教育规程》第一条规定，旧土人儿童与其他儿童实施区分教授活动。第二条规定，旧土人儿童教学科目为修身、国语、算数、裁缝（女子）和农业（男子）。第三条规定，修学年限为 4 年，课时安排如图 3-3 所示。第四条规定，旧土人儿童与其他儿童分组教授。

《旧土人儿童教育规程》明确了阿依努儿童与大和儿童施行差异性的教授政策。教授科目中，一年级至四年级都安排有国语课，且课时数几乎逐年递增，与其他科目课时数相比，占据绝对数量。授课方式上，注重语言的实用性，采用假名教授日语，教授言文

---

① ［日］岩谷英太郎：《アイヌ教育の必要》，《北海道教育杂志》1894 年第 18 号。
② ［日］岩谷英太郎：《旧土人教育谈》，《北海道教育杂志》1903 年第 125 号。

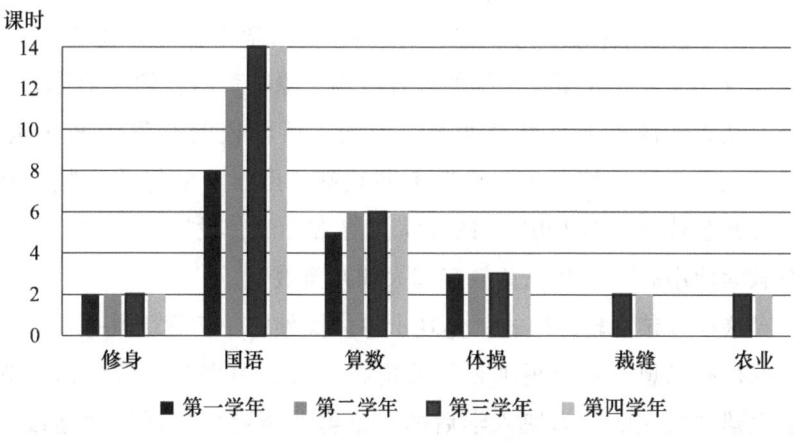

图 3-3　小学教学科目与周授课时数①

一致口语体，以重复练习为手段。《旧土人儿童教育规程施行注意事项》规定，辅以唱歌促使阿依努儿童知晓阿依努语中未包含的浊音发音方式。② 这样便易于达到矫正误音、实现标准发音的目的。

算数课仅讲授与基本生活有关的简单度量衡货币知识。阿依努族与大和族采用的十进制存在差异，其传统计算方式是采用二十进制，如"70 = 20×4 − 10"。③ 大和族却视此为缺乏数量概念的未开化思维，于是，推导出算数课对于阿依努儿童来说，是尤其困难的科目。④

修身课以改善阿依努儿童不洁、无序的生活习惯为主要讲授目的，此外，注重培育忠君爱国的大和顺民意识，为将身为异族的

---

① ［日］北海道厅：《旧土人儿童教育规程》，1901 年，http：//ww.w.m-ac.jp/ainu/ideology/end/education/kyu_dojin_kyoiku/index_j.phtml。
② ［日］小川正人：《「北海道旧土人保護法」・「旧土人児童教育規程」下のアイヌ学校》，《北海道大学教育学部纪要》1992 年第 58 号。
③ ［日］小川正人：《「北海道旧土人保護法」・「旧土人児童教育規程」下のアイヌ学校》，《北海道大学教育学部纪要》1992 年第 58 号。
④ ［日］小川正人：《「北海道旧土人保護法」・「旧土人児童教育規程」下のアイヌ学校》，《北海道大学教育学部纪要》1992 年第 58 号。

阿依努族人同化为同质的日本人提供了重要思想保障。

小学修学年限虽与大和儿童相同，但修学内容却存在差异，4年间仅完成大和儿童3年间的教育内容。除教育内容的区别化对待外，在教学设置上也格外明显。若同一所学校既有阿依努儿童，又有大和儿童的情况下，设置不同教室，用于阿依努儿童教育和大和儿童教育，如1902年的元室兰寻常小学，设置了专供不同教育教学使用的阿依努儿童教室和大和儿童教室。

这种差异性教育模式，体现出主体民族的一切置于其他民族之上的优越思想，是以视阿依努族群特有语言习俗为教育障碍的观念上建立而成的。为使入学后的阿依努儿童更加快速彻底地改变旧有族群的语言和习俗，教授程度偏重简易理解，教授方式偏重通俗直接，教授内容偏重实用便宜。只是以培养大众国民为主要目标，并未将其视为国家精英人才后备军而加以培育。

因考虑到阿依努语对入学新生的便利，暂且允许其使用，但仅可使用至二年级。要求教授阿依努儿童的教员具备阿依努语素养，这并非为了最初教学的方便，最主要是为了对阿依努儿童形成震慑。① 可以保证了解阿依努儿童的母语谈话内容。由于学校基本使用日语作为教学媒介语，这就影响到非完全理解日语状态下的阿依努儿童，对相关课程的内容理解与知识接受。内容理解与知识接受缓慢，阻碍整体教学进度，但教师将这一结果归咎于阿依努儿童智力低下。

对于阿依努儿童的差别对待，课上教师有时会进行歧视性教育："你们不好好学习，难道想败给阿依努儿童吗？"② 课下大和儿童有时会进行侮辱性讥讽，甚至向阿依努儿童扔石子或进行踢打。诸种智力歧视、话语歧视和身体歧视，归根结底实为民族歧视。

---

① ［日］上野昌之：《教育政策と母語の衰退についての考察——明治後半以降のアイヌ社会を中心に》，《早稲田大学大学院紀要別冊》2007年第14号。
② ［日］小川正人：《「第二尋常小学校」の意味：近代北海道のアイヌ教育史における「別学」原則の実態》，《教育史・比較教育論考》2014年第21号。

1907年《小学校令》改正,将小学义务教育由4年延至6年。为配合国家义务教育政策的调整,《特别教育规程》(1908)规定,阿依努儿童修学年限同样延至6年。教授科目增加历史、地理和理科,使得阿依努儿童与大和儿童接受同样教育。此次修订的原因是,经过数年教学培育,阿依努儿童较之前有所进步,这主要表现在家庭教育和规律风仪方面。

国家同化政策指导下,小族群阿依努族主观或客观改变着民族传统和家庭习惯。阿依努儿童就学前,家庭教育中,已或多或少地了解、学习过部分主流群体的规律风仪,家庭教育规划影响着学校教育规划的制定和实施。

1916年《特别教育规程(改正)》规定,修业年限由6年恢复至旧有的4年,教授科目取消历史、地理和理科,且阿依努儿童就学年龄限定为7岁。此次修订的主要依据是,对于心智不及大和儿童发达的阿依努儿童来说,6岁就学过早。但部分大和人士、阿依努家庭和教育工作者对此持有反对意见。

部分大和人士认为,差别化教育将促使国家内部分裂,阻碍归化统一。阿依努族家庭认为,差别化教育将促使民族歧视蔓延,影响自觉同化。教育工作者认为,差别化教育将造成教育分化,阻碍教学进程。

1923年举办的北海道阿依努族小学校长会议,就阿依努族旧土人小学废止事件展开讨论,会议表明了支持大和儿童与阿依努儿童混合教育的方针,并指出此举会得到阿依努族家长和学生们的好评。多年的同化教育,已培养出阿依努儿童与大和儿童共学的基本能力。因此,基于现实,与其强制教育分离,不如逐步教育融合更为有益。① 1922年,差别化教育予以废止,阿依努儿童与大和儿童实现了教学统一。

教学统一促进学校建设统一。1937年《北海道旧土人保护法

---

① [日]小川正人:《「アイヌ教育制度」の廃止:「旧土人児童教育規程」廃止と1937年「北海道旧土人保護法」改正》,《北海道大学教育学部纪要》1993年第61号。

(改正)》规定,废除旧土人小学,阿依努儿童与大和儿童教育彻底混合统一。混合教育使得阿依努儿童深受大和儿童感化,在语言、礼仪和风俗等方面自然习得,通过与大和儿童对比,进行自我反思。① 此时,已基本实现阿依努族臣民化。② 臣民化过程中,客观上促进了阿依努儿童就学率的急速提升。1910年,阿依努儿童就学率已经超过90%,20世纪30年代可与大和儿童比肩(见图3-4)。

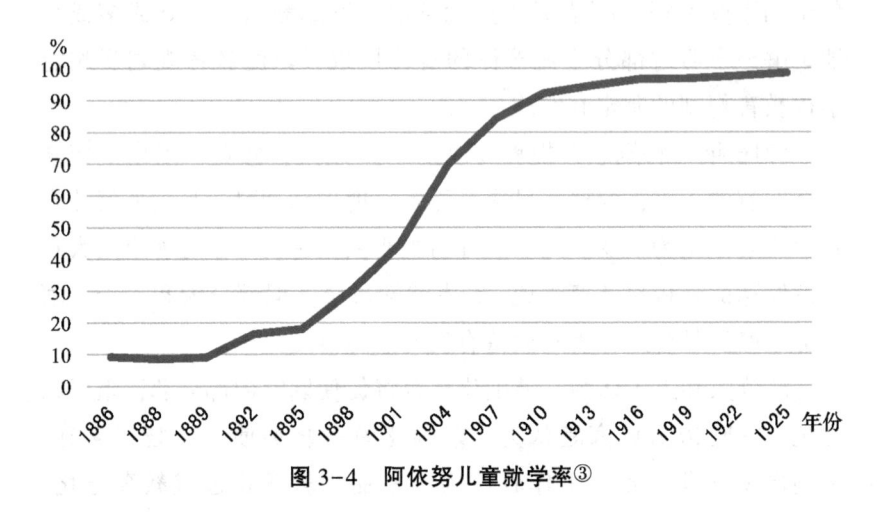

图3-4 阿依努儿童就学率③

20世纪初开始,学校式教育开始在家庭领域展开。19世纪90年代至20世纪初期接受学校教育的阿依努儿童,已成长为家庭中的父母辈分,其所接受的学校教育模式,深刻影响着家庭领域的儿童教育规划。④ 义务教育中,日语教学媒介语的强制性使用与教授,促使阿依努语地位骤降并逐渐被遗弃。

---

① [日]小川正人:《「アイヌ教育制度」の廃止:「旧土人児童教育規程」廃止と1937年「北海道旧土人保護法」改正》,《北海道大学教育学部紀要》1993年第61号。
② [日]竹ヶ原幸朗:《アイヌ教育史》,《教育学研究》1976年第4号。
③ [日]小川正人:《「アイヌ教育制度」の廃止:「旧土人児童教育規程」廃止と1937年「北海道旧土人保護法」改正》,《北海道大学教育学部紀要》1993年第61号。
④ [日]广瀬健一郎:《アイヌ教育実践史研究:学校教員の目に映ったアイヌ民族の子ども達》,《北海道大学教育学部紀要》1995年第68号。

家庭语言寻求与学校语言同步，阿依努族家庭领域出现放弃民族母语的倾向。据1926年出生的萱野茂回忆，幼年时期，被周围大人要求不许自家儿童使用阿依努语。① 在多语或双语社区的家庭中，当父母讨论决定是否用某种表达或语言变体时，往往与意识形态有关，这就属于组织性管理。②

萱原茂周围的家长，在权衡各方利益基础上，有计划地进行着家庭语言规划管理行为。歧视非主流语言的学习和使用，这种语言态度潜在和实际左右着家长在儿童成长过程中的语言学习和抉择取向。家长作为家庭语言的主体评判者，其仲裁结果，会直接作用于儿童语言行为。家长语言意识的刻意干涉，越发促使儿童阿依努语习得实践欲望的减弱，于是主动避免使用阿依努语，自动放弃了代际传承，阿依努语生命力受损。

学校式教育往往是教育模式的高级表现形式，家庭语言期望往往与学校语言期望保持一致，因此，在选择继续保持传统民族模式，还是接受现代学校模式方面，多数阿依努族家庭选择后者阵营站位。其现实利益表现为：1）可以较好地与现代学校模式相契合，顺利适应学校语言生活；2）可以培养较好地适应现实社会需求的语言技能，利于今后个人发展进步；3）可以免受阿依努语标签带来的负面影响，规避身心遭受恶性欺凌；4）可以隐性提升社会阶层身份，方便快速实现阶层地位转变。

国家语言政策导向下，教育领域和家庭领域原有的阿依努语迅速转移为日语。《旧土人儿童教育规程》制定的约20年间，几乎100%的阿依努人在日常生活中都能够使用日语。1922年的调查表明，阿依努语和日语的双语兼通者已然形成，在阿依努族群体内部使用阿依努语，当与大和人进行语言交际时则使用

---

① ［日］上野昌之：《アイヌ語の衰退と復興に関する一考察》，《埼玉学園大学紀要》2011年第11号。

② 王英杰：《语言规划理论的新发展——语言管理理论述略》，《语言学研究》2015年第1期。

日语。

　　阿依努语单语人仅限居住于浦河、胆振的若干群体。①《伏古旧土人生计调查》（1926）显示，89.31%的阿依努儿童能够使用日语书写家庭器皿的名称。②最晚至大正时代，阿依努语母语者的语言能力已出现较大分化。大正以后，几乎没有阿依努语母语者。③ 以语言为核心的民族共同体瓦解消失，这是教育领域的他者同化和家庭领域的自我同化的结果。

　　在遭受不平等权利压制境况中，阿依努族民众不断开展维护自身民族权利的组织运动。1926年边泥和郎、吉田菊太郎和违星北斗等以提升阿依努民族地位为目的，成立"阿依努一贯同志会"。1930年"北海道阿依努族协会"建立，协会为积极修改《北海道旧土人保护法》，实现阿依努族合理权利，或刊发《虾夷之光》机关杂志、宣传手册，或在各地实施宣讲，或向报社投寄族群呼声。但实质效应极度有限，阿依努族依旧处于孤立之势，阿依努语依旧处于困境之中，这种情形直到战后才稍微有所缓和。

　　大量大和人移居者的到来，侵占阿依努族原有的生活土地，破坏原有的生活方式，但客观上促进了阿依努族生活质量的提升。至1937年，虽然与大和人教育内容、方式上存在带有偏见性的教育成分，只是以培养大众国民为主要目标，但确实促成了阿依努族教育的进步。这种进步迎合日本国家时代建设的需要，同时满足了阿依努族自利发展的诉求，是平和自觉转用更契合现代学校教育模式和社会生活技能语言的主要动因。

　　除语言融合外，为实现更为深刻的民族融合，成为真正的"日本人"，一时间，大和族与阿依努族通婚，进行血液融合，以

---

①　[日] 上野昌之：《アイヌ語の衰退と復興に関する一考察》，《埼玉学园大学纪要》2011年第11号。
②　[日] 竹ヶ原幸朗：《アイヌ教育史》，《教育学研究》1976年第4号。
③　[日] 竹ヶ原幸朗：《アイヌ教育史》，《教育学研究》1976年第4号。

便埋葬阿依努族旧有习惯和思想，去除阿依努族民族性的呼声此起彼伏。① 以通婚改良阿依努族人种的劣性，代际循环清除种族纯正的思想，是否定原有民族独特、抛弃民族个性，肯定国家归一、走向国家共性的体现。

第三节　现代民族语言政策

战后日本国内局势突变，宪政体制建立，天皇绝对权力时代落幕，新《宪法》的"主权在民""尊重人权"精神凸显，民主化进程加剧。阿依努人也开展了众多改善争取民族权益的活动，民族语言复兴与保护为一典型。本节主要分析日本民族语言复兴的过程，民族语言保护的措施。认为日本民族语言复兴路途艰难，民族语言保护措施局限，民族语言复兴与保护是阿依努人已然改造实现日本国民属性基础上的行为。

一　民族语言复兴

1946年，北海道阿依努族协会以"振兴阿依努族，为新日本建设助力"为口号，革新为"社团法人北海道阿依努族协会"②。目前该协会是处理阿依努族问题最大、最主要的民间团体组织，是以确立原住民阿依努族尊严，克服人种、民族壁垒，提升社会地位，保存和传承发展阿依努族文化为目的的团体。

1969年，政府为确保北海道二风谷工业用水，决定修建水库。阿依努民族土地所有权人向法院提出诉讼并表示："拒绝原农用土地的出让；水库建设是对《自由权公约》所保障的少数民族阿依

---

① ［日］小川正人：《「アイヌ教育制度」の廃止：「旧土人児童教育規程」廃止と1937年「北海道旧土人保護法」改正》，《北海道大学教育学部紀要》1993年第61号。

② 1961年更名为"北海道乌塔里协会"；2009年更名为"北海道阿依努族协会"；2014年更名为"公益社团法人北海道阿依努协会"。

努人保有自身文化之权利的否定，是不能允许的；此次土地征用法的适用是违法的。"①

1997年法院判决："奉行同化政策，导致阿依努民族固有文化衰退的历史过程必须予以反省，并开展最大程度的关照。"② 1991年，日本作为《国际人权法》缔结国，此次"二风谷水库事件"是国内的现实实践。判决中的"最大关怀"主要体现为，日本国家机关——法院首次承认阿依努族的土著民族地位，依据《公民权利和政治权利国际公约》和《宪法》，承认了阿依努族民众享有、保有民族文化的权利。

为废止《北海道旧土人保护法》，创制阿依努族新法，1982年，北海道乌塔里协会③设置了"阿依努新法制定特别委员会"，经过26次协商讨论，1984年形成通过《阿依努民族法律（案）》。1988年北海道厅、北海道乌塔里协会强烈抗议，要求日本政府依据《国际人权公约》，积极制定保障阿依努族基本民族权利和尊严的新法律，以取代《北海道旧土人保护法》，但遭到当局以日本并不存在《国际人权公约》指称的少数民族为由，表示拒绝。对此，1992年北海道乌塔里协会理事长野村义一，在纽约联合国总部举办的"世界原住民国际年"开幕式上予以公开指责："自1988年以来，阿依努族向政府提出制定保障原住民基本民族权利和尊严的法律请求，但政府以国内不存在原住民为由，不予理睬。"④

20世纪90年代冷战结束，全球化快速推进。在共享一个共同

---

① ［日］铃木敬夫：《土著民族的国际主体地位和知识产权——从日本阿伊努族人的土著权问题切入》，《原生态民族文化学刊》2009年第2期。
② ［日］铃木敬夫：《土著民族的国际主体地位和知识产权——从日本阿伊努族人的土著权问题切入》，《原生态民族文化学刊》2009年第2期。
③ 原"社团法人北海道阿依努协会"。
④ 国連総会「世界の先住民の国際年」記念演説，1992年，https://www.ainu-assn.or.jp/united/speech.html。

世界的前提下，不同文化模式的共存和较量越来越重要。① 1995年，五十岚广三内阁官房长官设立私人咨询机关"乌塔里问题对策有识之士恳谈会"，就阿依努族补贴政策及阿依努族新法制定等问题展开讨论。翌年，完成《阿依努族新法律制定报告书》（以下简称《报告书》），并通过国会两院。

《报告书》承认阿依努民族的原住性与民族性，形成基本指导意见：1）推进阿依努族有关问题的统合研究实践；2）振兴包括阿依努语在内的阿依努族文化；3）开展传统生活空间再生建设；4）推进深化理解阿依努族的民族政策。②

以《报告书》为基础，1997 年颁布《阿依努文化振兴及普及和开发阿依努族传统等知识的相关法律》（以下简称《文化振兴法》），同时废止实施了百余年的《北海道旧土人保护法》。法律层面明确了传承和发展阿依努族语言文化的权利，是《宪法》第十三条"尊重个人"和第十四条"平等原则"的重要体现。

《文化振兴法》第一条指出立法的目的，即创建阿依努民族自豪感得以尊重的社会环境，为日本多元文化发展作出贡献。第二条表示，阿依努族文化主要包括阿依努语、音乐、舞蹈和工艺等。首次承认了江户、明治时期对阿依努族实施的同化政策，致使阿依努族文化遭受重创的历史。展示出应当采取有力措施，振兴阿依努族文化，促进阿依努族获得良好社会尊重，并恢复民族自信心、增强民族自豪感的建设方向。

这是日本政府在阿依努族问题上首次迈出的关键性一步，法律层面认可了传承和发展阿依努族语言文化的权利，是"盎格鲁模式"逐步向"马赛克模式"的顶层设计转变，是国家在民族问题

---

① ［美］乔治·E. 马尔库斯、［美］米开尔·M. J. 费彻尔：《作为文化批评的人类学》，王铭铭、蓝达居译，生活·读书·新知三联书店 1998 年版，第 190 页。
② ［日］ウタリ对策の在り方に関する有識者懇談会：《アイヌ政策の在り方に関する有識者懇談会報告書》，1996 年，http://www.mlit.go.jp/common/000015022.pdf。

上多元价值取向的法律建构，是国家权利价值取向的重要转变。由于该法律主要侧重阿依努族语言文化权利，对于其他如政治经济权利等鲜少涉及，具有一定局限性，因此依旧受到不少批评与指责。

2007年，日本虽成为联合国《土著人民权利宣言》的缔约成员国，但依旧坚持主张"日本是单一民族"。联合国人权理事会曾多次劝告日本政府，尽快履行联合国《土著人民权利宣言》职责，与阿依努族开展对话沟通。2008年5月22日，阿依努族民众在东京举行约250人规模的示威游行活动，建议政府制定体现公平权利的阿依努族新法。

在国际多次敦促劝告和国内抗议要求的双重压力下，2008年6月6日，参众两院一致通过《阿依努民族为土著民族的决议》（以下简称《决议》）。《决议》指出："以联合国《土著人民权利宣言》为基础，承认阿依努族民众在日本列岛北部周边、尤其是北海道的原住历史，是拥有独自语言、宗教、文化的原住民族。此外，听取有识之士意见，推进阿依努族进步，确立综合性政策措施。"① 可见，联合国《土著人民权利宣言》对《决议》的确立发挥出积极影响。

法律层面给予阿依努族一定地位，承认其土著性，并致力努力协调阿依努民族发展的各项问题。乌塔里协会理事长加藤忠用"无法控制泪水"，予以高度评价。但遗憾的是，对曾经遭受迫害的阿依努族殖民劣行的经济补偿，以及阿依努族旧有土地所有权等问题未予涉及。

陈永亮认为："尊重多元文化共生和谐发展的原则是世界各国解决民族问题的基本理念，这个理念是基于国家给予土著民族

---

① 日本国会会议记录检索网站：http://kokkai.ndl.go.jp/SENTAKU/syugiin/169/0001/16906060001037.pdf，引自《2008年6月6日付け官報号外衆議院会議録第37号》。

（少数民族）的民族地位，并给予处理民族内部事务权利为基本前提。"① 日本至2008年才承认阿依努族的存在，主要是因为对阿依努族的认可，会破坏长久以来单一民族、单一文化、单一语言的国家纯粹意识，会破坏民族边界和国家边界统一的国家设计理念，更担心国家权力的分离和对主流利益的损害。

《决议》所涉及的阿依努族政策体系，主要包括文化和生活项，给予阿依努族民族地位，未给予处理民族内部事务权利，对阿依努人的日本国民身份并不会构成威胁，更加符合促使阿依努族融入主流社会，防止国家分离的现实需求，以及日本多元文化和谐，社会稳固发展的建设路线。

2019年2月内阁会议通过《关于推进创建阿依努民族自豪感得以尊重的社会环境法律案》（以下简称《法律案》），第一条明确指出《法律案》的目的，即全体国民相互尊重，实现共生社会。计划将"阿依努族为原住民族"的认知度，由2018年的77.3%提升至2024年的90%以上。这是对《文化振兴法》和《决议》的进一步延伸。通过颁布适当促进阿依努族文化生活进步的积极拉力政策，在不会构成国家主流群体危害前提下，缓解民族关系对立冲突，展现日本现代、文明、多元和宽松的国家环境。

近代日本政府通过推行无视色彩的同化政策，剔除阿依努人的民族性，现代日本政府通过贯彻柔性色彩的异化政策，增添阿依努族的民族性，本质上两者同质。前者是在阿依努族国民性尚未建立完成时的政策手段，是结合当时国家战略所需的表现，后者是在阿依努族国民性已然建立完成时的政策手段，是结合现时国家战略所需的表现。一望而知，皆为保证国家统一基础上的民族关系处理对策。

---

① 陈永亮：《法理权利抑或行政施惠：基于日本阿伊努政策的反思》，《世界民族》2017年第4期。

二　民族语言保护

以《决议》为基础，内阁官房长官建立了常设机构"阿依努族政策有识之士恳谈会"，举办阿依努族政策推进会议，遵循联合国《土著人民权利宣言》，征求专家意见，结合国情，制定利于阿依努族发展进步的政策。目前设置的阿依努民族政策体系主要包括：1）发展和普及阿依努族文化；2）提升阿依努族生活水平。

2012 年提出"民族共生象征空间"①构想方案，文部科学省、国土交通省等多部门联合贯彻落实。其主要包括六项机能：1）展示与调查研究；2）文化传承与人才培养；3）体验交流；4）信息发布；5）文化公园；6）精神文化尊重。②

民族共生象征空间设置在北海道白老町，2020 年 7 月 12 日起对外开放，其中主要包括国立阿依努民族博物馆、国立民族共生公园、慰灵设施等促进阿依努族文化复兴的设施。但遗憾的是，"民族共生象征空间"的认知度并不高，2013 年的调查结果显示，民众中 5.4%表示知道，7.1%表示听说过，85.5%表示不知道。五年后的 2018 年，这种局势仍未得以良好扭转，民众中 4.6%表示知道，4.7%表示听说过，89.6%表示不知道。③可见，民众对阿依努族文化建设并未表现出极大的关心与重视，阿依努族文化仍旧属于日本国家内部的小众群体文化。

阿依努语记录保存方面，早期阿依努语的记录多保存于辞典当中，后期呈现形式多样态势。1875 年多布罗特沃尔斯基（Do-

---

①　主要是利用森林、湖泊、河川等自然资源以及传统房屋、博物馆等基础设施，还原再现阿依努民族传统胜过空间，以展示、学习、体验阿依努民族文化传统的综合性计划。2010 年 3 月设立部会，2011 年 6 月计划在北海道白老町象征空间地域建设，2012 年 3 月公布，7 月政府确定基本构想。

②　[日] 前川正明：《我が国の [日] アイヌ政策》，2014 年，https://www.hkk.or.jp/kouhou/file/no609_series-ainu.pdf。

③　[日] 内阁府政府广报室：《「[日] アイヌ政策に関する世論調査」の概要》，2018 年，https://survey.gov-online.go.jp/tokubetu/h30/h30-ainu.pdf。

brotvorski）著的《阿依努语—俄语辞典》，记录了 1 万余词汇，1938 年巴彻勒著的《阿依努、英、和辞典》（第 4 版）记录了约 2 万词汇。① 1960 年，萱野茂录制阿依努族老人的语言，及其讲述的阿依努族民间传说，共计完成 1000 小时的语言资料，以访问、录音为基础，编辑出版阿依努语著作《萱野茂阿依努语神话集成》（共 10 卷）。出版文字采用罗马字或假名，这便于单文字识认者的阅读学习使用。

此外，知里幸惠著的《阿依努神谣集》（1923）、锅泽元藏著的《阿依努祈词》（1966）和《阿依努叙事诗》（1969）、知里真志著的《阿依努语辞典》（全 10 卷）等，以及 NHK 的《阿依努歌谣》（1947—1951）、HBC 的《阿依努民谣》（1957），也对阿依努语资源保护和代际传承发挥了积极作用。

除部分社会人士外，机构组织也积极投身阿依努族语言文化保护传承工作。1974 年，北海道乌塔里协会常务理事小川佐助设立"阿依努族无形文化传承保存会"，至 2008 年解散时，在北海道教育委员会协力支持下，开展了各种阿依努族语言文化记录保存活动。1976 年至 1992 年，制作《阿依努族文化传承记录电影录像全集》（共 23 卷），收录了阿依努族文化生活和语言，以及使用阿依努语进行的祈祷、表演、故事和文学资料。

1981 年至 1991 年，人类学家、语言学家在北海道各地进行文化、语言调查，刊发成果《阿依努族民俗文化调查报告》。1976 年，在白老町设立"白老民族文化传承保存财团"②，其工作内容之一是在千岁和日高等地招募、访问阿依努语者，不断获取以阿依努语为中心的文化生活相关录音、录像。

2015 年，文化厅委托开展阿依努语保存继承工作，将现存的阿依努语音像资料数字化，对其调查分析后，进行文字化与翻译，

---

① ［日］北海道立アイヌ民族文化研究センター编：《アイヌ文化紹介小冊子——総集編》，北海道立アイヌ民族文化研究センター 2005 年版，第 5 页。

② 1984 年，改称"阿依努民族博物馆"。

并配备注解和文法标注,实现共享学习使用。

阿依努语教育方面,受战后民主主义思潮影响,20世纪60年代阿依努语学习萌芽出现,七八十年代阿依努语教育逐步兴盛发展。90年代阿依努语复兴运动活跃兴起。1983年萱野茂自费开设"二风谷阿依努语教室"。1987年更名为"平取町二风谷阿依努语教室",由北海道乌塔里协会负责管理,后一度开办多达至14所。①

1998年4月起,每周日7:00至7:15由STV广播播送阿依努语讲座②,除免费赠送教材外,2008年4月起,还可在STV网站③下载教材和音频资料。千叶大学和早稻田大学不定期开展阿依努语及相关问题讲座说明,北海道大学设置阿依努族研究机构"阿依努·先住民研究中心"。

教材方面,出版了《阿依努语入门》《阿依努语基础词汇》《阿依努语声音资料选集》《萱野茂阿依努语会话初级编》(全4卷)等。1997年设立"财团法人阿依努文化振兴·研究推进机构",并开展多项阿依努语复兴运动,包括"指导者育成事业""高级讲座""亲子阿依努语学习""阿依努语广播讲座""阿依努语辩论大赛""阿依努语教材制作"等。

为补充了解阿依努族文化,编写副读本《阿依努族:历史和现在》,配发给北海道小学四年级和中学二年级,以及北海道外各中小学生。④ 为配合内容讲解,部分学校安排阿依努族文化的体验活动。

1996年联合国《世界语言权利宣言》第二十九条规定,任何人均有权以其所居住领土上的固有语言接受教育。2007年联合国

---

① [日]北海道立アイヌ民族文化研究センター编:《アイヌ文化紹介小冊子——総集編》,北海道立アイヌ民族文化研究センター2005年版,第4页。

② 重播,周六23:00至23:15。

③ www.stv.ne.jp/radio/ainugo.

④ [日]アイヌ政策の在り方に関する有識者懇談会:《アイヌ政策の在り方に関する有識者懇談会報告書》,2009年,https://www.kantei.go.jp/jp/singi/ainusuishin/pdf/siryou1.pdf。

《土著人民权利宣言》第十三条规定，土著人民有权振兴、使用、发展和向后代传授其历史、语言、口述传统、思想体系、书写方式和文学作品；各国应采取有效措施，确保此项权利得到保护，并确保土著人民在政治、法律和行政程序中，能够理解他人和被他人理解，必要时，为其提供口译，或采取其他适当帮助。第十四条规定，土著人民有权建立和掌管他们的教育制度和机构，以自己的语言，以及适合其文化教学方法的方式提供教育；土著人，特别是土著儿童，有权不受歧视地获得国家提供的所有程度和形式的教育；各国应与土著人民共同采取有效措施，让土著人，特别是土著儿童，包括生活在土著社区外的土著人，在可能的情况下，有机会获得以自己的语言提供的有关自身文化的教育。

2008年洞爷湖原住民峰会上，提议希望将阿依努语列为通用语，并在义务教育阶段进行教授。但法理与现实之间仍旧存在明显鸿沟，阿依努语在教育中依旧未能得以积极推进。

阿依努语教育产业多集中在北海道地区，地理位置阻碍其他地域民众的阿依努语学习。STV阿依努语广播讲座的收听状况并不理想，在北海道白糠市和伊达市调查中显示，近50名被试者当中，收听过STV阿依努语广播讲座的分别有21人和16人，知道但未收听过该讲座的分别有17人和7人，不知道该讲座的分别有10人和24人。①

阿依努语及相关讲座并未形成常态化，举办学校有限，举办次数较少。全国阿依努族研究机构仅有"阿依努·先住民研究中心"唯一一所，阿依努族研究专设机构不足。阿依努语教材多以1900年至1910年前后出生者的口述或笔录为基础形成。② 因此，内容多具历史感且缺乏时代性，尤其对现代新生事物的表述明显十分脆弱，与现代社会发展不相协调。

---

① [日] 小内纯子：《アイヌの人々とメディア環境とアイヌ語学習》，《「調査と社会理論」研究報告書》2015年第33卷。
② [日] 日本国立国语研究所：《危機的な状況にある言語・方言の実態に関する調査研究事業報告書》，2011年，http://www.bunka.go.jp/seisaku/kokugo_nihongo/kokugo_shisaku/kikigengo/jittaichosa/pdf/kikigengo_kenkyu.pdf。

历史教科书未详细介绍阿依努族的形成与发展，中学社会科在江户锁国对外关系中的北方贸易活动部分稍有涉及。副读本《阿依努族：历史和现在》的具体讲授方式和时间，并未予以规划安排。此外，教师本身对相关知识未能足够熟悉，这也有碍于此部分内容的深刻讲解。部分学校照本宣科通读，部分学校甚至未实施任何讲授。① 一些学校虽配有阿依努族文化体验实践，但参与人数和活动次数也较为有限。

当下，日本仍没有任何针对阿依努语教育的专项文件政策，常将阿依努语问题置于文化建设框架下讨论。阿依努语讲授多为民间或少量媒体及教学单位，仍未进入社会主流行列。教育领域将日语作为教学媒介语，一般社会领域将日语作为社会交际语。这种社会性偏好，强有力地影响着阿依努人的语言心理决定机制，促使其自我语言决策的形成。

拥有日语能力是当今阿依努人的一种标配，是作为日本国人的一种象征，是打开通向主流社会和享有国家保障的一把关键钥匙。阿依努语能力与语言状况令人担忧，阿依努语教育依旧没有步入正轨，阿依努语建设发展之路依旧充满荆棘与挑战。日本政府承认阿依努族语言振兴的重要性，并实施部分保护工作。但阿依努语已失去语言的基本交际功能，仅保留剩余零星的象征功能。阿依努语已从语言生活中的鲜活语言，质变为语言概念中的遗产语言，其作为民族象征的外壳价值保持坚挺，但这对阿依努语在语言生活中的回归使用并未形成明显推进效用。

第四节 民族语言生活现状

百余年的民族语言同化政策下，阿依努人语言生活发生了巨大

---

① ［日］品田早苗：《「アイヌ」像と北海道の学校教育：教職員用の指導の手引き・指導資料を中心に》，《北海道大学大学院国際広報メディア・観光学院院生論集》2010年第6号。

变化。因受民主多元的社会环境影响，阿依努语归类于阿依努族文化范畴，获得了日本国家层面的认可。但现实民族语言生活中，民族歧视程度虽有缓解，但依然可见。民族语言同化政策造成阿依努语能力者缺失。民族语言与民族认同常伴同向，民族语言能力的缺失，民族语言维持的减损，严重影响着阿依努族民族认同弱化。本节主要考察日本民族歧视、民族语言能力缺失和民族认同弱化的现实。阿依努语已基本失去语言活力，民族认同与国家认同博弈中，阿依努人更多倾向于国家认同。

一 民族歧视仍存

1994 年，萱野茂当选为首位阿依努族国会参议院议员，并在国会上第一次用阿依努语发言。Yahoo! JAPAN 以及 Google 都曾播放增进了解阿依努族的相关内容。政府积极推动加强构建文化多样性的社会环境，阿依努族歧视问题较以前已缓和许多，但依旧存在。

2016 年调查显示，51%的一般民众认为不存在阿依努族歧视问题，72%的阿依努人认为存在阿依努族歧视问题。[①] 一般民众与阿依努族民众间出现了意识偏差，这主要是因为实施阿依努族歧视行为的多属阿依努族外部群体，其对阿依努族实施的歧视，有时可能是无意所为，但正是这种无意所为，透露出阿依努族外部群体对阿依努族仍存有内心深处的自然偏见。

20 世纪 80 年代札幌市一所小学在一年级新生家长会上，出现了对阿依努族的歧视性发言。札幌市道立高中的社会科教员在讲授地理课时，对阿依努人体毛问题进行了不恰当评论，并且进行了"是否愿意与阿依努人通婚"的歧视性发问。中曾根康弘首相表示，日本是一个单一民族国家，所以日本人知识水平较高。随后《教育漫画》中便出现了一群儿童向狗投掷石子的图片，并配写"あっイ

---

① 日本法务省：《人権の擁護》，http://www.moj.go.jp/content/001268816.pdf。

ヌだ、あイヌ、アイヌ"① 蔑视阿依努族的谐语。

进入 21 世纪，民族歧视依旧存在。2001 年众议院议员铃木宗男表示，日本是一个国家、一种语言、一种民族。2005 年，外务大臣麻生太郎在九州国立博物馆开馆纪念仪式祝词中指出，日本是一个国家、一个文明、一种语言、一种文化、一种民族，这类情况在其他国家是没有的。2014 年，札幌议员金子快之在网络上指出，日本已经不存在阿依努族。这种公开的民族无视，实质就是宣扬民族歧视。为免遭歧视，有些阿依努人主动隐藏着自身族群属性，甚至有些根本不知道自身族源。

> 1948 年生的楢木贵美子，母亲是桦太阿依努人，但家族内部很少提及阿依努族的事情，直到中年都不了解阿依努族文化。在得知自己是阿依努族后，因歧视与偏见，内心十分讨厌自己的民族身份，便暗自决定不会主动表明阿依努族身份。直到长子高中时，在亲戚家做客期间，无意闲聊到此事时，其丈夫才得知楢木贵美子的民族身份。②

> 同事当中有位嫁到穗别之人，其丈夫是位阿依努人，属于一望即知的类型。领导在不知我也是阿依努人的情况下，带有歧视的语调与我说道"某某的丈夫是阿依努人"，我没有吐露自己也是阿依努人的信息。当时差不多是 30 岁左右。③

> 无论毛发有无，都承受着歧视……我们只要毛发稍微浓密些，就会被指"阿依努人"，这令我感到不悦……没有想过民族身份会带来什么值得自豪的事情，只想过着普通人的生活。④

---

① "あっイヌ"中，"あっ"为感叹词"啊"之意，"イヌ"为"狗"之意，"あっイヌ"发音与"阿依努"接近。
② 黄英兰：《阿伊努民族文化保护与传承研究》，博士学位论文，中央民族大学，2013 年。
③ ［日］小内透编：《现代アイヌの生活の歩みと意識の変容：2009 年北海道アイヌ民族生活実態調査報告書》，载滨田国佑《アイヌ社会における差別の問題：生活史から見る民族内差別》，北海道大学アイヌ・先住民研究センター 2012 年版，https://eprints.lib.hokudai.ac.jp/dspace/bitstream/2115/48979/1/AINUrep02_010.pdf。
④ ［日］佐々木千夏：《現代におけるアイヌ差別》，《「調査と社会理論」研究報告書》2016 年第 35 号。

具有高加索民族体貌特征的阿依努人，身材矮小，肤色略深，发黑卷曲，体毛茂密。唇部周边因毛发过重，被视为阴阳人，体毛过长，被视为不卫生。① 就业、婚姻等问题上，遭受着偏见和歧视。② 阿依努族的经济、教育等各类社会生活质量，都低于一般日本民族平均水平。2010年，北海道阿依努族家庭的年均收入为369.2万日元，北海道地区家庭的年均收入为440.6万日元，日本整体家庭的年均收入为566.8万日元。③ 2017年，北海道阿依努族的大学入学率为33.3%，北海道地区的大学入学率为45.8%。④ 阿依努族民众依然处于社会生活的低地格局中（见图3-5）。

在本就数量低下的阿依努人大学生当中，出现不同程度的退学状况，虽然这种状况随着时代发展有所缓和，但究其退学原因，依旧以经济受制为主，这点并未因社会进步而有明显改善。经济状况不良，继续教育受损，可选职业受限，社会地位低下，诸多不平等的社会推手，致使74.9%的阿依努人认为，自身生活十分困苦或比较困苦。⑤

二　民族语言能力缺失

德国社会学家滕尼斯（Tönnies）将共同体分为血缘共同体、地缘共同体和精神共同体，并且认为血缘共同体经过发展而分离为地缘共同体，地缘共同体进一步发展为精神共同体，从血缘共

---

① ［日］水野孝昭：《日本决不是单一民族的国家》，《民族译丛》1990年第3期。
② 日本法务省：《人権教育・啓発白書（平成25年版）》，2013年，http://www.moj.go.jp/content/001253792.pdf。
③ ［日］小内透编：《現代アイヌの生活と意識：2008年北海道アイヌ民族生活実態調査報告書》，载中村康利：《労働と収入の実態》，2012年，https://eprints.lib.hokudai.ac.jp/dspace/handle/2115/48219/1/AINUrep01ja_005.pdf。
④ ［日］北海道環境生活部：《平成29年北海道アイヌ生活実態調査報告書》，2018年，http://www.pref.hokkaido.lg.jp/fs/2/2/8/9/7/0/3/_/H29_ainu_living_conditions_survey_.pdf。
⑤ ［日］北海道環境生活部：《平成29年北海道アイヌ生活実態調査報告書》，2018年，http://www.pref.hokkaido.lg.jp/fs/2/2/8/9/7/0/3/_/H29_ainu_living_conditions_survey_.pdf。

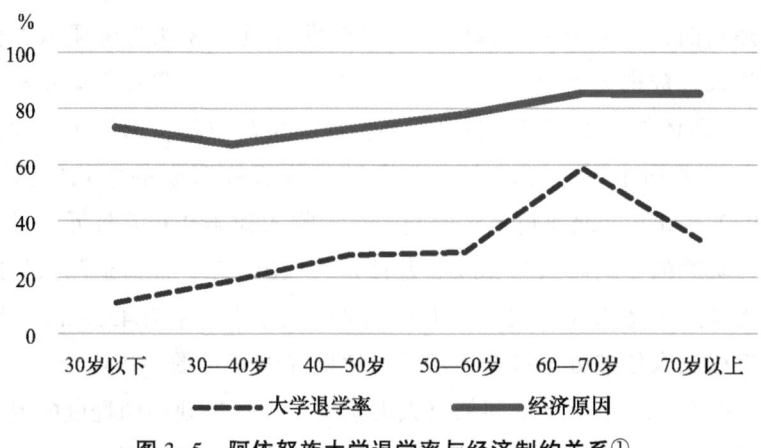

```
    %
   100
    80
    60
    40
    20
     0
        30岁以下   30—40岁   40—50岁   50—60岁   60—70岁   70岁以上
                ----- 大学退学率        —— 经济原因
```

图 3-5　阿依努族大学退学率与经济制约关系①

同体至精神共同体，是一个逐步推进变化的过程。② 透过阿依努族语言同化过程，可以看出，日本政府积极创造出地缘共同体，大量大和人移居，使得大和人与阿依努人形成杂糅居住状态，杂居下的两个民族间通婚，形成血缘共同体，同时，不断教育灌输，构建完成精神共同体，实现地理、人种和民族的归一。

杂居自然产生交往，通婚必然产生沟通，这便形成异质语言间的融合或转移。李宇明指出："语言接触不仅带来语言的丰富发展，也带来语言之间的相互竞争。"③ 语言的竞争力深受多重因素影响制约，民族实力就是其一。民族间的不对等关系会延伸至语言间的不平等关系，语言间的不对等关系也会加强和巩固民族间的不平等关系。大和族和阿依努族间的悬殊实力，造成日语使用

---

① ［日］小内透编：《现代アイヌの生活と意识：2008 年北海道アイヌ民族生活实态调查报告书》，载野崎刚毅《教育不平等の実態と教育意识》，北海道大学アイヌ・先住民研究センター 2010 年版，https://eprints.lib.hokudai.ac.jp/dspace/bitstream/2115/48222/1/AINUrep01ja_007.pdf.

② ［德］斐迪南·滕尼斯：《共同体与社会——纯粹社会学的基本概念》，张巍卓译，商务印书馆 2019 年版。

③ 李宇明：《语言竞争试说》，《外语教学与研究》2016 年第 2 期。

空间不断扩展，阿依努语使用空间不断被扼杀，且这种不平衡走势，至今仍持续扩大（见图3-6）。

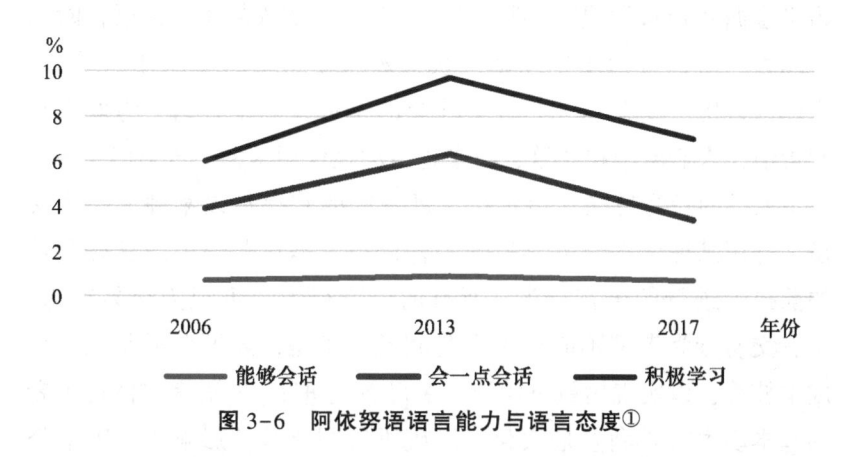

图3-6　阿依努语语言能力与语言态度①

阿依努语濒危的三个主要原因是：1）政府的语言殖民同化政策；2）阿依努人的自主放弃；3）阿依努人的积极同化。大和人属于语言殖民同化的主体，阿依努人属于语言殖民同化的客体；大和人属于自主放弃的客体，阿依努人属于自主放弃的主体；阿依努人属于积极同化的主体，大和人属于积极同化的客体。语言殖民同化政策为前段，自主放弃为中段，积极同化为后段，这是一种民族语言认同演变为实用语言认可的历史更迭。

此外，阿依努语本身也存在一定局限性。语言保持旺盛生命力，需要不断适应新型存在方式，阿依努语无文字、较古老，语言内容或结构与现代社会的不适特质，阻碍着阿依努语的学习传承。当下，阿依努语只保留在部分如地名"札幌""小樽"的特殊领域，日常语言生活中，阿依努语原有功能已经消失或发生取代。

---

① ［日］北海道环境生活部：《平成29年北海道アイヌ生活实态调查报告书》，2018年，http：//www.pref.hokkaido.lg.jp/fs/2/2/8/9/7/0/3/_/H29_ainu_living_conditions_survey_.pdf。

语言具有深刻的社会烙印,民众以语言述事、以语言行事、以语言成事。语言这一事物,与经济学中"物稀则贵"理论相悖,语言遵循"择众学理"。拥有某种语言能力的人越多,该语言附加值越大。语言行为发生互动,联合效用使得语言系统用户越多,个体语言用户受益越大。日本社会的主流语码是日语,为取得有利价值,人们越来越频繁、越来越主动地使用这种主流语码。

人类的行为遵循守恒定律,每一次的获得都以某种失去为交换。选用某种语言而舍弃另外一种语言,是在获得更加良好利益的前提下进行的语言行为。所有的语言行为常可视为交易行为,所有交易行为者都不断思考自身利益。于是,人类会不断地进行成本核算,以实现用最小代价,求得最大进步。① 语言主体行为者的基本动力就是利益最大化。民族语言同化政策影响下,阿依努人完成由民族语言使用的理性人,发展为国家语言使用的理性人。②

北海道开拓建设,客观上促进了阿依努族经济教育和生活环境的进步改善,阿依努人从被动到主动地成为"国家人",享受国家带来的福祉。加之,阿依努语学校的缺失,阿依努人主动或被动地放弃"低价值"的阿依努族母语,转向"高价值"的国家语言,主动或被动地放弃"低价值"的阿依努族民身份,转向"高价值"的国民身份。

三 民族认同弱化

关于国家和民族的关系,近代西方形成三种基本理论,即民族国家理论、多元文化主义理论和马克思主义民族理论。民族国家理论是主体民族借助强大实力建立统一民族国家过程中形成的;

---

① 王永和主编:《多元文化背景下的国家认同研究》,宁夏人民出版社 2016 年版,第 154 页。

② 理性人,"理性人假设"是古典经济学的重要核心内容,是经济活动中所有人一种基本特征的抽象。这种特征是,每位经济活动者都是利己的,以最小经济代价获取最大经济利益。

多元文化主义理论是殖民扩张时，与当地民族互动过程中，经历同化政策、熔炉政策形成的；马克思主义民族理论是马克思和恩格斯在探求适应 19 世纪欧洲工人运动和民族解放运动需要中，从阶级分析出发形成的。① 日本国家和民族的关系属于典型的民族国家理论范畴，国家处于主导，民族处于从属，将阿依努族置于国家下位，"去民族化"的系列语言政策是其具体表征。

外貌和语言在人体结构性特征中透明度较高，通过这些最为直接的观照，容易生成亲和或排挤。首先视觉的外貌异视，其次听觉的语言异闻，通过"见闻"的生理相斥，引申至"思智"的文化相异。外在方面，通过通婚，逐步同视化；通过教育，逐步同闻化。内在方面，不断灌输日本皇国思想，认同接纳国家主流文化，将国家文化置于民族文化之上，使传统民族文化处于麻痹瘫痪状态，模糊"阿依努族"概念，甚至为求迎合国家发展，要求舍弃本民族语言文化，重新塑造构建新的族群语言观念。这样，便形成了由内至外的一致贯通。

民族存在并不具有天然性。民族可以通过地域、血缘、语言和习俗等形成传统型共同体，也可以通过媒体、出版物和教育等，培育现代型共同体，无论哪种模式的共同体都离不开想象。通过想象，使群体内部互不相识之人彼此关联。想象过程中，语言是想象的重要载体，通过语言殖民同化，益于形成群体羁绊，产生国家共同体共鸣。

语言是想象的外衣，想象触及心灵的深度，代表着语言影响心理的程度。语言是一种最易感知、识别的无形屏障，客观将民族内部与外部割裂开来。语言是历史文化、宗教习俗等族群共享事物的重要载体，是对内认同、对外排斥的重要思维方式和描写手段，是民族内部最自然的交往媒介和符号象征。

语言演变是永恒绝对的，一般情况下，语言演变处于稳定状

---

① 张继焦：《换一个角度看民族理论：从"民族—国家"到"国家—民族"的理论转型》，《广西民族研究》2015 年第 3 期。

态，但是若对其实施强制性人为干预，则可以实现突变。这种突变型语言，在一定时期内持续使用，能够培养出批量代际传承者，随着代际更迭，原本由突变产生的语言生活的不良影响，会逐步调适，步入和谐。

  调适中的阿依努人不断发生语码库转换，其间便掺杂着阿依努人身份库的改变，阿依努族由一个独立性族群，变化为主流族群中的非独立性少数族群。阿依努族与日本的我者与他者的对立关系，发展为部分与整体的包含关系。这一过程中，阿依努人的民族意识，随着年龄层递减，呈现明显消退趋势（见图3-7）。

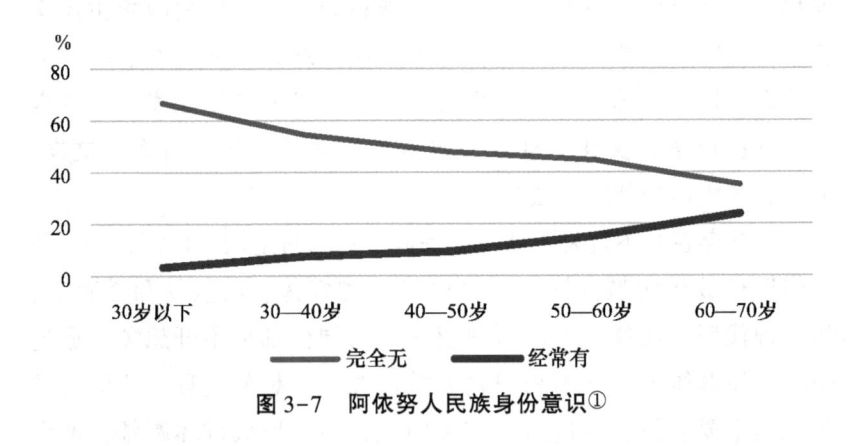

图3-7　阿依努人民族身份意识①

  民族认同形成主要依靠两种路径，即与外部群体的对比和对内部群体的确定。通过与外部群体的对比进而产生特性，通过对内部群体的确定进而产生共性。不同场景下，民族认同强弱有异。时而民族认同原生性因素显化，时而民族认同工具性因素显化。原生性因素强调民族认同的"先赋"，工具性因素强调民族认同的

---

① ［日］小内透编:《現代アイヌの生活と意識：2008年北海道アイヌ民族生活実態調査報告書》，载野崎剛毅《アイヌの血統とアイデンティティ》，北海道大学アイヌ・先住民研究センター 2010年版，https://eprints.lib.hokudai.ac.jp/dspace/bitstream/2115/48218/1/AINrep01ja_004.pdf。

"趋利"。当原生性因素与工具性因素相悖时，民族认同易生动荡。随着经济社会的发展，民族难以完全满足其成员的多元化诉求。以国族认同取代民族认同，意味着认同层次多元化的出现，这是多层次、多维度的族际关系，是国家关系发展的必然要求。①

民族认同更多依靠民族群体自觉，不具有强制性，认同的程度也会因人而异。对于族群的偏见愈强烈，族群民族认同危机愈明显，个人民族认同取向愈激荡。其他非民族成员的污名刺激言论，会促进消极性民族情感依附，诱发民族情感断裂。在认同重构中追求新型定位，在社会网络中根据判断趋利避害，确定与他人相似性的扩大和差异性的缩小，努力避免族际间悬殊不协调，达成一致，期望最大限度的安全感、国家资源共享和发展共存。

语言殖民实践可以急速促进民族认同改变，这种认同转移因具体情况不同，可能转移为国家认同，也可能转移为其他民族认同，一般来说，前者情况居多。目前，阿依努人已多数失去民族身份意识，但依旧存在少数民族认同者。因此，语言同化与民族认同之间存有复杂缜密的关系。语言转移常会引发认同转移，语言同化速度越快，民族认同消失越快。语言同化可以短期内完成，但民族认同很少能够短期内真正完全实现。民族认同状态下，未必会出现民族语言使用行为，民族认同与民族语言使用行为间的指向有时并不完全一致。

赫尔德强调文化形式的独特性，并认为"存在着多种多样不能彼此通约的文化，这些文化各属于特定的共同体，通过共同的语言、历史记忆、风俗习惯、民族宗教与情感这些传统纽带，将他们的成员彼此联系在一起"②。民族语言是民族历史发展中天然进化的产物，纽系着民族的历史、信仰、文化、宗教

---

① 陈艳宇编著：《文化冲突与多元文化导论》，中国民主法制出版社2016年版，第61页。

② 许纪霖：《家国天下——现代中国的个人、国家与世界认同》，上海人民出版社2017年版，第234页。

和习俗。

语言的本质特征是社会属性。语言具有典型民族烙印,"是民族文化心理中一个极为敏感的因素,因为它是一个民族文化特质的标志和表现,是一个民族最有活力而又最为稳固的精神文化纽带"。[①] 民族语言的消失,造成民族共同体历史记忆与现实想象的消亡,易于发生民族认同的失却匹配。语言忠诚降低,语言维持努力减少,对本族语言承载的历史文化关心弱化,对国家语言承载的进步发展关注增加。多数阿依努人清除了种族纯正思想,否定原有民族认同,抛弃民族个性、肯定国家认同,走向了国家共性。

哈贝马斯认为:"民族国家是解决现代社会一体化的方案。"[②] 民族国家就是在民族范围内组织政治国家,其中包含两种共同体,即民族共同体和政治共同体。民族国家认同包括两种认同,即国民身份认同和族民身份认同。在民族国家整合过程中,阿依努人成为政治共同体中的一员,享有现代政治国民的地位和待遇,但与此同时,民族共同体色彩淡化,民族范围含混。国民身份认同增强,族民身份认同削弱,这与民族语言转移至国家语言方向一致,是深受语言殖民同化政策影响的表现之一。

教育领域语言政策影响着家庭语言传承意识。国语以外的其他语言或语言变体,多以代际传承形式延续,但民族语言的缺失严重阻碍着代际传承实现。家庭中,家长参照教育领域语言模式,实施家庭语言政策仲裁,丢弃民族语言,转投至国语。母言或母语是一种自然天赋,家庭作为民族语言的最后营帐,放弃其保卫职责,使得民族语言失去继承语资格,沦落为遗产语言。

---

① 王锋:《从汉字到汉字系文字——汉字文化圈文字研究》,民族出版社 2003 年版,第 270 页。

② 许纪霖:《家国天下——现代中国的个人、国家与世界认同》,上海人民出版社 2017 年版,第 78 页。

小　结

　　阿依努族是唯一获得日本政府承认的少数民族。日本政府对阿依努族实施语言殖民同化政策，造成短时间内阿依努语母语者的消失。战后阿依努语出现复兴，开展部分阿依努语资源保护工作。但阿依努族已由最初的国家语言困难群体演变为民族语言困难群体，阿依努人已自觉或非自觉地成为国语单语人。

　　语言是民族特性的重要表现手段之一，具有内部凝聚性和外部排他性功能。当民族语言不再被使用，那么，这种民族语言的凝聚和排他功能便无法得以正常发挥。社会化程度越高，越容易受到国家语言掣肘，其强势符号价值越明显，其他非国家通用语言习得动机衰弱。阿依努民族语言经历了形成、同化、衰落和复兴，在当今主流文化占主导地位的日本社会，作为小众型的阿依努民族语言，其复兴之路举步维艰。

第四章

日本外语政策

外语政策是关于外国语言的政策，多是出于国际互动基础上规划的政策。这些互动在不同的历史时期表现各异。隔离于世界的国家基本不存在，即使实施锁国国策的日本，依旧保持着少量国际互动。步入近代资本主义建设轨道的日本，有意识地在教育领域计划性地推进外语政策实践。1945年8月15日，日本宣布投降，国内外秩序重构。战后民主路线下的日本，外语政策对象范围迅速扩大，但教育成效不尽如人意，提升外语能力特别是英语能力，成为日本当时外语政策的主要议题。本章主要讨论日本早期东西方接触中的外语政策、明治中期前后的外语政策、民主改革与全球多元化中的外语政策，分析不同时期日本外语政策的特征与问题。

第一节 早期外语政策

日本最初接触的国家为东方国家，至16世纪中期，开始接触西方国家。据葡萄牙人安东尼·伽尔凡（Antonio galvaō）著的《世界新旧发现史》记载，1542年葡萄牙人漂流到日本。据僧文著的《南浦文集》中的《洋枪记》记载，1543年外国人来到种子岛。① 两者虽具体年代存在差别，但均指向一个史实，就是1500年代，葡萄牙人到达日本，从此开启了日本西方接触的新局面。

国家间的接触，语言成为学习他国文化、外交往来和通商贸易等不可或缺的重要媒介。日本的东方接触中，主要以汉语和朝鲜语为主要外语学习对象。西方接触中，因接触深度、广度的差异，不同阶段的外语学习特征各异。本节主要考察东方接触中的汉语政策，西方接触中南蛮学阶段、兰学阶段和洋学阶段的外语政策。日本自上而下规划特征明显，以国家外事对象为主要导向，以满足国家外事需求为主要目的。

一 东方接触中的汉语政策

江户时期的汉语称为"唐话"，主要学习者为唐通事和少量儒学者。

唐通事一般指长崎唐通事，此外，萨摩藩、岛原藩和琉球亦有少量。最早任命的唐通事是冯六。据《长崎实录大成》记载："庆长九年（1604），唐人中名为冯六者，因通晓日本词语，故被任命为通事。"② 初期，唐通事并不隶属幕府行政体系，属于民间组织性质。1641年，唐通事官方机构化。1751年，唐通事会所成立，成为长崎一重要职能机构。

唐通事世袭化，从事唐通事职业者，多为中国人或中国人后代，也有部分日本人。唐通事不仅负责翻译事务，同时承担如贸易指导等工作。与长崎唐通事主要从事中日贸易工作不同，萨摩藩和岛原藩的唐通事，以负责接洽漂流至本地的中国船只事务为主，此两藩的唐通事，有时也秘密进行部分贸易往来。

---

① ［日］杉本勋编：《日本科学史》，郑彭年译，商务印书馆1999年版，第122页。

② 王来特：《长崎唐通事与德川日本的"怀柔远商"》，《外国问题研究》2016年第1期。

唐船使用的是我国南京、宁波、广州、厦门、台湾、福州和泉州等地的方言，唐通事了解这些方言。① 总体来说，唐通事使用的唐话，是汉语的三种语言变体，即南京话、福州话和漳州话。其中，南京话较其余两种更为通行，讲授唐话也以南京话为标准。琉球受朝贡体制影响，1775 年左右使用北方官话。② 琉球地区除学习汉语变体外，也学习北方官话，且北方官话学习者居多。

唐通事主要选用《三字经》《论语》《孟子》《诗经》《大学》等典籍，作为汉语学习教材，这些教材主要用于学习汉字发音，并非用于学习典籍内容。词语学习先从二字词语如"快乐""享福"、三字短语如"有才华""雨来了"学起，后四字、五字逐步递进，兼具学习发音与词意知识。词语、短句学习完毕，选用唐通事编撰的手抄本《译家必备》《医家摘要》等，作为教学用书。高级阶段，以《水浒传》《三国志》《西厢记》等口语小说为主。其后，自学《红楼梦》《金瓶梅》《福惠全书》《资治新书》等。

除唐通事外，部分儒学者也是唐话学习者的重要构成群体。唐话即汉语的口语，与汉文相异，日本人汉文学习的历史久远，汉文也不仅限于儒学者。江户的唐话学习，以荻生徂徕及其门徒为代表。德川纲吉的御用文人柳泽吉保喜爱参禅，关心唐话。柳泽吉保邀请德川纲吉至自家府邸，令儒学臣子使用唐音讲习《大学》《中庸》《论语》等经典。柳泽吉保的家臣荻生徂徕认为，唐话最有效的学习方法是阅读《西厢记》等明清通俗小说。1711 年，荻生徂徕开设唐话讲习会，请长崎知名唐话学者冈岛冠山讲授唐话，诵读经典。此外，京都和大阪的唐话学习者，主要特色是翻译中国口语小说，如《水浒传》《西游记》等。这种小说阅读群体主要集中在京都和大阪，此外江户也有一定数量的爱好者。

---

① 刘海燕：《日本汉语教学历史研究》，中国传媒大学出版社 2017 年版，第 103 页。

② ［日］六角恒广：《日本中国语教育史研究》，王洪顺译，北京语言学院出版社 1992 年版，第 283 页。

这一时期，中国尚未建成统一可通行于全国的汉语口语形式，日本人学习唐话时，出现不同的语言形式。可见，国家需要建设语言规范标准，否则国际语言在教育与传播时，将会存在学习对象与内容的分歧。当对象国尚无统一规范的语言形式时，外语学习者往往会依据实际交际需求，学习该国具体交际区域所使用的语言或语言变体。

唐通事学习唐话更具实用性，儒学者学习唐话更具情趣性。唐通事的世袭制度，促使唐通事自幼便拥有较普通人更为良好的语言环境，利于唐话的学习与继承。唐通事并非单纯的语言中介体，而是通过唐话从事特定社会活动，这与利用唐话读典或小说的唐话学习者间存在明显差异。

受时代发展制约，唐通事在学习唐话时，注重以字认音、以字认词的模式，缺乏现代语言教学科学的指导方法。同时，缺乏系统专项教育教材，多依赖中国古文典籍与通俗小说文本。这类唐话学习模式一直持续到明治维新，是国际中文教育在日本的雏形。

二 西方接触中的外语政策

（一）南蛮学阶段

1549 年，罗马教皇派遣沙勿略到日本传教，西方文化伴随传教活动在日本发生影响。至 1639 年第五次锁国令颁布期间，日本的耶稣会传教士约 290 名。[1] 1605 年，日本教会信徒达 75 万人左右，约占当时总人口的 4%。[2] 为开展传教，传教士进行长期日语学习和研究，编撰了《日葡辞典》《拉葡日对译辞典》，还为日本信徒开设学校。1583 年左右，传教士开设的初等教会学校数量约为 200 所。[3] 其中，部分学校如近江安土的修业所，讲授葡萄牙语

---

[1] 赵德宇：《日本近世洋学与明治现代化》，《南开学报》（哲学社会科学版），2010 年第 3 期。

[2] 赵德宇：《日本近世洋学与明治现代化》，《南开学报》（哲学社会科学版），2010 年第 3 期。

[3] 王世斌主编：《论日本教育》，吉林教育出版社 2012 年版，第 23 页。

和拉丁语，但能够接受此类教育的日本人数量极少。

大航海时期的全球殖民贸易竞争中，初期葡萄牙势力最为强盛，葡萄牙语成为东洋间商贸人士交往的必备语言。① 驶向东洋的船只中，需搭载葡萄牙语翻译。其他竞争国如荷兰、英国等，在东洋地区开展贸易时，也是以葡萄牙语为中介，互通解意。

1550 年，葡萄牙人在长崎平户开港通商，通过学习，日本翻译逐步拥有了较为流利使用葡萄牙语的能力。这在平户荷兰商馆和英国商馆日记中都有记录，"日、荷间会话使用葡萄牙语，公文中也附带葡萄牙语或西班牙语的译文"。② 西班牙与日本发生往来，较葡萄牙开始要晚、结束要早，西班牙对日本的影响力度较葡萄牙表现薄弱，西班牙语远不如葡萄牙语对日本的影响深刻。现代日语中，仍存有葡萄牙语痕迹，如"カルタ""タバコ"等皆源自葡萄牙语。

德川家康出于贸易交往，最初对基督教传教表示默许，后信奉新教的荷兰人向幕府告密，指出西班牙和葡萄牙计划通过传教士侵略日本。幕府于 1612 年、1613 年分别颁布禁教令和驱逐令。为彻底禁教，第二、第三代幕府将军进一步强化禁教政策，对举报传教士和信徒者加以奖励，对传教士和信徒予以处刑。禁教政策下，基督教基本不能存续，掌握葡萄牙语、拉丁语的新教徒亦基本消失。

第五次锁国令出台不久，1641 年，幕府将长崎出岛的葡萄牙人予以放逐，葡萄牙语的影响有所削弱，但并未形成断崖式消失。1685 年，葡萄牙船只"圣保罗号"（São Paulo）抵达长崎时，长崎依旧有可读写葡萄牙语的翻译。③ 可见，语言与外交、经济等不同，语言是存续的，其影响随时间的推移而减少或消解。

---

① ［日］幸田成友：《東と西：史話》，中央公论社 1940 年版，第 245 页。
② ［日］杉本勋编：《日本科学史》，郑彭年译，商务印书馆 1999 年版，第 205 页。
③ ［日］幸田成友：《東と西：史話》，中央公论社 1940 年版，第 247 页。

(二) 兰学阶段

1. 荷兰语政策

1600年，日本与荷兰发生初次正面接触，首艘荷兰船只"丽福德号"（Liefde）漂流至大分县。当时，日本主要的西方贸易对象是葡萄牙，德川家康为保持局势平衡，向船长盖尔纳克（Quaeckernaeck）及其他荷兰商人发放"朱印状"，许可贸易交往。1609年荷兰与日本建立贸易关系，在九州平户开设商馆。1641年荷兰商馆迁址长崎出岛。幕府虽允许与荷兰交往通商，但实施严格规定，要求平时只许如官吏、翻译和商人等少量专业人士出入出岛，除每年定期的"江户参府"①外，原则上不许荷兰人出入出岛。

当时，学习荷兰语的日本人主要包括两类，一类是以实现与荷兰商馆交际沟通为目的的荷兰通辞；另一类是以通过荷兰语获取兰学新知为目的的兰学家。

初期，荷兰语学习者仅限长崎的荷兰通辞。荷兰通辞主要指为荷兰人进行翻译的人员，并不限于用荷兰语进行翻译的人员。实际上，17世纪很长一段时期内，荷兰通辞实际使用着葡萄牙语作为中介语，开展翻译工作。当时荷兰通辞的荷兰语水平较低，1672年的《荷兰商馆日记》记载："荷兰通辞不能阅读荷兰商馆向奉行提交的文件，必须让荷兰人进行翻译。"②荷兰方面多次向幕府发出荷兰通辞语言能力低下的非难。于是，17世纪下叶，幕府确立了长崎通辞制度。指定荷兰通辞世袭家族约20家，荷兰通辞数量约150人，通辞世袭家族的男婴幼年时期在自家学习基本的荷兰语，10岁左右派去出岛荷兰商馆，跟随荷兰人学习荷兰语。

除荷兰通辞外，兰学家也是荷兰语学习者的重要构成群体。获取兰学新知，是兰学家学习荷兰语的主要目的。

---

① 赴江户拜见幕府将军，赠礼联络情感。
② ［日］杉本勋编：《日本科学史》，郑彭年译，商务印书馆1999年版，第206页。

1720年，幕府施行享保改革，放宽禁书，准许输入非基督教书籍。同时，许可兰学家向荷兰通辞学习荷兰语。1740年，德川吉宗命令青木昆阳和野吕元丈学习荷兰语及海外新知，后兰学盛行。青木昆阳在荷兰人每年"江户参府"于江户逗留期间，向荷兰通辞学习荷兰语，经过十余年学习，著书《和兰语译》《和兰文字考略》《和兰文译》等。

　　以1774年杉田玄白翻译《解体新书》为标志事件，此前的翻译，多以长崎为中心的非专业性科学翻译，此后的翻译则发展为翻译原典、研究西学的专业性科学翻译。

　　1786年，兰学家大槻玄泽在江户开设私塾"芝兰堂"，两年后出版了《兰学阶梯》，这是许多兰学家采用的荷兰语学习教材。长崎的荷兰通辞西善三郎试编《荷日辞典》，后因病去世，编典工作未能完成，但这种最初的辞书编典意识具有进步意义。

　　兰学家稻村三伯与多人合力下，完成了首部《荷日辞典》，即《江户哈尔马》。①《荷日辞典》从1783年至1796年耗时十三年，收录64035个词汇。后稻村三伯的弟子藤林泰助完成了《荷日辞典》的简易版《译键》，收录词汇为《荷日辞典》的半数左右。这一时期，无论是荷兰语教学、翻译，还是编典工作，均尚未建立语法意识。

　　最早进行荷兰语语法研究的是荷兰通辞志筑忠雄。志筑忠雄去世后，由弟子马场佐十郎将其未公开的研究成果公之于世。荷兰语语法研究经马场佐十郎传至江户，兰学家的荷兰语能力进一步提升。1816年，大槻玄泽出版了最初的荷兰语语法著作《兰学凡》。后荷兰语教授范围逐步扩大，不限于江户和长崎，其他各地荷兰语的学习规模日益扩大。

　　2. 英语政策

　　1600年，首艘到达日本的"丽福德号"荷兰船只，载有36岁

---

① 翻译石井恒右卫门将哈尔马著《荷法辞典》中的荷兰语翻译成日语，以此为基础，稻村三伯等人进行校阅。

的英国人威廉（William）。① 后威廉取日本名"三浦按针"，任职德川家康与德川秀忠的外交顾问，时间长达二十年。1613年，最早英国商船"克洛弗号"（Clove）抵达长崎，船长萨里斯（Saris）将英国国王詹姆斯一世（James）的国书献于德川家康，德川家康致回信，威廉在这次国书互通中，承担了翻译任务。英国与日本开展贸易往来时，受到来自葡萄牙和西班牙的抵制，又在与荷兰的竞争中失败，1623年平户英国商馆关闭，日英交往终止。

"菲顿号（Fhaeton）事件"促使日本开始产生英语学习的必要性意识。1808年菲顿号英国军舰入侵长崎。军舰悬挂荷兰国旗，伪装成荷兰船只，荷兰商馆人员与荷兰通辞误以为荷兰船只，便前往接洽。英国人抓获荷兰商馆人员作为人质，进行数据测量和燃料、食物补给后才离开，长崎奉仕松平康英为此切腹自尽。此后，英国军舰曾多次进出长崎。幕府深感英国的强迫威胁，出于国防，下令荷兰通辞学习英语。

"菲顿号事件"前的半年左右，幕府曾要求长崎的荷兰通辞学习法语，理由是"俄国船只在虾夷使用的书信，采用欧洲外交公用语法语书写"②。但当时法语教师、教材等基本学习条件尚未建立，并且不存在急需的客观因素情况，法语学习并未实质开展。加之不久后的"菲顿号事件"，幕府急速转换导向，制定英语政策。

1809年，幕府命令本木正荣等荷兰通辞学习英语。早期的英语教师分为三类，一类是懂英语的荷兰人，如布洛霍夫（Blomhoff）；二类是英语母语者，如罗纳德（Ranald）；三类是懂英语的日本人，如中滨万次郎。

荷兰人布洛霍夫曾服役于英国陆军四年，拥有英语能力，成为

---

① 据应井役著《日本英语教育史稿》（1936）介绍，1556年肥前五岛出现一艘英国船只，1580年英国船只在平户港逗留。
② ［日］江利川春雄：《英語と日本軍：知られざる外国語教育史》，NHK出版2016年版，第46页。

荷兰通辞的英语教师。混血美国人罗纳德，坚信自己母亲的祖先是日本人，1848年，秉持这个执念，乘坐美国捕鲸船，登陆北海道，后被逮捕送至长崎，软禁于牢狱。牢狱中，罗纳德承担着14名荷兰通辞的英语授业，罗纳德也成为日本首位英语为母语的英语教师。中滨万次郎出海捕鱼时，遭遇风浪漂流至鸟岛数月后，被美国捕鲸船救助带往美国。① 在美国居住近10年，1851年回到日本后教授英语。

出版物方面，1811年本木正荣等出版了《谙厄利亚兴学小筌》，包含英语会话和2000余英语词汇。1814年本木正荣等在布洛霍夫的协助下，完成最初的英日辞典《谙厄利亚语林大成》，收录了约6300词汇，同时增添荷兰语同义词。1840年涩川敬直将马利（Murray）著荷兰语版的《英语语法》，翻译成英语版《英文鉴》。从词汇类到语法类，英语资料逐步丰富发展，为幕末英语学习提供了基础。

（三）洋学阶段

北方沙俄和南方英、美等国的威胁态势下，幕府命高桥景保编纂世界地图，同时决定在天文方专设翻译机构。1811年，成立天文方的附属机构"蕃书和解御用"，即"兰书翻译局"。兰书翻译局除翻译以科技领域为首的西洋书籍外，还从事收集研究海外信息的工作，特别注重地理学知识的译著和研究。但总体来说，兰书翻译局规模较小，且职能有限。

胜海舟向幕府提出翻译天下有益之书，以官方形式公布于众的建议。阿部正弘提出集中研究外国动态，以作政策参考的提议。1853年佩里扣关日本，对外关系趋向复杂、紧张。在军事和外交战略急需下，1855年，幕府将长崎荷兰通辞与兰书翻译局合并，兰书翻译局从天文方分离独立为"洋学所"，翌年改为"蕃书调所"。曾翻译过佩里携带国书的箕作阮甫和杉田成卿，受聘于蕃书

---

① 北太平洋海域是捕鲸的优良海域，英美捕鱼船只常在日本附近海域作业，日本成为较方便的燃料、食品补给之地。

调所教授一职，主要翻译外文图书和公文，培养翻译人员以及调查研究洋学。

1857年，191位学生参加了藩书调所的开学典礼，这些学生是从千名之中选拔出来的，多数为将军家臣子弟。1958年后，也准许藩士入藩书调所学习。藩书调所主要教授兰学和英学。1860年藩书调所独设英语科，次年设置法语科，1862年设置德语科。洋学中心由长崎移至江户。

1862年，藩书调所改名为"洋书调所"，翌年复更名为"开成所"。开成所成为洋学研究教育的中心机构。[①] 1864年制定的《开成所规则》指出，外语语种包括荷兰语、英语、法语、德语和俄语。1866年，开始使用日语作为教学用语，替代旧有的洋书翻译、解读模式。至幕末，开成所雇用的外国人教师仅为荷兰人格拉塔马（K. W. Gratama），其他均为日本人。1868年开成所改名为"开成学校"，后与医学校合并，1877年发展成为现在的东京大学。

1858年福泽谕吉在中津藩开设洋学塾。翌年，福泽谕吉前往横滨参观，"迄今专注学习数年之荷兰书物，现今不为一物，观店铺看板无可识读。行走之处文字必为英语或法语，当今世界，英语可谓普遍通行。翌日，自横滨归来，立新图志，产生此后一切万事为英语的觉悟"[②]。福泽谕吉痛感英语的重要性，开始自学英语。1868年，福泽谕吉将洋学塾更名为"庆应义塾"，并讲授英文版的《经济学概论》。

出版物方面，1854年村上英俊出版了《三语便览》，涉及的外语包括法语、英语和荷兰语，收录约3400词汇。1859年中滨万次郎出版了第一部英语会话书籍《英米对话捷径》。1861年长崎大浦发行了首份英文报纸 The Nagasaki Shipping List and Advertiser。

---

① ［日］日兰学会等编：《洋学史事典》，雄松堂出版1984年版，第591页。
② ［日］福泽谕吉：《福翁自传，福澤諭吉全集第7卷》，岩波书店1959年版，第81页。

1862 年堀达之助编写《英和对译袖珍辞典》。1862 年开成所翻译出版教科书《英吉利文典》，后 1866 年出版教科书《英语阶梯》。1867 年黑本与岸田吟香出版第一部日英辞典《和英语林集成》。

开国环境下，大量西学涌入，兰学急速衰退，让位于英学。外语学习多以英语和法语为主，几乎已没有荷兰语学习者。① 荷兰的国际影响力与日本影响力早已落败英国。1865 年横滨港贸易对象国中，英国输入总量占比 83%，输出总量占比 88%，港口内英语学习者的数量激增。② 1858 年的《安政五国条约》，虽然使用了荷兰语，但 1868 年后，荷兰语从日本国家公文中消失。③

日本早期的外语政策具有明显的国家实用主义特征，唐通事、荷兰通辞、兰学家和洋学家们，多出于处理国际事务所需，这些国际事务或为经济事务，或为军事事务，或为外交事务。外语学习者数量普遍较少，群体特征显著，地域集中区化。外语教师不充沛，编典意识出现，学习资料增加，但总体规模较小。兰学家和洋学家通过学习外语，进而获取外国新知的模式，在明治中期前依旧存续，这些新知为明治时代的思想启蒙和国家建设提供了前期的基础。从葡萄牙语、西班牙语到荷兰语，再到英语学习的历史更迭，与全球范围国家势力崛起、衰落的发展趋势同向，再次证明强国实力与强国语言影响力的紧密关系。

第二节　近代外语政策

明治时期，国家教育体系形成，为普及发展教育，着力重点推进初等教育建设。外语政策主要体现在中等、高等教育政策当中。西化主义阶段、国家主义阶段和军国主义阶段，表现出各异的外

---

① ［日］江利川春雄：《英語と日本軍：知られざる外国語教育史》，NHK 出版 2016 年版，第 57 页。

② ［日］江利川春雄：《英語と日本軍：知られざる外国語教育史》，NHK 出版 2016 年版，第 56 页。

③ ［日］幸田成友：《東と西：史話》，中央公論社 1940 年版，第 249 页。

语政策，这些外语政策是国家需求在语言层面的外在呈现。本节主要探讨明治中期前后日本外语政策的发展问题，梳理语种差异性教育规划情况。外语政策不仅关涉世界格局，也关涉国家实力，立足世界格局视角，主要处理外语与外语的关系，立足国家实力视角，主要处理国语与外语的关系。

一 明治中期前的外语政策

（一）初等教育阶段

文明开化之势下，日本迅速掀起思想启蒙运动，幕末时期传入日本的启蒙思想迅速传播。1875年明六社解体，思想启蒙运动结束。1874年自由民权运动兴起，成立不久的明治政府危机四伏，政府采取镇压政策，国家主义走向逐步显现。

1872年《学制》颁布，文部省将发展小学教育纳入首要工作内容。各府县大力推进小学建设，为提高入学率，有些地方官员和文部省派遣的学区督导甚至发放"就学牌"，以区别不入学的儿童。小学入学率由1873年的28%增至1879年的41%，但男女入学率相差近36%，且总体入学率依旧不高。《学制》规定小学分为下等小学和上等小学，学制各为四年，上等小学可因具体情况设置外语课程。但小学设置外语课程的仅限如东京和大阪等地的少量学校，小学开始接受外语教育的学生数量十分有限。

（二）中等教育阶段

中等教育主要在外国语学校和中学校，以及明治中后期设立的高等女学校和实业学校开展，中等教育阶段提出了明确的外语政策，但接受中等教育的学生数量有限，拥有外语能力的人士更是稀少。

1. 外国语学校

1871年中日缔结《日清友好条约》，两国正式建立外交关系，日本汉语外交人才需求陡增。为培养翻译人才，外务省设置了第一所汉语学校"汉语学所"。与此同时，为培养英语、德语和法语翻译人才，外务省设置了"洋语学所"。1873年，学所交由文部省管辖，两学所合并为"外国语学所"，后并入"东京外国语学校"。

1874年，日本以"牡丹社事件"为由，出兵中国台湾，后中日缔结《台事专约》。为与清政府交涉此事，外务省急需北方官话翻译。但当时东京外国语学校的汉语讲授内容为南京话，政府只好选用驻北京的日本人承担此项翻译任务。此事令日本意识到北方官话的重要性，于是东京外国语学校的汉语讲授内容从南京话转为北方官话。

1876年9月，东京外国语学校汉语科结束了传统的南京话教育，以威妥玛著的《语言自迩集》教授北方官话。同时，选拔了三位汉语科学生，采用公费派遣的形式送至北京学习北方官话。这种汉语讲授内容的转变并非整齐划一，有些学校依旧坚持传统教育内容，如长崎外国语学校1883年依旧讲授南京话。

此外1873年，陆军开始有计划地选派学生，到中国进行谍报活动。1878年谍报工作需求进一步深化，急需军事语言人才，翌年，从东京外国语学校汉语科选派学生留学北京，学习北方官话。

外国语学校属于中等教育，小学毕业者可以选择进入普通中学或外国语学校。当时，政府在东京、爱知、大阪、广岛、长崎、新潟和宫城县设立了官立外国语学校，1874年，外国语学校全部改称为"英语学校"，导入英语为主的外语教育体制。

这一时期，私立外国语学校的建设发展迅速。1875年，外国语学校建设数量达至顶峰，全国94所外国语学校中，私立性质的有86所。这些外国语学校开设的外语语种多以英语、德语和法语为主。

在西南战争令国家财政出现紧张，文明开化浪潮逐步衰落，公立初中规模扩大等因素影响下，1877年，除东京、大阪外，其他官立英语学校均废止，私立外国语学校数量也骤然减少。1885年后，官立英语学校全部废止。

外国语学校前两年讲授下等科目，后两年讲授上等科目。外国语学校的学生群体主要为两类,一类是未来进入专门学校的学生群体;另一类是未来从事翻译行业的学习群体。前者只需修完下等科目即可,后者需要修完上、下等科目。

外国语学校的性质类似于专门学校的预备教育机构。1873年文部省颁布的《学制二编追加》认定,专门学校是由外国人教授的高级学校的泛称。专门学校中,外国教师采用外语进行授业,因此,外语能力为基本必备能力。《学制二编追加》对此也有明确规定,要求进入专门学校的学生,必须修过外国语学校的下等课程。

外国语学校选修不同外语课程的学生之间,存在未来出路差别。如东京外国语学校开设英语、德语、法语、俄语和汉语课程,选修英语、德语和法语课程的学生,未来可以选择进入专门学校进一步深造,选修俄语和汉语课程的学生,未来只能从事翻译行业。这种差别在长崎外国语学校等亦是如此。

接受英语、德语和法语教育的学生,能够有机会成为未来社会的精英,接受俄语和汉语教育的学生,相应失去了这种机会。政策促生英语、德语和法语较俄语、汉语更高级的语言意识。语言实践中,英语、德语和法语在高级教育层次的价值更明显。语种的鸿沟引发出路的鸿沟,出路的鸿沟引发阶层的分化。

外国语学校的再次兴起始于甲午战争后。1896年第9次帝国会议上,近卫笃磨、加藤弘之和山胁玄向贵族院提出《关于设立外国语学校的建议案》,"征清大捷顿促内外交通繁忙,今日以后外政上、工商业上及学术上,内外交通必日益隆盛。而此之际,首要事乃熟达外国语之士,然而,今日专务教授外国语之学校,官私均几乎未能见之,岂非令人遗憾!故政府需速创设外国语学校,以培养英、法、德、俄、意、西、支那、朝鲜等语言学生"①。1897年,日本设置高等商业学校附属外国语

---

① [日]六角恒广:《日本中国语教育史研究》,王洪顺译,北京语言学院出版社1992年版,第153—154页。

学校，其中包括英、法、德、俄、西、汉、朝鲜语课程。

2. 中学校

1972年，《学制》规定中学校分为上等中学和下等中学，学制各为三年，下等中学设置了外语课程。1881年，《中学校教则大纲》规定中学校分为初等中学和高等中学。初等中学和高等中学设置了英语课程，文科高等中学可适当增加英语课程，理科高等中学可适当减少或删除英语课程，但是高等中学毕业后，寄望进一步接受高等教育者，必须学习外语。六年制中学校的周学时为28课时，其中，四年制初等中学的英语课程周学时为6课时，两年制高等中学的英语课程周学时为7课时。

1886年，《中学校令》规定中学校分为寻常中学和高等中学。同年规定，五年制寻常中学开设第一外语和第二外语课程，第二外语为选择性开设课程。第一外语通常为英语，第二外语通常为德语或法语。寻常中学周学时为28课时，五年中第一外语必修，前两年周学时为6课时，第三年为7课时，后两年为5课时。第四、第五学年学习第二外语，周学时分别为4课时和3课时。1901年，《中学校令施行规则》规定，中学校开设外语课程，包括英语、德语和法语。前两年周学时为28课时，后三年周学时为30课时，外语课程前四年周学时为7课时，后一年周学时为6课时。

3. 高等女学校

伴随着高等女学校的设置，男女教育出现差别。1891年的《中学校令》规定，高等女学校针对女性实施教育普及。1899年的《中学校令》规定，中学校针对男性实施教育普及。1895年的《高等女学校规程》规定，六年制的高等女学校，可依据具体情况适当缩短学制，依据学生意愿，设置外语课程。外语课程前四年周学时为3课时，后两年周学时为4课时。1901年的《高等女学校令施行规则》规定，开设的外语课程包括英语和法语，类属选修性质。四年制高等女学校周学时为28课时，外语课程周学时为3课时。

4. 实业学校

实业学校中,商业学校较早地实施了汉语教育。1882年,神户商业讲习所最早开始讲授汉语,后一度中止,于1896年复始,但汉语教育内容远不如英语教育,授课时间仅为英语教育的三分之一。1884年,文部省颁布了首部商业教育法制文件《商业学校通则》,将汉语纳入外语课程,汉语教育获得政策支持。《商业学校通则》实施期间,18所商业学校中,有5所开设有汉语课程。其中,大阪商业讲习所和京都商业学校同时还讲授朝鲜语。京都商业学校明确表示:"甲午战争,吾国于东洋一跃雄飞……痛感汉语与朝鲜语之急需,故设置汉语与朝鲜语科。"① 1899年,伴随《实业学校令》的出台,《商业学校通则》予以废止。

《实业学校令》确立了中等职业教育制度,实业学校包括工业学校、农业学校、商业学校、商船学校和实业补习学校。《商业学校规程》规定,商业学校分为甲、乙两类,甲类商业学校开设外语课程。《商船学校规程》规定,商船学校分为甲、乙两类,甲类商船学校开设外语课程。

(三) 高等教育阶段

高等学校中,除医学、军事等少量领域,英语教育占据主导地位。实业专门学校中的商业学校,开设有汉语、朝鲜语和俄语等课程。

1870年太政官布告规定,陆军采用法国式,海军采用英国式,因此,陆军重视法语教育,海军重视英语教育。1870年的普法战争,德国胜利。桂太郎向山县有朋进言,将陆军军制改为德国式,进言获得认可。1883年,陆军外语增加德语教育。这一时期的高等教育中,德语教育兴起,1881年,德语先于法语进入高等教育领域。国家派遣的留学生,其留学的目的地也多为德国,如1882年4月的8名留学生中,6名留学德国,剩下的分别留学英国和奥

---

① 邵燕:《近代日本における中国語教育制度の成立》,《神户大学发达科学部研究纪要》2005年第2号。

地利。此前，留学生留学的目的地以英国和美国居多。1883年，文部省要求东京大学以日语取代英语授课语言，学习德国学术。这些政策与日本学习模仿德国君主立宪国家治理模式相关。

最初，政府计划采用英语、德语和法语等多元外语体制，但1873年，文部省通达表示，将采用英学本位体制。这种取向与理解学习英、美先进科技知识有关，但更为关键的是，多元外语体制，会消耗过大的财力、物力。此外，1876年的文部省报告指出，采用多元外语体制，容易产生德语派、法语派派阀竞争危险。[①] 这些阻碍与风险，促使刚成立不久的明治政府确立了总体上单一的外语政策。

1903年的《专门学校令》指导下，商业学校建设发展，新建一批实业专门学校，升格一批实业学校为实业专门学校。1912年，共建成99所商业学校。这些商业学校，几乎都将汉语归入第二外语。此外，开设朝鲜语和俄语的学校也比较多。

明治时期的外语政策出现区别化，不同语种间的政策差异明显。荷兰语教育已近消失，转向英语、德语和法语教育。外语教育已经渗入初等、中等教育，但小学开设外语课程的学校极少，接受中等教育的群体数量有限，享有外语教育的学生数量不多，一般民众的外语能力水平不高。接受过高等教育的仅为极少精英人士，他们是国家高级人才储备群体，拥有高级外语能力。

政策规定的外语课程，虽涉及德语和法语，但中等教育仍以英语为主。中学校较高等女学校的外语教育比例偏重，高等女学校无论在课程性质还是课时安排上，均低于中学校。这种宽松设计，表明并未将女性培养成社会精英的政策意图。开设德语和法语的高等教育机构，较中等教育机构的比重偏多，甚至存在缩短其他课程时间，增加德语和法语授业时间的现象。如1891年，入学考试只招收英语考生，寻常中学的德语和法语教育遭受打击，高等

---

① [日] 江利川春雄：《英語と日本軍：知られざる外国語教育史》，NHK出版2016年版，第69页。

教育中的医学部、法律系，缩短其他授课时间，增加德语和法语的授课时间。这是因为医学、法律专业知识的学习需要寻求德语、法语的辅助。

明治初期，以外语为媒介，吸收西方文明的英语实学价值突出，明治后期，英语作为一门学科，实学价值转向英文学研究和英语研究。德语较法语更受重视，德国国家治理模式学习与模仿的政治价值，制约着外语政策。汉语、朝鲜语和俄语并未进入普通主流教育行列，这些语言与科技、文明、先进隔离，与殖民、外交、贸易相连。开展汉语教育，进而实施谍报活动，为日本日后殖民扩张提供了信息支撑。以上这些价值都属于当时日本国家语言需求，国家语言需求是外语政策流动的指挥棒，指挥着不同层次、不同外语的规划发展。

二　明治中期后的外语政策

1889 年日本颁布《宪法》，翌年出台《教育敕语》，确立天皇制中央集权教育走向。1894 年的甲午战争，1904 年的日俄战争，击败中国、俄国两个强国，国家主义思潮涌起。1914 年 8 月，日本参与"一战"，"一战"的胜利，为日本带来多方面的重要影响，曾出现过短暂的民主运动，但国家的主导思想延续着国家主义根本方向，以进一步培育帝国臣民为目标。

明治中后期国家主义影响下，出现英语废止争论。针对教育领域采用外语作为教育媒介语现象，伊藤博文提出"教育语言国语化"。文部大臣井上毅指出："可以国语开展学问，何以英语？"森鸥外表示："（西洋文明）模仿崇拜时代已然逝之。"拥有优良英语能力的夏目漱石在《语学养成法》中表示："教授、习得之学问尽采以英语实为耻辱，若英殖民地之印度。"[①] 甚至曾经提出废止日语、采用简易英语的森有礼，一改十五年前的主张，认为教授各

---

① ［日］八田洋子：《日本における英語教育と英語公用語化問題》，《「文学部紀要」文教大学文学部》2003 年第 16—2 号。

学科知识时，应当以国语取代外语。

1912年，短暂的民主运动影响下，盛行赴欧美留学。1913年、1914年、1916年召开了三次英语教师大会，以推动英语教育进步为目标，展开了热烈讨论。与此同时，1920年，美国加利福尼亚议会通过《排日土地法案》，禁止日本移民在本地购买土地，不能拥有不动产，便无法获取美国国籍，丧失归化权利。后排日行为从地区性发展为全国性。1924年，美国国会通过《排日移民法》，禁止日本人移民美国。以此为契机，英语废止论调进一步深化。

1916年10月，文部大臣、众议院议长大冈育造在《教育时论》发表文章《教育的独立》表示："实施国民普通知识教育阶段……中学将外语作为必修课程，不是最大的错误吗？可以说这就像是殖民地的教育方针……外语（英语）是培养国民独立精神的阻碍，应当废止。"[①] 对此，同年11月，东京外国语学校教授村井知至在同刊发表《扩充中学英语教育》反对道："废止英语课程是锁国主义国家意识者的教育观，外语教育目的在于推进国民海外发展和世界进步，英语教育绝不是教授英国精神，而是将日本精神采用英语讲授。"[②] 村井知至还提出，全部学科采用英语教科书的建议。

反对英语之声亦存在，支持英语之声亦存在，但无论怎样，外语政策实践中，依旧没有改变以英语为基本的现实，英语仍作为高等中学入学考试的重要课程，外语政策修改时，仅适当对外语课时进行局部调整，或增设其他外语。大正时期的民主化运动，对教育大众化及外语教育普及产生一定影响，但这种影响依旧十分有限。1926年，大正时代结束之时，昭和时代开启之际，高等

---

① ［日］斎藤兆史：《英語襲来と日本人——今なお続く苦悶と狂乱》，中央公论新社2017年版，第155—157页。

② ［日］斎藤兆史：《日本人と英語——もうひとつの英語百年史》，研究社2007年版，第100—104页。

小学入学率为55%，中学校入学率仅为3.4%，外语能力仍非普通民众可以享有的语言能力。

明治中后期国家主义抬头之际，对于英语的反对之声主要集中在教育媒介语方面。在教育这一关键领域，需要运用国语传播知识，这样有利于知识顺利传授的同时，增加国语在关键领域的运用，是国家意识在高级领域建设的重要路径。大正时期，随着美国排日情势发展，日本扩大反对英语的半径，从教育媒介语扩大至课程建设。此时已基本实现教学媒介语的国语化，废止英语课程，体现出从根本上削除英语的日本影响的目的。反对英语的呼声从明治中后期到大正，甚至昭和时期都不绝于耳，但也存在支持英语的呼吁，特别在教育界尤为明显。日本具有偏向强者的民族性，日本从效仿西化的学习外语，到国家主义的反对外语，与国家势力由弱到强存有关联。

昭和前期，日本政局混乱、矛盾丛生。国内方面，1932年的"五·一五事件"，1936年的"二·二六事件"，军国主义逐步确立。国际方面，1931年的"九·一八事变"，1933年退出国联，日本国际关系恶化。1937年"七七事变"后，日本进入战时体制，对外发动侵略战争，殖民扩张，以求建立"东亚新秩序"。外语政策中，军国主义性质突出。

1931年《中学校令施行规则》规定，外语课程包括英语、德语、法语和汉语。对外侵略范围扩大，1943年《中学校令》规定，外语课程包含的语种扩展为英语、德语、法语、汉语、马来语或其他。

1941年，太平洋战争爆发，英语成为敌国语言。废止了高等女学校和实业学校的英语课程，解雇了大学中所有的英美教师，终止了所有英语广播讲座，撤掉了街道中的英语招牌，改写了外来词为日本固有词汇。

与社会生活领域的英语敌视态度相对，军事领域展现出英语利于"大东亚共荣圈"建设的语言态度。市河三喜认为："英语不仅是英美的国语,也穿梭于泰国、印度、菲律宾、澳大利亚、缅甸,从来就离我们非常近……"大东亚共荣圈"建设时,会与各样的人因各种目的展开南方交往,毋庸置疑,英语作为共通语,拥有着深厚根基。"①

1938年,陆军创建了专门培养间谍的"防谍研究所"。1940年,改为"陆军中野学校"。陆军中野学校第一年时,英语教育比重较大,但第二年起,英语置于第二外语地位。所长秋草俊指出:"从毕业者将来从事的工作来看,需要彻底强化语言教育,对于二年级学生来说,首选俄语、汉语、德语和法语,条件允许下,也可考虑西班牙语、土耳其语和南洋语。"② 随着战势转变,陆军中野学校的学生成为前线士兵。

1942年,《语学教育》发表题为《中等学校的外国语科》,"确立'大东亚共荣圈',贡献建设世界新秩序的皇国国民,在学术、商业及其他各方面展开世界交往时,需立足指导地位。为实现此远大理想,海外推广日语实属必然,同时作为国策,学习活用现今最富通用性的外语之一则为现实必要"。③ 文中所指的"最富有通用性的外语之一"为英语。英语成为一种工具,这种工具具备通用性,通用性促使其成为充满军事侵略色彩的侵略工具。

此外,军事色彩的外语教材陆续出版。从明治初期到战败近70年间,日本共出版了1437种汉语书籍,其中,1937年后出版的汉语教材多达506册。④ 这种应急军事语言服务意识,在甲午战争时期就已有所表现,如甲午战争时期出版的《清语会话速成》《速成实用日清会话》《支那语速成军事会话》《北京官话日清会

---

① [日]斋藤兆史:《日本人と英語——もうひとつの英語百年史》,研究社2007年版,第135—136页。
② [日]江利川春雄:《英語と日本軍:知られざる外国語教育史》,NHK出版2016年版,第168页。
③ [日]斋藤兆史:《日本人と英語——もうひとつの英語百年史》,研究社2007年版,第136—137页。
④ 叶琼:《从"汉文"学习到日本近代中国语教育的成立》,《对外汉语研究》2014年第1期。

话捷径》等。此外，甲午战争中，朝鲜半岛成为战场，日本也迅速出版了一批朝鲜语教材，如《朝鲜国海上用语集》，这是日语、朝鲜语和英语简单词汇对译的12页小册子，十分轻便，易于士兵携带。

1941年8月，日本偷袭珍珠港，同时以进攻新加坡为目标，登陆马来半岛。出于战争需求，为习得马来语进行准备工作。军部战前两个月出版了《马来语会话参考书》，11月和12月分别出版了《最新马来语要谛》《马来语大词典》。东南亚有许多隶属英、美殖民地的国家，部分东南亚国家拥有一定英语能力，1942年，日本也迅速出版了《军用英语会话》。日本军的英语与东南亚当地语言发生混合，海军便委托石川源三编写了《混合英语》。①

军国主义之势下，英语成为敌国语言，英语教育与实践虽有所松懈，但依然持续。军事需求下，强化多语教育，政策明确多元外语取向，打破传统的英语为主，兼顾德语和法语的设计，语种配置依据军事目标国而定，服务国家对外扩张用意明显，是培养国家未来殖民拓展人才的先行准备。对外侵略过程中，关注到英语在东亚地区，甚至更广范围内交往的通用语言价值，因此，殖民地区推广日语的同时，重视英语的国际通用性，利用英语作为"大东亚共荣圈"建设的暂时辅助工具功能。日本军事外语服务意识强烈且行动迅速，信息通畅为殖民侵略与管理提供基本保障，是军队出行、语言先行的政策实践。

第三节　现代外语政策

国际方面，1945年7月26日发布《波茨坦宣言》，要求清除一切有阻于日本民主复兴及增强的障碍。国内方面，1946年1月1日裕仁天皇发布《人间宣言》，声称以明治天皇的五条誓文为基

---

① ［日］江利川春雄：《英語と日本軍：知られざる外国語教育史》，NHK出版2016年版，第138页。

础,开始民主主义运动。日本国内饥馑,社会混乱,开始对战前政策进行反省,自由民主呼声高涨。建设一个自由民主的新型日本,成为国家改革发展的总体目标。本节主要讨论民主改革、全球多元中的日本外语政策问题,揭示外语生活与外语教育建设情况。民主改革中的外语政策政治色彩浓厚,全球多元中的外语政策经济色彩浓厚,外语教育以英语教育为主要建设内容,外语政策尚存诸多有待商榷之处。

一 民主改革中的外语政策

(一)外语生活的变化

国际方面,以美国和北大西洋公约组织为主的资本主义阵营,与以苏联和华沙条约组织为主的社会主义阵营间形成对立,世界范围内形成两极格局,冷战开始。国内方面,战败的日本社会萧条,民众生活困苦,美国以同盟军名义驻兵日本。

美国驻军日本后,立刻要求日本当局行政事务和教育草案使用英语。1945年9月2日,麦克阿瑟将军的副参谋长命令战后联络事务局局长铃木九万于次日发表三个布告,第一个布告要求,美国军事管理期间,日本将英语作为公用语言。进行教科书检定时,日方有义务提交包括教科书草案在内的公文英语版。这样,有利于美军迅速掌握日本重要情报信息,顺利推进在日军事管理与改革。

社会生活中,英语热迅速兴起。1945年11月,爱育社发行的《口袋美日会话》中,序言载:"随着战争结束,现在我国美语会话热情急速高涨,会话书如雨后春笋般出版。"① 同年9月出版的《日美会话手册》十分畅销,至年末销量达360余万册。视听英语产品迅速推出。1945年11月,《基础英语讲座》开始广播。1946年2月,NHK第一放送开设平川唯一英语会话讲座,平川唯一为

---

① [日]江利川春雄:《英語と日本軍:知られざる外国語教育史》,NHK出版2016年版,第223页。

节目主题曲创作歌词"Come Come Everybody",该歌曲被广泛传唱。截至1951年3月,节目收到听众来信达125万封。① 1953年7月,NHK首播《暑假礼物——英语屋》英语教育电视节目。这些产品用以学习英语,英语为母语或官方语言的国家不限美国,但出版的英语产品名称多以"日美""美日"冠之,英国英语在日影响力骤降,美国英语在日影响力急升。

日本人的美国意识同样发生着改变,由战前敌视转向战后憧憬。出版多种中学英语教科书,如"*Let's Learn English*》、《*Jack and Betty*》,其中最为广泛使用约占80%市场份额的是《*Jack and Betty*》,其内容涉及许多美国中产阶级的日常生活,包括每家拥有一台汽车、豪华的生活与富足的食物,这些对于战后贫瘠的日本人来说,是一种遥远且向往的生活。1949年5月,时事通信社进行的世论调查显示,62%的日本人表示最喜欢的国家是美国,4%的日本人表示最喜欢的国家是英国,53%的日本人表示最讨厌的国家是苏联,1%的日本人表示最讨厌的国家是美国。② 位居榜首的美国与位居次位的英国间的偏爱情感差距显著,苏联与美国间的厌恶情感差别十分突出。

为建立民主主义教育制度,1946年3月,美国教育使节团抵达日本,对日本教育改革问题实施调查研究。联合国军最高司令官总司令部GHQ要求,为实施教育制度改革,设置独立于文部省的总理大臣直属机构"教育刷新委员会"。教育刷新委员会于1946年8月设立,1949年6月更名为"教育刷新审议会",伴随美军占领结束,1952年予以废止。之后,设置"中央教育审议会",讨论日本教育发展事宜。

美国主导下的日本民主教育改革,将英语纳入义务教育体系。1947年,日本开始施行九年义务教育,提供小学与初中免费教育。

---

① [日]江利川春雄:《英語と日本軍:知られざる外国語教育史》,NHK出版2016年版,第227页。

② [日]江利川春雄:《英語と日本軍:知られざる外国語教育史》,NHK出版2016年版,第230页。

1947年3月20日，文部省出台《学习指导要领一般编（试案）》，同年3月31日和5月23日，分别出台《学校教育法》《学校教育法施行规则》。观察三部文件出台时间可以发现，《学习指导要领》参考依据的两部法律，在其后才正式出台，说明战后初期的日本社会较为混乱。《学习指导要领英语编（试案）》指出："为了实现英语教育与学习的良好效果，采用何种方法、何时教育与学习等尚存诸多问题……各个学校可依据具体情况，发挥老师和学生的特性，活用本文件。"① 此时的《学习指导要领》属于教育参考指导，不具有约束性。

《学习指导要领英语编（试案）》规定，中学英语为选修课。《学习指导要领》编制前的1946年10月，对东京1000名中学生家长进行了调查，82%的家长希望英语成为必修课程，18%的家长希望英语成为选修课程。② 对此，1948年教育刷新委员会第85次总会上，文部省教材局课长大岛文义解释，学生、地区存在不平衡，需要不同的教育要求。《学习指导要领》只编制"英语编"，未涉及其他语种，外语教育实践中，也主要以英语教育为主。对此，大岛文义表示，学校预算、教室数量、教师编制名额和多元外语教师等方面都存在局限。

战前军国主义外语政策下，英语成为敌视语言，专职教师极度匮乏。旧制中等教育阶段，拥有外语学习经历的群体数量，仅为同时代的20%—30%。③ 1947年12月，担任专职英语教师的群体数量为22611人，其中拥有英语教师资格的仅为2740人，占比12.1%。④ 为解决英语教师资源短缺，甚至曾抽调体育或音乐教师

---

① ［日］文部省：《学習指導要領英語編（試案）》，1947年，https：//www.nier.go.jp/guideline/s22ejl/index.htm。
② 英語に対する社会の要求，1946年，https：//www.nier.go.jp/guideline/s22ejl/chap3.htm。
③ ［日］江利川春雄：《英語と日本軍：知られざる外国語教育史》，NHK出版2016年版，第218页。
④ ［日］江利川春雄：《英語と日本軍：知られざる外国語教育史》，NHK出版2016年版，第219页。

承担英语讲授工作。①

虽然英语为中学选修课，但在美军直接统治下的冲绳，英语已成为小学阶段的实际必修课程。1946年4月，冲绳文教部的《初等学校教科科目时间安排表》规定，一至三年级，每周的英语课程为1课时，四年级起为2课时。但实际上，多数学校授课时数比该政策规定的多。② 这一现象，并未随1952年美国结束对日本的占领而终结，冲绳小学的英语教育一直持续到1957年。

冲绳的小学开展英语教育与冲绳、美国间的关系相关。1945年6月美军攻占冲绳，1972年美军才将行政权交还日本。冲绳是美国的重要基地，驻扎了大批美国军队，同时也是美国重要的亚洲战略枢纽，美国长期将冲绳高度要塞化。于是，较日本其他地区，冲绳的英语教育起始时间早且课时数量多。

1947年发布的《学习指导要领》具有应急性，翌年，文部省着手修订。1949年，设置文部大臣咨询机构"教育课程审议会"，调查审议课程，修订相关事宜。1951年修改《学习指导要领英语编（试案）》，将原本28页的内容修订扩充至759页，并且用日、英双语撰写。战后初期，日本的英语教育指导方式方法较为混杂，教师的资质也较为混乱，本次修订对课程目标、教材、指导规划和评价体制等均作出较为详细的指导。因处于政策探索阶段，故仍以"试案"形式公布，不进行强制要求。

1956年文部省发布《高中学习指导要领外国语编》，开始分别编制初中与高中《学习指导要领》，本次起结束"试案"形式。两年后，修订《学校教育法施行规则》，规定学校教育课程标准为文部大臣发布的《学习指导要领》。自此，《学习指导要领》拥有法律约束力。

---

① 沈骑：《全球化下东亚外语教育政策发展研究》，博士学位论文，南京师范大学，2010年。
② ［日］江利川春雄：《英語と日本軍：知られざる外国語教育史》，NHK出版2016年版，第219页。

《高中学习指导要领外国语编》将"英语编"修订为"外国语编",规定开设第一外语和第二外语课程,第二外语为选择性开设课程。延续近代外语政策中注重德语和法语的传统路径,将其纳入公共高级中等教育体系。英语以外的多元外语中,德语和法语依旧较其他外语更受倚重。

1949年2月18日,教育刷新委员会第90次总会上,发表题为《关于外语教育》中间审议报告,第2项方针指出:"外语教育问题,向联合国军寻求外国专家协力。"① 对此,美国表现出积极态度。

洛克菲勒集团和福特集团等美国商业大鳄,对日本的外语建设发展给予了重要支持。1951年,洛克菲勒三代机密报告中的计划包括实施彻底性英语教育项目。计划明确指出,通过介绍普及美国文化,促使英语教育渗入日本,特别是拉动日本知识分子脱离共产主义,形成亲美观念。同时,该计划清晰表示,英语教育项目表面是为了帮助改善英语教育方法,实际是将健全的美国理念渗透至日本社会的一种途径。依据此计划项目,实现相应束缚。② 由此可见,美国对日本的外语教育支持,背后隐藏着更为重要的目的,即希望获取日本的美国政治站位,并使日本成为美国观念下的日本。

为培育亲美日本人,实施留美措施,特别是为压制大学中左派教授的影响力,选取右派或中间派别的教职人员留学美国。1952年7月,日美间开启交流事业。洛克菲勒集团英语教育项目支持下,日美间共有8800余名人员实现跨域交流,其中日本人约为6300名、美国人约为2500名。回国后,许多留学者将美国的先进、美国的语言介绍和讲授给日本人。

---

① [日] 江利川春雄:《日本の外国語教育政策史点描(8) 教育刷新委員会(2)》,2014年,https://gibsonerich.hatenablog.com/entry/35102238。
② [日] 江利川春雄:《英語と日本軍:知られざる外国語教育史》,NHK出版2016年版,第231页。

为推进日本英语教育发展，1956 年"日本英语教育研究委员会"成立，洛克菲勒集团为其提供了 118 万美元的资金支持，该资金支持力度，约等于现在 4.2 亿万日元。熊本县英语教育振兴会，以培育能够说英语的教师为目标，1970 年开始，进行集中研修培训，福特集团为其提供年均 1 万美元的资金支持。①

（二）英语教育的争论

1955 年起，日本经济进入高速增长期。1956 年，日本经济联盟发表英语请愿书，责难大学毕业生语言能力逐年提升，但依旧未达到产业界所需水平。1960 年，文部省设置了"英语教育改善协会"。1956 年，拥有同样问题的财政界与学界设置了"日本英语教育委员会"，1963 年改称为"英语教育协会"。日本银行总裁新木荣吉为第一代会长，可见，财政界对英语人才的迫切需求。

处于高速增长期的日本实业界和经济界涌现出实用英语的观念。1964 年举办东京奥运会，1970 年举办大阪世博会，世界性组织活动相继在日本举办，为英语教育大争论创造出契机。

1974 年，外语政策史上发生了著名的"平泉·渡部争论"。外交官出身的具有高级语言能力的参议院议员平泉涉，向自民党政务调查会提出《外语教育现状与改革方向：一个试案》②。该试案一经发表，上智大学文学部教授渡部升一便发表了题为《亡国的"英语教育改革试案"》，表示反对。两位在《诸君》上展开了持续半年的激烈论争。

平泉涉主张实用英语，对当下英语教育的成效提出非难。平泉涉试案的内容涉及英语教育成效低下的原因，以及需要讨论的问题。英语教育成效低下的原因包括：英语能力并非日本社会中必要的语言能力，致使学生缺乏学习意愿；英语考试难度较高，教育方法不适；使用非效率性的讲授方法。需要讨论的问题包括：

---

① ［日］江利川春雄：《英語と日本軍：知られざる外国語教育史》，NHK 出版 2016 年版，第 232 页。
② 也称"平泉试案"。

全民是否有学习外语的义务，几乎都选择英语的学习行为是否妥当，提升外语学习效果的措施。

此外，平泉涉提出对少数群体实施英语教育的建议，即高中阶段仅对有英语学习意愿的学生，实施英语课程特殊培训，进而选拔精英学生。每日进行至少两个小时以上的训练，每年至少进行一个月的集中特训，以达到5%的群体，拥有较强英语能力的目的。这样，日本便有600万名群体，能够拥有实际运用英语的能力。同时平泉涉还提出，若拥有某项外语能力鉴定证明，大学入学时可免试英语，以托福为参照标准，将国内外语能力测试与托福建立评价对接等建议。

渡部升一主张教养英语，认为英语教育有益于日本人认知训练与潜能开发。学习外语是为以外语为辅助工具，吸收国外先进科技文化，并非是在口语方面竞争较量，学习重点应偏向书面语言。在拥有读解能力的前提下，加以条件，便能迅速提升外语实用能力。

事实上，平泉涉认为的实用英语并不仅指听、说方面的英语能力，也包括读、写方面的英语能力。平泉涉指出："拥有六年英语学习经历的日本人，缺乏会话能力自不待言，几乎处于不能读、写，什么也不会的实态。"[①] 但这种实用英语，后来被误解为交际英语，"如雪崩式席卷英语教育界"[②]。

目前，平泉涉提案中以社会型英语测试对接大学入学外语考试，进而获取免试资格的建议已经基本实现，全民无义务学习外语，仅对少数群体实施英语教育的建议未被采纳，开展多元外语教育这一具有重要开放性的建议，也未良好推进。

军国主义外语政策，致使战后初期日本外语教师严重缺乏，英语以外的外语教育，在公共教育中更难以实现。日本选取以英语为主的外语教育，与近代以来的外语政策具有根本不同，战败的

---

① ［日］鸟饲玖美子：《英語教育の危機》，筑摩书房2018年版，第31—32页。
② ［日］鸟饲玖美子：《英語教育の危機》，筑摩书房2018年版，第36页。

日本，外部受到美国的严重影响，内部展现出西方阵营路线的国家态度。

美国协助改善日本的英语教育，英语进入义务教育领域，英语教育群体从战前的少数精英扩至广大民众，英语教育群体半径拉长。占领教育空间，特别是义务教育空间，从青少年起培植拥有亲美意识的日本人，这是美国对外建立稳固同盟阵营的战略举措。

平泉涉与渡部升一的争论内容，是日本一直以来外语教育讨论的集中问题，这种实用英语与教养英语不是完全对立分割，而是相互密切关联。外语教育实践中，日本采用长期偏重教养英语、忽略实用英语的传统模式，随着日本对外开放和国际互通的增强，传统教育模式的弊端凸显。为此，日本政府制定出包括听、说能力在内的外语综合能力提升政策。

（三）临时教育审议会的外语政策蓝图

20世纪80年代，国内外形势发生剧烈变化。经济成熟化、科技新兴化和社会国际化的时代形势，促使日本进行教育改革。1984年，中曾根康弘提出"应对社会变化与文化发展的国家教育改革基本措施问题"咨询，总理大臣教育改革咨询机构"临时教育审议会"展开讨论。临时教育审议会依据法律设置，委员由国会直接任命，具有高度政治性，展现出政治主导下的教育政策改革发展方向，是战后继教育刷新委员会后的第二次如此高规格的审议会。

临时教育审议会共计召开了90次总会，包括25名委员、20名专门委员，以及各团体和有识之士共计483名组成人员，就教育改革问题进行了三年讨论，截至1987年8月7日，共提交四次审议报告，为日本今后外语政策描绘出改革蓝图。

与明治初期现代启蒙的第一次教育改革、战后初期快速发展的第二教育改革所不同，本次第三次教育改革的发生时间，并非处于国家危难之际，而是处于已然成为世界经济强国之时。审议报告指出："日本超越了明治起百年来追赶近代化的历史，日本人与其他人共处于前所未有的国际化、信息化和成熟化的时代文明历史转折期。"①

此次是日本面向21世纪的教育改革，以尊重个性化为原则，转向终身教育、应对国际化和信息化为基本，基本任务包括"培育面向世界的日本人"。面向世界的日本人，向世界传达日本人的声音，既需要深刻理解本国文化，也需要拥有国际交际能力，外语则为重要辅助手段。

1986年4月23日，第二次审议报告讨论了外语教育改革问题，在应对国际化的诸项改革中，对外语教育，特别是英语教育耗时低效的情况提出责难，并加以规划改善：1）学校各阶段的英语教育目的应更加明确，依据学生的能力与出路，重新审视教育内容与方法；2）讨论大学入学考试中的多元英语能力评价体制，考虑利用第三方机构进行语言能力鉴定；3）重新审视日本外语教师的培养与研修措施，活用外国人和拥有外国学习经验的社会人士讲授外语。此外，还讨论英语教育起始时间问题，提出积极开展英语以外的多元外语教育，进行外语教育的同时，注重国语能力的发展建议。

1987年4月1日，第三次审议报告指出，外语教育特别是英语教育，学习重点应为能够承担广泛交际的国际通用语，初中、高中和大学需要重新审视英语教育方式。临时教育审议会首次指明外语学习的重点为交际。四次审议报告中的外语教育改革措施与建议，在今后的规划实践中已基本完成，唯独"积极开展英语以外的多元外语教育"事项未能良好实现。

二　全球多元中的外语政策

1989年文部省修订《学习指导要领》，指明外语教育的目标是培育积极使用外语进行交际的态度。这是一次教育目标的重要转

---

①　[日] 临教育审议会：《教育改革に関する第4次答申（最終答申）（抄）》，1987年，https：//www.niye.go.jp/youth/book/files/items/1538/File/yojitooshin.pdf。

向，首次将外语交际目的写入《学习指导要领》，是对临时教育审议会报告内容的实践。依此，设置口语交际（oral communication）科目，许多学校采取论辩和讨论等形式，开展交际能力的培育。

事实上，据文部省负责初中、高中《学习指导要领》修订工作的教科调查官和田稔介绍，《学习指导要领》的初衷是将听、说、读、写四要素交际能力在课程中实现活用。① 因此，将口语交际科目设定为选修性质，但许多学校对此领会有误，认为交际能力的提升，就是听、说能力的提升，将交际能力简单地理解为听、说能力。

2000年，小渊惠三首相咨询机构"21世纪日本构想恳谈会"提出："将英语作为第二公用语，进行全民讨论。首先，必须竭尽所能将英语作为国民的实用语言……英语已然成为实际上的世界通用语言，国内必须加以适应。即使不给予英语第二公用语言的地位，也应该赋予其第二实用语的地位，在日常生活中，与日语并用。国会和政府机构的出版物和发言，也应并用日语和英语。"②

审议报告中未对"实用语"进行界定，也未对"英语第二实用语论"提出详尽规划。只是肯定日语价值和作用的基础上，呼吁给予英语一定的语言地位，扩大英语语言空间，以提升国际对话能力。"英语第二实用语论"并未获得国民支持，相关讨论也迅速消去，但行政性的英语政策持续涌现。

1998年修订、2002年实施的《小学学习指导要领》规定，利用部分"综合学习时间"开展外语活动（主要是英语活动）。外语活动主要是通过唱歌、游戏和猜谜语等形式，使学生了解日常生活中常用的简单英语，提高学生对外国文化的兴趣，是种"体验式"教育。

为贯彻新修订的《学习指导要领》，2000年1月，文部大臣提

---

① ［日］鸟饲玖美子：《英語教育の危機》，筑摩书房2018年版，第40页。
② 「21世紀日本の構想」懇談会：《日本のフロンティアは日本の中になる——自立と協治で築く新世紀——》，2000年，https://www.kantei.go.jp/jp/21century/。

出了"关于英语指导方法改善推进问题"咨询。翌年1月17日，英语指导方法改善推进恳谈会审议报告指出，英语能力可以划为全体国民的英语能力和活跃于国际社会群体的英语能力，应当予以区别施策。同时，提出积极讨论小学英语正式课程化，大学入学考试导入听力测试，提升英语教师教学水平等建议。

为实现根本性改善英语教育的目的，参考英语指导方法改善推进恳谈会审议报告，2002年1月至5月，召开英语教育改革恳谈会，以此为基础，同年7月，文部科学省发布了《培育"能够使用英语的日本人"战略构想》，翌年发布了《培育"能够使用英语的日本人"行动计划》，确立今后五年英语教育的改革目标和方向。

设定"能够使用英语的日本人"培育目标，初中毕业生达到英检3级，高中毕业生达到英检准2级至2级。活跃于国际社会群体的英语能力，由各大学自行设定。

为实现该目标，施行以下举措：改进英语授课形式，英语授课过程中，一半以上的时间采用英语讲授，建设地区英语教育先进示范学校，2005年底建成100所"超级英语高中"（Super English Language High School，SELHS）。提升英语教师教学能力，扩充英语教师教学体制，英语教师需要具备英检准1级的英语能力，对初中、高中6万名英语教师实施全员集中培训，选派教师进行短期或长期海外培训，活用扩充外语指导助手（Assistant Language Teacher，ALT）。提升学生英语学习意愿，实施每年一万名高中生海外留学计划，提供大学生海外留学资金支持。改善入学考试选拔制度，2006年大学入学英语考试导入听力测试，促进高中考试导入英语口语测试，企业重视应聘者的英语能力。支持小学英语会话活动，综合学习时间开展的英语会话活动中，外语指导助手、拥有良好英语能力的社会人士、初中或高中英语教师担任三分之一的指导时间。提升国语能力，培育国语正确理解表达能力。

尽管《培育"能够使用英语的日本人"行动计划》对英语教育建设发挥了一定效力，但其制定的目标并未实现。2007年，约为32%的初三学生达到设定目标，约为30%的高三学生达到设定目标，与文部省期待的培育目标存在距离。

2008年修订小学和中学《学习指导要领》，小学外语活动正式课程化，规定小学五、六年级，每周必修一课时的外语活动课程，初中外语课程周学时由3课时增至4课时。培育目的依旧是交际英语，但修正以往偏重会话的教育方针，转为以培育听、说、读、写综合技能的交际英语。

2009年修订《高中学习指导要领》，规定英语课程基本采用英语作为教学媒介语，以增加学生英语接触机会。对此，部分教师质疑，认为如果用国语解释的知识点学生不甚理解，用英语解释，则更不可能获取该知识信息。《高中学习指导要领解说》指出："基本采用英语作为教学媒介语，但可依据具体情况自行判断。"[①]

2010年，文部科学省为提升学生外语能力，设置"关于外语能力提升问题研讨会"，翌年，发布报告《提升国际通用语英语能力的五项提言与具体措施——通过强化英语学习意识、扩充英语运用机会，培育夯实交际能力》（以下简称《五项提言与具体措施》）[②]，期望再次通过五年施策，充分实现《培育"能够使用英语的日本人"行动计划》设定的目标。

《五项提言与具体措施》包括：1）把握、讨论学生的英语能力及其现实状况；2）提升学生全球化社会中的英语必要性意识；3）活用外语指导助手和教学信息技术等，增加学生运用英语的机

---

① ［日］文部科学省:《高等学校学習指導要領解説外国語編英語編》，2009年，https：//www.mext.go.jp/component/a_menu/education/micro_detail/__icsFiles/afieldfile/2010/01/29/1282000_9.pdf.

② ［日］文部科学省:《国際共通語としての英語力向上のための5つの提言と具体的施策~英語を学ぶ意欲と使う機会の充実を通じた確かなコミュニケーション能力の育成に向けて~》，2011年，https：//www.mext.go.jp/component/b_menu/shingi/toushin/__icsFiles/afieldfile/2011/07/13/1308401_1.pdf.

会；4）强化英语教师英语能力和教学能力，改善学校和地区战略性英语教育建设；5）应对全球化，改善大学入学考试，增加听、说、读、写综合技能评测，活用托福等社会型测试。

2011年5月，内阁官方长官为议长，外务大臣、文部科学大臣、后生劳动大臣、经济产业大臣、国家战略担当大臣组成了"全球化人才培养推进会议"，该会议是新成长战略实现会议的下设机构。2012年6月，提交的审议报告《全球化人才培养战略》指出："人口减少与超高龄化社会进程中，经历东日本大地震后，我国经济正式进入成长轨道，培育具有创造活力的年青一代当属急务。特别是处于全球化加速的21世纪经济体系中，我国需要继续培育拥有丰富语言能力、交际能力和跨文化经验的活跃于国际社会的全球化人才。"①

审议报告认为的全球化人才应当具备三个基本要素：1）语言能力和交际能力；2）主动性和积极性、挑战精神、协调性和灵活性、责任感和使命感；3）跨文化理解力、国家认同意识。

强化全球化人才英语教育方面，通过小学、初中和高中教育，培育英语交际能力，同时充实学生海内外跨文化体验的机会。计划18岁至25岁的学生群体当中，拥有一年以上的留学或海外经验的数量增至8万人，18岁以前拥有留学或海外经验的数量约为3万人，共计11万人，约占同龄群体数量的10%。②

2013年12月，文部科学省发表的《应对全球化英语教育改革实施计划》指出，全球化进程中，提升作为国际通用语英语能力，对于日本未来极为重要。以日本人英语能力位居亚洲前列为目标，培育活用英语基础知识和技能，解决问题的思考力、判断力和表现力。2014年2月，设立"英语教育问题有识之士会议"，讨论小学、初中和高中英语教育改革问题，形成《关于今后英语教育改

---

① グローバル人材育成戦略，2012年，http://www.kantei.go.jp/jp/singi/global/1206011matome.pdf。

② ［日］鸟饲玖美子：《英語教育の危機》，筑摩书房2018年版，第48页。

善·充实策略》报告。

报告包括五项提言：1）完善教育目标与内容。设定英语能力目标，50%的初中毕业生达到英检3级及以上，50%的高中毕业生达到英检准2级至2级及以上。此外，依据高中生未来出路，设定英检2级至准1级、TOEFL iBT60分[①]以上等目标。小学三、四年级开展外语活动正式课程，五、六年级开展包括讲授读、写英语知识的英语正式课程。2）改进学校指导与评价。培育积极运用英语的语言态度，充实学生接触英语的机会，初中英语课程基本采用英语作为教学媒介语。3）提升教师指导能力。改进高中和大学英语能力评价机制，以及入学考试测试模式，入学考试进行听、说、读、写综合技能评测，活用社会型英语能力测试。4）充实教材。活用教学信息技术，整备英语课程信息环境。5）充实学校指导体制。扩充外语指导助手，提升小学五、六年级英语教师专业指导能力，实现2019年前所有小学配置外语指导助手，初中、高中活用外语指导助手。[②]

《关于今后英语教育改善·充实策略》提出的小学三、四年级开展外语活动正式课程，五、六年级开展包括讲授读、写英语知识的英语正式课程，初中英语课程基本采用英语作为教学媒介语的建议，在2017年文部科学省修订的小学和初中《学习指导要领》完成。提出的活用社会型英语能力测试的建议，在2017年文部科学省发布的《大学入学共通测试实施方针》初步实践。

当下，临时教育审议会出台的外语政策蓝图基本实现，但对于英语以外的多元外语教育推进缓慢。推进多元外语的政策鲜少，1987年，临时教育审议会指出："必修强调英语以外的多元外语学习的重要性，大学第二外语除法语、德语和西班牙语外，如近邻

---

① TOEFL 有 TOEFL（PBT）和 TOEFL（iBT）两种，日本仅实施 TOEFL（iBT），《行动计划》展示的是 TOEFL（PBT），《五项提言》展示的是 TOEFL（iBT）。

② ［日］文部科学省：《今後の英語教育の改善·充実方策について報告~グローバル化に対応した英語教育改革の五つの提言~》，2014年，https://www.mext.go.jp/b_menu/shingi/chousa/shotou/102/houkoku/attach/1352464.htm。

诸亚洲国家的语言，也应该成为积极学习的对象。"①

1996 年，中央教育审议会指出："目前，初中、高中的外语教育格局中，英语教育占据压倒性的比重。考虑到今后国际化发展，积极接触多元语言具有重要意义。今后，依据学校具体状况以及学生兴趣、关注问题等，积极考虑提供接触多元外语的机会。"②

文部科学省指出："为适应国际化发展，以近邻亚洲诸国的语言为首，开展英语以外的多元外语教育。因此，以高中教育多元化、弹性化为主旨，振兴多元外语教育。"③ 2005 年后，未曾提出积极的多语政策。约十年修订一次的《学习指导要领》出台"外国语编"，但实为"英语编"，《学习指导要领》只规划英语课程标准，规定其他外语课程参照英语课程标准予以实施。

2002 年文部科学省实施"地区高中外语多元推进事业"，指定多元外语教育推进地区，设置推进地区联络协调会，指定推进的地区高中，进行教育课程、地区人才活用、多元外语教育调查实践。④ 指定对象为已经实施或计划实施多元外语教育的高中，期限为两年。2002 年，汉语教育推进地区为神奈川县、兵库县与和歌山县，朝鲜语教育推进地区为大阪府。2006 年，汉语教育推进地区为神奈川县和大阪府，俄语教育推进地区为北海道。

20 世纪 90 年代，文部科学省在高中逐步推进多元外语教育。21 世纪初，受经济界强烈呼吁强化英语教育的影响，开展多元外语教育的高中出现减少。由 2005 年的 750 所，减少至 2021 年的 607 所。2021 年的高中多元外语教育情况，如表 4-1 所示，汉语

---

① ［日］临教育审议会：《教育改革に関する第 4 次答申（最終答申）（抄）》，1987 年，https：//www.niye.go.jp/youth/book/files/items/1538/File/yojitooshin.pdf。
② ［日］文部省：《21 世紀を展望した我が国在り方について》，1996，https：//www.mext.go.jp/b_menu/shingi/chuuou/toushin/960701n.htm。
③ ［日］文部科学省：《平成十八年版文部科学白書》，2006 年，https：//www.mext.go.jp/b_menu/hakusho/html/hpab200601/002/010/004.htm。
④ ［日］文部科学省：《平成 14 年度高等学校における外国語多様化推進地域事業一覧》，2002 年，https：//www.mext.go.jp/b_menu/shingi/chousa/shotou/020/sesaku/image/020402b.pdf。

无论是开设学校数量还是选修群体数量方面，都占有绝对优势。

表 4-1　　　　　　2021 年高中多元外语教育情况①

高中	学校数	语言数	汉语	韩语	法语	德语
公立	430	12	347 所 10840 人	266 所 9239 人	107 所 2811 人	47 所 848 人
私立	174	10	108 所 6926 人	68 所 3048 人	73 所 3521 人	34 所 1407 人
国立	3	6	2 所 81 人	1 所 17 人	2 所 47 人	1 所 21 人
共计	607	14	457 所 17847 人	335 所 12304 人	182 所 6379 人	82 所 2276 人

1956 年依据《大学设置基准》规定，大学开设四类科目，包括一般教育科目、专业教育科目、外语科目和保健体育科目，各类科目分别达到一定学分才允许毕业。部分学校需要学生选修两种或两种以上的外语课程才能完成毕业规定的外语科目学分，于是，选修多元外语的现象较为常见。

1991 年，《大学设置基准（修订）》规定，不再分科目设定毕业学分，只规定总计达 124 学分即可毕业。以此为契机，选修英语以外的多元外语学生数量出现减少。但外国语大学依旧实施较为丰富的多语教育，如 2018 年，东京外国语大学提供 74 种语种学习机会。② 此外，随着国际形势发展，大学第二外语选修出现变化，昭和时期至平成时期，选修德语和法语的学生数量减少，选修汉语和韩语的学生数量增多。

日本政府投入大量人力、财力、物力，以提升民众的外语能力

---

① [日] 文部科学省：《令和 3 年度高等学校等における国際交流等の状況について》，2021 年，http：//www.mext.go.jp/a_menu/koutou/ryugaku/koukousei/20230403-mxt_kouhou02-1.pdf。

② TUFS 大学概要 2018，http：//www.tufs.ac.jp/documents/abouttufs/pr/gaiyo_2018.pdf。

（主要是英语能力），并分类设定初中生、高中生以及英语教师的英语能力目标。如表4-2所示，三类群体的英语能力不断上升。

表4-2　　　　　　　英检测试结果发展情况①　　　　　　单位：%

年份	学生		教师	
	初中	高中	初中	高中
	英检3级及以上	英检准2级及以上	英检准1级及以上	英检准1级及以上
2013	32.3	31.0	27.9	52.7
2018	42.6	40.2	36.2	68.2
2023	50.0	50.6	44.8	80.7

　　许多大学对于新生的英语成绩并不满意，认为其未达到大学新生应有的英语水平。为此，一些大学专门为新生补习必要的英语知识，或依据新生英语能力分置不同班级。

　　2010年文部科学省发布的调查结果显示，实施高中水平英语补习课程的大学约有四成，以全国723所大学为调查对象，2008年实施英语补习的大学有264所，英语系、理数系因学习能力的差别，而设置不同班级的大学达282所。② 鹿儿岛大学主页显示，2017年新生入学后，可以进行免费短期集中英语培训，利用周末两天时间，复习至高中的英语知识，内容包括发音等基础知识。③

　　日本普通民众的英语能力，未因政府规划的外语政策而受益提升。2018年，日本托福成绩在亚洲居于倒数第三，口语测试居于亚洲倒数第一。④ 全球英语教育机构——英孚教育发布的国家或地

---

① 依据文部科学省发布的《英语教育实施状况调查》整理描述，https：//www.mext.go.jp/a_menu/kokusai/gaikokugo/index_oooob.htm。
② [日]鸟饲玖美子：《英語教育の危機》，筑摩書房2018年版，第18页。
③ [日]鸟饲玖美子：《英語教育の危機》，筑摩書房2018年版，第19页。
④ Test and Score Data Summary for the TOEFLiBT ⓒ Tests Jan2018-Dec2018, https：//www.ets.org/s/toefl/pdf/94227_unlweb.pdf。

区英语能力指数显示，如表4-3所示，自2013年至2023年，日本人的英语能力指数并未出现提升。

表4-3　　　　　　　　日本人英语能力指数变化情况

	评测国家或地区数量（个）	日本人英语能力指数（位）
2013年	60	26
2018年	88	49
2023年	113	87

　　政府在95.8%高中入学率的条件下，实施小学、初中、高中一条龙式的英语教育政策，试图通过延长教育时长，达至提升英语能力的目标。为改善口语能力，平衡发展听、说、读、写四项基本英语技能，2006年，大学入学选拔考试中的英语测试增加了听力部分。计划2021年大学入学新生，可于2020年提交评测听、说、读、写能力的如剑桥英语、英语检定、托福、雅思等社会型测试成绩，代替大学入学选拔中的英语测试。但由于各种原因，2019年11月文部科学大臣萩生田光一宣布此项计划暂缓执行，推至2024年起实施。

　　虽然日本政府力求提升国民英语能力，制定完善措施，但这些措施中尚存诸多隐患。

　　1. 英语教育早期化。小学英语教师数量不足，质量不高。新增的英语课时，如何合理安插于现行课程规划中，尚无定数。外语能力提升与时间资本投入的关系，仍有待商榷。

　　2. 初中、高中英语课程，要求多半时间采用英语作为教学媒介语。存在造成学生知识学习缓慢，或学生间差距增大的矛盾，甚至出现厌学情绪的可能，教师的强制灌输与学生的积极使用关系应当合理调适。

　　3. 社会型测试代替大学入学选拔中的英语测试。社会型测试内容与目标对象存在差距，需要讨论测试结果是否能够对等鉴定学生的真实英语能力，社会型测试的考试费用（主要为报名费用和交通、住宿等费用）较高，可能会因经济性、地区性不平衡，引发考试不公平。

4. 支持学生海外留学。学生长期性海外留学现象减少，短期性海外留学现象增加，短期性海外留学以交流为主、辅以学习。这种短期性海外留学模式对外语能力提升的效果问题，仍尚待讨论。

5. 扩充活用外语指导助手、拥有良好英语能力的社会人士。政府只是简单地将"说外语"等同"教外语"，招募外语指导助手、拥有良好英语能力的社会人士时，不要求其具有教育资格或教学经验，事实上，这些群体当中，多数也不具有外语教育资格或教学经验，这样便难以保障教学效果的良好实现。

日本外语政策中有一些值得重视与学习的部分。

1. 2008年修订《学习指导要领》时，修正以往交际能力即为听、说能力的语言观念，重视读、写能力与听、说能力的相互作用，更正两者二元对立的错误理念。语言交际是个复杂且多变的行为过程。不同的交际对象，需要使用不同的交际语言，不同的交际场域，需要使用不同的交际语体。并非简单地提升听、说能力，即可实现提升交际能力的目的。

2. 分群体设定教育、培训目标，进行追踪调查，及时掌握教育建设情况。政策设定初中毕业生、高中毕业生的英语能力目标，以及英语教师的英语能力目标，虽未设定大学生或社会人士的具体英语能力目标，但表示学校或单位应依据情况实施相应规划。开展"英语教育实施状况调查"，了解英语政策执行情况与效果，为今后的完善奠定基础。

3. 外语政策中，体现出国语能力发展的核心地位理念。20世纪80年代临时教育审议会，在规划外语政策蓝图时，已提出重视外语能力建设，关注国语能力发展，此后的多部政策文件，对此进一步指明强调。日本重视外语，以实现与世界沟通，让世界听到日本声音，外语能力只是一种中介工具，语言能力最终追求的根本实质是国语能力。

战后的日本，承接近代外语政策中英语为主的传统，初期至今的外语政策变化，由"美国影响"变为"全球影响"，"美国影响"更多地与政治战略相连，"全球影响"更多地与经济战略相关。外语政策贯彻执行过程中，出现外语能力与社会需求不适的矛盾，这种矛盾激发着外语政策的深入讨论。20世纪80年代经济上成为"巨人"的日本，寻求国际对话，渴望国际话语权，制定"培育面向世界的日本人"的教育改革目标，规划外语政策发展蓝图。进入21世纪，国家建设中急需全球化人才，政府将英语作为全球化人才的必备语言能力，外语政策中，着力提升英语能力的指向依旧突出，英语教育的支持力度远超其他外语，英语的"世界通用语言"性质，是这种支持政策的关键。

小　　结

早期东西方接触过程中，不同跨境事务处理需求，促使日本政府开展外语政策规划。明治初期，政府将教育纳入国家统一管理体系，外语正式进入学校教育系统。战后初期，日本确立九年义务教育制度，外语政策对象直径范围迅速扩大。为与国家的国际发展战略相适，规划外语政策蓝图。

外语政策是关涉其他国家语言的政策，与本国语言的政策规划存在显著差异。外语政策既受制于国际关系格局，亦受制于国际语言格局，是国家内外互动作用的结果。外语政策中的语种布局，彰显国家对外发展的需求走向，是国家对外战略的历史变迁写照。当前日本政府较为重视英语能力建设，但民众的英语能力提升之路任重道远。

结 论

语言政策的制约与日本表现

为保证国家语言生活持续和谐发展，国家作为最高级的社会组织，需要适时制定长远性的语言政策，进而调节语言生活。语言政策的制约因素多样，不同历史时期，制约因素表现各异。本节主要分析语言政策制约因素，归纳日本语言政策演变轨迹与特征，指出通过本书获得的启示镜鉴，以及尚存不足之处。语言政策客体是制约语言政策的根本，语言政策环境较语言政策主体和语言政策客体的波动性更为频繁，这些语言政策的制约因素，促使日本语言政策在六个历史阶段特征各异。本书可为语言政策中如语言关系、导向功能、外语能力、汉字字量、人名规范和文字拉丁化问题研究提供镜鉴，在日本殖民语言政策、国际语言推广政策、海外语言维持政策和跨境群体语言政策等方面，有待深入研究。

一 语言政策的制约因素

制约语言政策的三大因素包括语言政策主体、语言政策客体和语言政策环境。三大因素中，任意一个因素发生变化，语言政策都应当发生改变。哲学上所谓的主体是指认识者，即有意识、有意志，并在社会实践中认识着客观外界的人。客体是指和主体相对的客观事物、外界世界，是主体认识和改造的对象。① 唯物主义认为客体并不依赖主体而客观存在着。《现代汉语词典》中"环境"的义项包括周围的情况和条件。

语言政策主体是认识到语言生活问题和语言群体矛盾的组织或个人，性质上分为官方与非官方两种，语言政策客体是语言政策主体认识和改造的对象，包括物和人，语言政策环境是语言政策周围的情况和条件。语言政策主体依赖语言政策客体存在，语言政策客体不依赖语言政策主体存在。

语言政策具有权威性，主要是因为语言政策主体具有权威性。总体来说，语言政策是自上而下的，但这并不意味着下层的语言政策或语言生活不会对上层语言政策发生影响。宏观层面，国家自上而下制定语言政策；中观层面，一般性社会组织自上而下制定语言政策；微观层面，家庭自上而下进行语言规划。三个层面的语言政策主体不一致，宏观语言政策主体是国家权威机构，中观语言政策主体是一般性权威社会组织或组织内部的权威人士，微观语言政策主体是家庭权威成员。主体不同，语言政策存在差异。

语言政策客体是相对于主体而言的，其羁绊着语言政策，是语言政策的作用对象。语言政策客体可以从"物"和"人"两视角观察。

从"物"的视角观察，语言政策客体就是语言生活问题，这些问题包括但不限于以下内容，国语与方言的关系、外语与方言的关系、方言与方言的关系、国语与民族语言的关系、外语与民族语言的关系、民族语言与民族语言的关系，以及国语与外语的关系、外语与外语的关系。语言政策作用于这些语言生活问题，有利于降低或消解语言群体矛盾。

从"人"的视角观察，语言政策客体就是语言群体矛盾，这

---

① 刘延勃等主编：《哲学辞典》，吉林人民出版社1983年版，第185页。

些矛盾包括但不限于以下内容，群体与个体的矛盾、群体与群体的矛盾、群体与国家的矛盾。语言政策作用于这些语言群体矛盾，有利于实现语言生活和谐的目的。

语言政策因一定的环境产生，在一定的环境中执行。这些环境依据范围可划分为国内环境和国际环境，依据内容可划分为政治、经济、文化和科技等。国内环境较国际环境制约力度强且直接。国际环境包括国际组织间的环境、国际组织与国家间的环境、国家间的环境，其中国家间的环境对语言政策的制约最为明显。国家间的环境可以分为四种状态，即合作状态、合作—冲突状态、冲突状态、不合作—不冲突状态，四种状态对语言政策的制约作用依次递减。语言政策环境是一个多变量共同交织合成的时空，不同的时空背景中，需要不同的语言政策。

需要用系统论思想思考语言政策问题。语言政策主体对语言政策客体与环境的正确认知，是语言政策良好运转的基本，语言政策主体对语言政策客体的干预，是语言政策的根本目的，语言政策主体、客体和环境共同制约着语言政策。

二 日本语言政策的演变轨迹

日本语言政策的演变轨迹可以分为以下几个重要阶段，明治维新前的封建幕府阶段、明治中期前的欧化主义阶段、明治中期后的国家主义阶段、战时体制下的军国主义阶段、战后改革中的民主主义阶段、全球化和信息化的多元主义阶段（见图6-1）。

（一）明治维新前的封建幕府阶段

幕府执掌政权，民众生活在幕藩体制藩篱中，彼此交往疏离，几乎不发生语言接触与融合。全国整体藩国意识强烈，国家意识淡薄，幕府对国语、文字和民族语言几乎实施着零干预的语言政策。16世纪中期开始，日本开始西方接触，在与中国、朝鲜和荷兰往来中，为实现国际交往和获取兰学新知，幕府开展汉语、朝鲜语和荷兰语的外语政策建设。18世纪初开始，沙俄、英国、美

```
明治维新前的          明治中期后的          战后改革中的
封建幕府阶段          国家主义阶段          民主主义阶段
     ↑                   ↑                   ↑
─────●───────────────────●───────────────────●──────→
             ↓                   ↓                   ↓
         明治中期前的         战时体制下的         全球化和信息化的
         欧化主义阶段         军国主义阶段         多元主义阶段
```

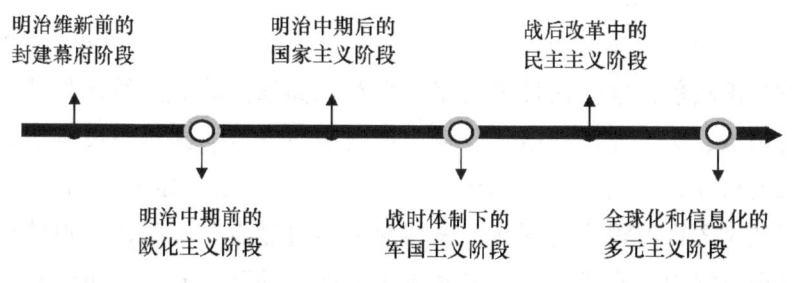

图 6-1　日本语言政策演变阶段

国和法国的扣关威胁下，为进行军事防御，幕府开展英语、德语和法语等的外语政策建设。

这一阶段，语言政策主体主要是封建幕府。语言政策客体主要是外语与外语的关系。语言政策环境主要是对内藩制隔离，对外闭关锁国。国内语言政策环境较为稳定，国际语言政策环境影响性强，日本与个别国家间主动或被动地发生关联，外语政策表现出波动性变化。

(二) 明治中期前的欧化主义阶段

欧化倾向严重，国家意识尚未完全形成。政府对国语、文字和民族语言几乎实施零干预政策。开国后，西方文化涌入，自下而上的文字改革意识，由幕府时期的萌芽逐步规模化。为实现国际交际和获取西学新知，中等教育阶段确立以英语为主、辅以德语和法语的外语教育政策，同时，也实施了少量的汉语、朝鲜语和俄语等的外语教育实践。前者主要与科技、文明关联，后者主要与殖民、贸易关联。高等教育阶段，依据学科需求，实施相应的外语政策实践。

这一阶段，语言政策主体主要是国家权威机构。语言政策客体主要是外语与外语的关系。语言政策环境主要是对内殖产兴业，对外求知识于世界。聘请批量外国专家来日指导技术生产，通过外语学习西方先进知识，依据领域所需分阶段实施外语政策建设。

(三) 明治中期后的国家主义阶段

1889年日本颁布《宪法》，1894年爆发甲午战争，1904年爆发日俄战争，这促使日本国家主义意识高涨。政府开始计划性推进国语、文字和民族语言政策。将国语与方言、国语与民族语言二元对立，首先从教育领域着手实施，国语通过国定教科书途径，对儿童语言习得产生影响，民族地区通过教育同化手段，迫使民族语言能力迅速消失。文字表音化方针指导下，通过《小学校令实施规则》限制教科书用字，通过《常用汉字表》限制社会用字。西学新知内化，为新知国语化提供了基本条件。国家主义思潮下，出现教学媒介语国语化、废止外语（英语）课程的呼声，实践中，完成了教学媒介语国语化，但未有根本性改变欧化主义时期中等教育阶段的外语政策。

这一阶段，语言政策主体主要是国家权威机构。语言政策客体主要是国语与方言的关系、国语与民族语言的关系、国语与外语的关系、限制汉字的问题。语言政策环境主要是，对内确立中央集权国家管理走向，对外战争接连胜利。确立国语的国家语言地位，义务教育过程中，输入国家语言，将方言地区和民族地区的语言生活，统一改造为国家语言生活，进而提升地区民众的国家意识和国家观念，加速民众的方言地区和民族地区的区域身份，更新为国家身份。国家语言伴随国家崛起而发生地位提升，部分日本人士通过排斥外语，以彰显国语的重要地位，对外语发出责难。甲午战争胜利，成为日本改变中国意识的关键契机，这种意识的改变，反映在文字改革方面，就是废除汉字，改用表音文字，通过限制教育用字或社会用字的过渡措施，进而实现完全废除汉字的目的，但并未能够实现。

(四) 战时体制下的军国主义阶段

随着媒体技术的发展，国语通过教育领域，实现书面型国语的传播，同时通过广播技术，实现口语型国语的传递。国语与方言、国语与民族语言二元对立关系进一步加深，民族语言能力接近消失。政府在坚持文字表音化方针的基础上，迫于国家保守势力压力，扩充社会用字范围，更改社会用字性质。"大东亚共荣圈"建设思想指导下，依据军事殖民国的多元性，实施多元外语政策，将军事对象国的语言——英语作为敌视语言，出于军事战略需求，军事领域利用英语的交际共通性，将英语作为对外侵略的语言工具。

这一阶段，语言政策主体主要是国家权威机构。语言政策客体主要是国语与方言的关系、国语与民族语言的关系、外语与外语的关系、扩充社会用字的问题。语言政策环境主要是，对内确立军国主义方针，对外实施殖民侵略扩展。国语与方言、民族语言互为对立的关系更加深刻，侵略范围的扩充，日本与部分国家间的关系重构，外语政策出现多元现象。国家保守势力的压制，以及日本侵华战争的报道暴增，在坚持限制汉字政策根本之上，扩充了部分社会用字。

(五) 战后改革中的民主主义阶段

国语借由媒体力量，得以加速推广。国语统一前提下，方言政策出现松动，1958年教育领域改变以往方言歧视态度，同时，政府、社会、个人层面实施方言调查和保存工作。虽开展部分民族语言调查和保存工作，但民族人士争取的语言权利未能实现。政府放弃文字表音化方针，1973年的《当用汉字改定音训表》，认可了汉字的表记优势，1981年的《常用汉字表》，修正了对于社会用字的强硬限制，改为指导规范性质。战后初期，外语政策与政治联姻明显。伴随日本经济强盛，国家开始寻求国际对话，试图向世界传递日本人的声音，愿景需求与外语能力出现矛盾，政府设计外语政策发展蓝图。

这一阶段，语言政策主体主要是国家权威机构。语言政策客体主要是国语与方言的关系、国语与民族语言的关系、外语与外语的关系、限制汉字转向肯定汉字的问题。语言政策环境主要是对内民主改革发展，对外国际冷战开启。民主化进程中，方言和民族语言意识出现不同程度提升，国家对方言的态度出现改变，不再将国语与方言置于完全对峙之势。日本经济迅速崛起，传统文字得以重视，国家表现出对汉字表记日语的价值认可，由以往硬性规定，改为柔性指导。受惠于冷战的日本，外语政策以英语为主，多元外语政策意识并不明显，英语取向与日美国家间的密切关系同质，体现日本在冷战中的国家站位。同时，日本经济大国转向政治大国建设战略中，试图借助英语向世界传递日本之声，进而争取更多的国际话语权。

（六）全球化和信息化的多元主义阶段

国语推广工作基本完成，方言政策进一步宽松，民族语言政策出现松动。1993年国语协议会的《新时代下的国语政策》审议报告中，表现出国语与方言的语言功能差别意识，1997年颁布《阿依努文化振兴及普及和开发阿依努族传统等知识的相关法律》，认可了阿依努民族传承和发展本民族语言文化的权利，2019年出台《关于推进创建阿依努民族自豪感得以尊重的社会环境法律案》，提出全体国民互相尊重、实现共生的目标。信息技术催生汉字书写方式和使用环境变化，政府开始关注《常用汉字表》表外汉字的字体规范问题，修订扩充《常用汉字表》社会用字的指导规范。重视英语的国际通用语言功能，英语政策支持力度强劲，多元外语政策推进力度不足。政府通过延长英语修学时长、改善英语指导环境、调整英语测试模式等措施，提升国民英语能力。

这一阶段，语言政策主体主要是国家权威机构。语言政策客体主要是国语与方言的关系、国语与民族语言的关系、外语与外语的关系、扩充社会用字的问题。语言政策环境主要是国际冷战局势落下帷幕，日本与世界共同进入全球化、信息化时代。改变国语与方言、民族语言的对峙二元为合作共生，肯定方言的价值，承认民族的存在与民族语言权利，秉持国语为主体的语言多样意识。信息环境制约下，汉字实践发生改变，社会用字规范指南进行了适当性扩容。全球化和信息化中，英语的国际通用功能更加明显，提升民众英语能力成为外语政策中的重要任务，围绕此项任务，日本展开了从宏观到微观的施策。

明治维新前的封建幕府阶段，封建幕府是国家语言政策主体，1868年明治维新，幕藩体制转向中央集权国家体制，国家权威机构是国家语言政策主体。语言政策主体依据发展需求，在不同历史阶段，实施了语言政策客体的干预行为。日本语言政策可视为国内和国际双重环境变化下的作用结果，多维政策中，主次影响权重不同。国语政策、文字政策和民族语言政策是以国内环境制约为主，国外环境制约为辅。外语政策是以国际环境制约为主，国内环境制约为辅。

研究启示

不谋全局者，何能谋一域？不放眼世界，何以得发展？日本与我国有多种相似，日本语言政策与我国语言政策也有多种相似，日本语言政策可作为他山之石，以供我国参考镜鉴。

一 语言关系

语言政策规划需要明确语言关系，处理语言关系时，选择是核心。语言关系包括语言地位关系和语言博弈关系。语言地位关系大致包括三种语言观，即二元观、主次观和平等观。语言博弈关系大致包括两种语言观，即竞争观和合作观。各种语言关系观，都是语言政策主体意识取向的外显。

语言地位关系中，二元观在保护一种语言或语言变体时，一定会造成其他语言或语言变体受损。主次观在保护处于主要语言地位的语言或语言变体受益时，也可以一定程度上保护处于次要语言地位的语言或语言变体受益，但由于语言地位间的差别，一定程度上，处于次要语言地位的语言或语言变体也发生受损。平等观可以保护所有语言或语言变体受益。

语言博弈关系中，竞争观主要考虑语言关系网络中，特定语言或语言变体的功能最大化问题，这样往往造成包括该语言或语言变体在内的所有语言关系网络成员受损。合作观主要考虑语言关系网络中，所有语言或语言变体的功能合理分配问题，这样往往保护所有语言关系网络成员受益。

语言地位关系中的平等观和语言博弈关系中的合作观，属于处理语言关系时之上策，是优良语言间互动模式。处理语言关系时，当追求最佳效果、避免最差效果，肯定方言或民族语言的语言价值，以和谐共存为目标，必要时，可采取避让策略，给方言或民族语言提供适宜的语言空间。

19世纪末，日本为寻求进一步快速发展，与西方强国同列，实施对外殖民的国家战略，为在殖民地区推广国语，政府迅速地自上而下实施国语建设。对外扩张的同时，对内采取语言统一政策。将国语与方言、国语与民族语言的地位关系置于二元之境，通过教育和媒体等场域，明确国语的最高语言地位。同时，将国语与方言、国语与民族语言的博弈关系置于竞争之境，强化国语在行政、社会和家庭等各个场域的功能，是提升国语能力、排斥方言和民族语言能力的策略。

20世纪中后期，日本逐步认识到方言、民族语言的资源价值，将国语与方言、国语与民族语言的地位关系置于主次之境，在巩固国语地位的基础上，提升方言和民族语言的地位。同时，将国语与方言、国语与民族语言的博弈关系置于合作之境，肯定方言、民族语言的功能与权利，是在强化国语能力之上肯定方言和民族语言的策略，但不涉及方言、民族语言能力的建设问题。

国语推广过程中，日本采取"唯国语"的隐性语言政策，这种隐性语言政策，强化了国语推广普及和国语政策巩固。政治色彩浓烈的偏激单一国语推广政策，在短时间内管控有效地完成了国语制度化，直接良好地实现了全国共通语化。但长远来看，这一行径严重破坏了语言多元生态环境。多语生态一旦遭受破坏，修复资本将相当巨大，效果往往不理想，且有时甚至永远无法弥补。在现有语言资源基础上，开展语言保护行动，有时并非完全自由。社会组织尤其是国家组织，应当积极主动肩负此重任，为人类社会语言生活和谐进步作出应有贡献。

二　语言政策导向功能

语言政策主体通过语言政策干预语言政策客体，试图将语言生活复杂、多面的有意或无意的语言意识或行为，有效地纳入有序发展轨道之上。但这一意愿有时能够按照语言政策主体希望的目标方向前进，有时并非如此。

语言政策具有导向功能，导向功能系统包括语言政策规划主体、语言政策执行中介和语言政策执行对象。语言政策规划主体主要关涉是否能够充分认识语言生活问题，是否能够确立科学语言政策措施。语言政策执行中介主要关涉是否能够良好贯彻语言政策措施。语言政策执行对象主要关涉是否能够依据语言政策措施，开展语言生活实践。

语言政策导向功能表现包括正导向功能和负导向性功能。当语言政策规划主体充分认识语言生活问题，确立科学语言政策措施，语言政策执行中介良好贯彻语言政策措施，语言政策执行对象依据语言政策措施，开展语言生活实践时，语言政策会出现正导向功能，反之会出现负导向功能。需要注意的是，语言政策实施中，设计的非语言规范行为的处罚力度，对语言政策正导向功能，将发挥一定的促进作用，但这并不代表处罚力度越强，越易出现语言政策正导向功能。

日本人名领域的汉字政策，属于典型正导向功能的语言政策。战后不久的"当用汉字"系列政策规定，此类政策是针对一般性社会用字的规范标准，并不涉及固有名词。1947年，《户籍法（改正）》和《户籍法实施规则》对人名用字进行范围限定，后经多次调整扩充，依旧未采取开放政策。

早期的国语审议会和当今的法务省作为人名领域汉字政策的规划主体，在结合国家汉字政策方针基础上，对人名用字实施干预行为，伴随时代需求，修订人名用字范畴，对违反该语言政策的户籍申报者，进行不允许申报户籍的处罚。户籍申报过程中，户籍事务工作人员作为人名领域汉字政策的执行中介，良好贯彻该语言政策，对违反该语言政策的户籍申报者，执行不允许申报户籍的处罚。户籍事务申报人员作为人名领域汉字政策的执行对象，依据该语言政策，配合选用人名用字范畴的汉字作取名之用。语言政策主体希望的目标实现，语言政策表现出正导向功能。

三 外语能力

语言能力可以分为一般语言能力和特殊语言能力，前者适用性广，后者适用性窄。一般语言能力和特殊语言能力属性取决于语言能力者的语言生活，同一种语言能力，对于不同语言生活来说，有时属于一般语言能力，有时属于特殊语言能力。不同语言生活所需的语言能力也不同，语言能力在语言生活中是分层级、分领域的。

外语能力是开展某种外语生活的本领。外语能力是在生理基础上，经过后天培育教化形成的，并能在外语生活实践中，进一步完善发展。外语能力由不同语种能力集合而成，语种能力数量多，则外语能力丰富；语种能力质量高，则外语能力优良。语种能力之间存有权势高低之差，其关涉"物"即语言，同一语种能力内部存有水平高低之别，其关涉"人"即语言能力者。

对于国家民众而言，国语能力属于一般语言能力，外语能力属于特殊语言能力。一般社会生活中，国语的使用与能力需求，往往高于外语，但这并不意味着"外语无用"。李宇明指出："外语是外国人的语言，但绝非与我无关、与我无用之物。"[①] 通过外语，可以实现更广范围的信息互通。信息互通有三种类型，第一种是

[①] 李宇明：《北语学人书系第二辑：李宇明语言传播与规划文集》，北京语言大学出版社2018年版，第185页。

接受者积极读取信息；第二种是传递者积极传播信息；第三种是互通双方积极交换信息。信息互通的优劣，与外语能力存在直接关系。外语能力强，信息互通中的有效信息磨损弱；外语能力弱，信息互通中的有效信息磨损强。外语能力可以生成资本，资本质量的高低，与外语能力高低成正向，外语能力建设已成为国家外语政策的重要内容。

外语能力关涉具体语种能力，语种能力需要考虑国际关系格局与国际语言格局。个人语言能力建设时，取向影响项较偏重前者，国家语言能力建设时，取向影响项较偏重后者。无论是个人语言能力建设，还是国家语言能力建设，都应当注重国际通用语言能力的提升，这有利于个人和国家的双重发展。

全球化推进英语的蔓延，加速英语承担国际通用语言的功能，但全球化并不等于英语化，全球化促成主体多样的世界语言格局。李宇明表示："根据语言的'通事、通心'功能，提出了20/200的语种目标。"① 多元外语能力建设正当时，国家需适时化被动为主动，培育国民的多元外语能力，储备国家所需的外语资本。

外语能力建设需要讨论外语能力的必要与必须、外语能力的分层与分类。不同领域、不同层级的群体，应当规划不同程度的外语能力要求。同时，需要认识判断制约外语能力发展的关键因素。制约外语能力发展的因素有外围环境决定机制与内在心理决定机制，外围环境决定机制多属客观因素，内在心理决定机制多属主观因素。

日本通过延长学习时间、改善教师指导能力、提供良好实践机会、改革测试模式等措施，以不懈努力提升英语能力，细察得知，实际效果不尽如人意。科技突飞的当下，外围环境决定机制丰富且便捷，内在心理决定机制多样且复杂。微软日本法人代表前社

---

① 李宇明：《语言治理正当时》，《光明日报》2020年4月25日第12版。

长成毛真认为，九成日本人不需要英语。当下进行海外长期性留学，或开展国内英语语言生活的日本群体数量呈减少态势。心理决定机制中的外语习得意义与指向目标降低，外语能力提升速度缓慢。

外语与国语应共生共长，向世界讲好国家故事，外语是个有力推手，而国家故事是国语沉淀的产物，正确处理国语与外语关系，树立科学外语政策规划观，益于国家及时精准发声。

四 汉字字量

日本现行的《改定常用汉字表》于2010年出台。规划过程中，首先进行了三类语料调查，选取3500字。后依据基准，经专家商议，共计追加191字。为听取各界意见，将《新常用汉字表试案》公示于文化厅网页，听取民众意见，修订追加196字。后再度公示于文化厅网页，寻求民众反馈。之后，对四千余名民众进行了面谈式问卷调查。

初选3500字的过程中，语料时间跨度与我国《现代汉语常用字表》选取的1928年至1986年较大时间跨度不同，《改定常用汉字表》语料时间范围为2004年至2007年，书籍语料涉及的领域包括辞典、古典书籍、周刊杂志、月刊杂志、教科书及其他类。报纸语料是《朝日新闻》和《读卖新闻》两大主流报纸。此外，还包括新闻、微博等网络语料。测试过程中，与我国结合专家意见，并统计考察汉字在不同学科分布情况不同，日本主要是结合专家、民众的意见，讨论取舍。增减汉字的基准中，与我国相同之处在于，重视字频与构词能力；不同之处在于，我国关注汉字学科分布、构字能力、语义和口语、书面语差别问题，日本关注汉字的解意功能与生活必要性、汉字的音训与专属领域运用问题。

字频是选定过程中的关键性因素，但并非唯一因素，与其他汉字是否能够组合构词，也为选字的重要参考。构词能力强的汉字，可以在同等汉字字量的基础上，通过重新组合，形成新语，可丰富表述诸多现象，符合经济原则。日语中有音读和训读之别，选定训读都常使用的汉字，更易获得民众认可。固有名词和特殊场域中，使用的高频字具有特殊性，与日常生活用字存在性质差异，这些汉字并非所有民众均常接触和使用之物，故而剔除。

日本只规划了2136个常用汉字，并未像我国在规划监测语料覆盖率达97.97%的常用汉字后，延伸规划监测语料覆盖率达1.51%的次常用汉字。[①]《改定常用字表》是《当用汉字表》《常用汉字表》的修订升级版，《当用汉字表》规划时的方针是表音化方向，限定了1850个当用汉字范围，《常用汉字表》规划时，虽放弃表音化方向，但主要是结合社会用字变化，适当增减，修订当用汉字，扩充为1945个常用汉字。《改定常用字表》依旧未进行常用汉字的大幅度扩充与等级划分。社会生活推进的同时，社会用字发生改变，自下而上的语言生活实践，催生自上而下的语言政策改革。语言生活实践动态且稳定，语言政策应当参照语言生活实践，遵循稳中有变、变中需稳的原则实施规划。

五 人名规范

姓名不仅是一种识别符号，更具有丰富内涵。卡西尔（Cassirer）认为："符号化的思维和符号化的行为是人类生活中最富于代表性的特征。"[②] 姓名是个人社会化的重要符号，是人类在专属领域创造并使用符号行为的一种表现，姓名选用不可随意化。

日本《户籍法》规定，取名须采用常用简易文字，《户籍法实施规则》对常用简易文字划定明确范围，规定人名汉字只可在《当用汉字表》《人名用汉字别表》《人名用汉字追加表》中选用，

[①] 傅永和：《现代汉语常用字表的研制——附录：常用字、次常用字》，《语文建设》1988年第2期。

[②] 黄华新、陈宗明主编：《符号学导论》，东方出版中心2016年版，第30页。

超出此范畴者，不可申报户籍。除日本外，一些国家如德国、挪威等也进行了人名规范，一些国家如瑞典出台了《起名法》，丹麦颁布了《个人姓名法》、冰岛制定了《国家个人等级名录》，通过专项法律法规或规范性文件，进行人名规范。

目前，我国尚未制定专项姓名法律法规。刘练军指出："规范姓名登记的法律法规及其他规范性文件主要有以下五类：1）具有法律地位的《中华人民共和国户口登记条例》。2）属于行政规章性质的《关于执行户口登记条例的初步意见》。3）最高人民法院就未成年子女姓名变更问题所作的三则司法解释。4）公安部发布的系列答疑性批复文件。5）各省市区公安机关发布的规范本地区姓名登记的户籍管理规定。"①

这些法律法规及规范性文件中存在诸多漏洞，如1958年全国人大常委会制定的《中华人民共和国户口登记条例》第七条规定，婴儿出生后一个月以内，由户主、亲属、抚养人或者邻居向婴儿常住地户口登记机关申报出生登记。该条例只对申报时间与申报主体进行了相关规定，并未对姓名选用提出具体要求。法律法规及规范性文件中的漏洞致使社会出现一些因姓名问题而引发的冲突，如人名字母问题的"彭A""赵C"事件，姓名选取问题的"北雁云依"事件等。

规范人名对社会和个人来说，都是有益之事。对社会而言，在信息录入等方面，避免造成不必要的资源浪费；对个人而言，在认知交往等方面，益于与他者之间架起通畅桥梁。

规范人名时，需要考量字量、字义问题。字量主要牵涉选字的多寡，可从人名用字使用频率着手考量。字义主要牵涉选字的语义，可从人名用字适用情况着手考量。规范人名可在保障民众姓名权的同时，减少因姓名登记问题造成的社会矛盾，促进语言生活和谐发展。

---

① 刘练军：《姓名登记规范研究》，《法商研究》2017年第3期。

六 文字拉丁化

文字拉丁化是以拉丁字母的跨境传播为基础开展的。周有光将拉丁字母的传播比作水中波圈扩散。

> 罗马帝国时代,拉丁字母随着拉丁文而传播,这是第一波圈。文艺复兴时期,欧洲各民族采用拉丁字母创造自己的民族文字,这是第二波圈。发现新大陆和新航线以后,西欧拉丁字母文字传播到拉美、非、亚各殖民地,成为外来的官方文字,这是第三波圈。殖民地的语言和文字由此发生变化。有的地方的语言同化于宗主国,使外来的拉丁字母文字成为本土文字(例如拉美)。有的地方保留本土语言,采用拉丁字母创造本土文字,在独立以后成为本国正式文字(例如印度尼西亚、越南),这是第四波圈。有的国家,掀起政治革命和宗教改革,摆脱传统文字,迎接现代生活,实行拉丁化的文字改革(例如土耳其),这是第五波圈。不用拉丁化文字的国家,为了国际交往和信息交流,利用拉丁字母拼写自己的语言,作为辅助的文字工具(例如中国、日本),这是第六波圈。[①]

文字与语言的表记关系,并非恒定不变,同一种语言在不同时期,可能采用不同文字;同一语言在相同时期,也可能采用不同文字。印度尼西亚于5世纪至6世纪采用梵文字母,13世纪采用阿拉伯字母,17世纪采用拉丁字母。乌兹别克斯坦最初采用阿拉伯字母,1927年采用拉丁字母,1940年采用基里尔字母。分布于10余国家的库尔德语,采用三种字母表记,如伊朗采用阿拉伯字母,亚美尼亚采用基里尔字母,土耳其采用拉丁字母。[②]

---

① 周有光:《周有光文集第四卷:世界文字发展史》,中央编译出版社2013年版,第446页。
② 李学金:《世界文字的拉丁化趋势》,《广西广播电视大学学报》2006年第1期。

世界文字有多种，采用拉丁文字的国家占据相当数量，其中一些国家，放弃了以往传统文字表记形式，实施文字拉丁化改革。官方语言的拉丁化改革如土耳其、越南、哈萨克斯坦，土著语言的拉丁化改革如夏威夷语、毛利语等。中国、日本曾经试图开展文字拉丁化改革，但最终都予以放弃。

王敏指出："作为人类思维的外在反映，文字受到人类大脑功能的限制。这种限制在文字应用方面体现为文字的数量是有限的。"① 日本汉字政策的初心是废止汉字，其后改变初心为限制汉字。两个阶段虽然都实施了汉字限制行为，但废止汉字阶段的汉字限制行为，是迈向废止汉字目标的过渡措施。两个阶段的语言规划观不同，后一阶段属于王敏所述的文字使用有限性的规划表现。

纵览日本文字规范标准政策中的起伏波荡，充分体现出日本政府的"汉字关心"胜于"假名关心""罗马字关心"，这一结果，一方面是由于汉字本身文字复杂特性所决定，另一方面是由于日本政府的汉字意识所决定。进入信息时代，诸种文字书写常被文字选择替代，日语文字系统中，任何形式都能够轻松输出，书写的难易已不再属于文字建设的主要制约要素。

汉字之于日语表记价值，有学者认为，汉字可以辨别同音字，汉字可以避免分词书写，汉字可以显示繁难抽象语义，汉字可以使文章一目了然。上述问题，在其他文字表记的语言当中也会存在，故并非绝对只有汉字才可发挥以上文字功能，文字适用项与文字情感项则成为文字选择的重要参考。

研究不足

一国的语言政策内容复杂，很难在一项研究中穷尽式地探究，

---

① 王敏:《新中国常用字问题研究概述》,《语言文字应用》2007 年第 2 期。

故本书未能包罗全像，只涉及日本国语、文字、民族语言和外语四个方面的语言政策。除此之外，日本语言政策至少还包括殖民语言政策、日语国际推广政策、海外语言维持政策和跨境群体语言政策等。

一 殖民语言政策

在中国台湾殖民初期，日本仅将之作为物资资源供给地，伴随侵略深化，又将之作为人力资源供给地，重点依托初等教育，实施语言同化政策。在中国东北伪满洲国初期，日本开展日语教育，但教育教材基本设施并不完备，日本将物资资源掠夺置于首位。1915年袁世凯与日本签订《二十一条》，规定旅顺、大连、南"满洲"租期延长为九十九年，日本开始强化语言同化，掠夺人力资源。

二 日语国际推广政策

战前的1940年，日本专设日语国际推广机构"日语教育振兴会"。战后，从政府到地方建立了多样的日语国际推广机构，"国际交流基金会"属于典型代表。近年来，日本与越南、缅甸等东南亚国家建立战略伙伴关系，受此影响，2015年至2018年，越南、缅甸的日语教育机构数量分别增长273.5%和203.0%，尤其是越南日语学习者数量增长169.0%。

2018年，海外日语教育机构和教师数量增长率分别为15.0%和20.3%，增至18604个和77128人，创历史新高。全球日语教育主要集中在中等教育阶段，其次是高等教育、社会教育和初等教育阶段。中等教育和高等教育阶段出现学习者数量少量减少，初等教育和社会教育分别增长20.9%和37.1%。[1]

---

[1] 国际交流基金会：《2018年度「海外日本語教育機関調査」結果（速报）》，2019年，http://www.jpf.go.jp/j/about/press/2019/dl/2019-029.pdf。

三　海外语言维持政策

1868 年，首批日本人移民关岛、夏威夷，1908 年，首批日本人移民巴西。战前美洲成为日本主要移民对象地区，战后出现以美国为主的多样化趋势。2020 年，海外日本人群体数量为 135.7 万左右，其中美国占比约 31.4%，中国占比约 8.2%。①

日本海外教育机构主要包括三类，即日本人学校、日本人补习学校和海外私立日本人教育机构。1956 年日本人学校始建于泰国，是开展与日本国内小学、中学相同教育内容的教育机构。1958 年日本人补习学校始建于美国，主要利用假期或课后时间，讲授部分日本国内小学、中学的教育内容。1972 年海外私立日本人教育机构始建于英国，开展与日本国内小学、中学、高中相同教育内容的教育机构。2023 年，日本人学校有 94 所，日本人补习学校有 237 所，海外私立日本人教育机构有 7 所。

文部科学省初等中等教育局负责支援海外日本人子女义务教育工作。政府采取向日本人学校派遣教师、提供资金支持等措施，保障海外日语维持。在文部大臣认定制度认可的日本人学校就读的海外日本人子女，归国后，国家认可其入学资格。

四　跨境群体语言政策

日本制定《"作为生活者的外国人"问题综合对策》《日裔定居外国人政策行动计划》《日裔定居外国人政策推进方案》《外国人才接受·共生综合对策》，以语言生态与语言群体生态为基础，提供跨境群体多语政策的"社会支持"。② 同时，日本对国内跨境群体实施日语教育，提升其日语能力，以缓解、规避跨境群体与本国国民语言矛盾。

---

① [日] 外务省:《海外在留邦人数調査統計》，https://www.mofa.go.jp/mofaj/toko/page22_003338.html。

② 详见王璐《日本跨境群体的多语政策研究》，《日本问题研究》2020 年第 1 期。

以上日本语言政策内容虽有关注，但尚未深入研究，计划今后进一步讨论。

语言是个复杂的构成体，语言政策涉及机制、体制和法制问题，语言政策研究需要多学科知识。笔者科研之路刚刚起步，尚未储备相应充足的科研能力，对于部分语言政策内容剖析深度有待提升。研究过程中，相关数据以文献数据为主，提出的结论也较为粗浅。对于李宇明先生指出的日本语言政策研究的四个眼光/视角，即从日本看日本、从中国看日本、从世界看日本、站在世界上方看日本，尚须深入思考。

附 录

日本文字政策大事记

时间	事件	
	汉字篇	
	一般社会领域	
1919	《汉字整理案》	
1923	《常用汉字表》	1962 字
1925	《字体整理案》	
1931	《常用汉字表》（修正）	1858 字
1938	《汉字字体整理案》	
1942	《标准汉字表》	2528 字
1942	《标准汉字表》（改正）	2669 字
1945	《常用汉字表》（案）	1295 字
1946	《当用汉字表》	1850 字
1848	《当用汉字音训表》	
1949	《当用汉字字体表》	
1973	《当用汉字改定音训表》	
1981	《常用汉字表》	1945 字
2000	《表外汉字字体表》	

续表

时间	事件		
2010	《改定常用汉字表》	现行规范标准	2136 字
人名领域			
1951 年 5 月 25 日	《人名用汉字别表》	追加 92 字	
1976 年 7 月 30 日	《人名用汉字追加表》	追加 28 字	
1981 年 10 月 1 日	《人名用汉字别表》（新）削除进入《常用汉字表》（1981）中的 8 字，追加 54 字		
1990 年 4 月 1 日	追加 118 字		
1997 年 12 月 3 日	追加 1 字		
2004 年 2 月 23 日	追加 1 字		
2004 年 6 月 7 日	追加 1 字		
2004 年 7 月 12 日	追加 3 字		
2004 年 9 月 27 日	追加 488 字，升级容许字体 205 字		
2009 年 4 月 30 日	追加 2 字		
2010 年 11 月 30 日	削除进入《改定常用汉字表》（2010）中的 129 字，追加 5 字		
2015 年 1 月 7 日	追加 1 字		
2017 年 9 月 25 日	追加 1 字		
信息领域			

	JISX0208		JISX0213		非汉字	合计
	第一水准	第二水准	第三水准	第四水准		
1978	2965 字	3384 字			453 字	6802 字
1983		3388 字	—	—	524 字	6877 字
1990						6879 字
1997						
2000		3390 字	1249 字	2436 字	1183 字	11223 字
2004			1259 字	2436 字		11233 字
2012			1259 字	2436 字		

假名篇

续表

时间	事　件	
1924	《假名遣改定案》	
1946	《现代假名遣》	
1986	《现代假名遣》	现行规范标准
	罗马字篇	
1954	《罗马字缀字法》	现行规范标准

参考文献

白解红：《性别语言文化与语用研究》，湖南教育出版社2000年版。

陈青今编译：《日本文字改革史料选辑》，文字改革出版社1957年版。

陈松岑：《社会语言学导论》，北京大学出版社1985年版。

陈秀武：《近代日本国家意识的形成》，商务印书馆2008年版。

陈艳宇编著：《文化冲突与多元文化导论》，中国民主法制出版社2016年版。

程世寿、胡继明：《新闻社会学概论》，新华出版社1997年版。

崔明海：《近代国语运动研究》，安徽师范大学出版社2018年版。

富饶编著：《《明治维新——日本武装移民开拓团始末纪实》，黑龙江人民出版社2015年版。

管宁：《日本近代棉纺织业发展史——兼论日本近代资本主义起源问题》，天津人民出版社1997年版。

郭平欣、张淞芝主编：《汉字信息处理技术》，国防工业出版社1985年版。

国家统计局城市社会经济调查总队、中国统计学会城市统计委员会编：《2001中国城市发展报告》，中国统计出版社2002年版。

洪成玉：《古汉语常用同义词疏证》，商务印书馆2018年版。

洪仁善：《战后日本的汉字政策研究》，商务印书馆2011年版。

黄华新、陈宗明主编：《符号学导论》，东方出版中心2016年版。

姜建强：《另类日本文化史》，上海交通大学出版社2014年版。

李时编著：《国学问题五百》，上海科学技术文献出版社 2016 年版。

李英姿：《美国语言政策研究》，南开出版社 2013 年版。

李宇明：《北语学人书系第二辑：李宇明语言传播与规划文集》，北京语言大学出版社 2018 年版。

李宇明主编：《当代中国语言学研究（1949—2015）》，中国社会科学出版社 2016 年版。

刘海燕：《日本汉语教学历史研究》，中国传媒大学出版社 2017 年版。

刘延勃等主编：《哲学辞典》，吉林人民出版社 1983 年版。

刘元满：《汉字在日本的文化意义研究》，北京大学出版社 2003 年版。

刘祚昌等主编：《世界史·近代史》，人民出版社 1984 年版。

罗以澄、秦志希主编：《新闻与传播评论 2009 年卷》，武汉出版社 2010 年版。

米庆余：《明治维新——日本资本主义的起步与形成》，求实出版社 1988 年版。

潘钧：《日本汉字的确立及其历史演变》，商务印书馆 2013 年版。

濮之珍：《中国语言学史》，上海古籍出版社 2002 年版。

上海社会科学院亚洲太平洋研究所编：《从亚太看世界——上海社会科学院亚洲太平洋研究所论文精选》，上海社会科学院出版社 2008 年版。

沈仁安：《日本起源考》，昆仑出版社 2004 年版。

施正锋编：《各国语言政策：多元文化与族群平等》，台湾前卫出版社 2002 年版。

宋蜀华、白振声主编：《民族学理论与方法》，中央民族大学出版社 1998 年版。

王春辉：《语言与社会的界面：宏观与微观》，中国社会科学出版社 2017 年版。

王锋：《从汉字到汉字系文字——汉字文化圈文字研究》，民族出版社 2003 年版。

王辉、周玉忠主编：《语言规划与语言政策：理论与国别研究（续）》，中国社会科学出版社 2015 年版。

王荣堂、姜德昌主编：《世界近代史》，吉林文史出版社 1986 年版。

王世斌主编：《论日本教育》，吉林教育出版社 2012 年版。

王铁钧：《日本学研究史识：二十五史巡礼》，江西高校出版社 2004 年版。

王文勋、张文颖：《日本明治维新时期的舆论研究》，中国传媒大学出版社 2014 年版。

《王向远著作集》第 9 卷《日本侵华史研究》，宁夏人民出版社 2007 年版。

王永和主编：《多元文化背景下的国家认同研究》，宁夏人民出版社 2016 年版。

武心波：《当代日本社会与文化》，上海外语教育出版社 2001 年版。

许纪霖：《家国天下——现代中国的个人、国家与世界认同》，上海人民出版社 2017 年版。

姚传德：《日本近代城市发展研究（1868—1930）》，苏州大学出版社 2015 年版。

伊文成、马家骏主编：《明治维新史》，辽宁教育出版社 1987 年版。

张兆端编著：《知者不惑之儒家》，群众出版社 2018 年版。

赵建民、刘予苇主编：《日本通史》，复旦大学出版社 1989 年版。

赵世举主编：《语言与国家》，商务印书馆 2015 年版。

郑震孙主编：《日本侵华图片史料集》，新华出版社 1984 年版。

中国社会科学院语言研究所词典编辑室编：《现代汉语词典（第 7 版）》，商务印书馆 2018 年版。

周有光：《周有光文集第十四卷：汉语拼音 文化津梁》，中央编译出版社 2013 年版。

周有光：《周有光文集第四卷：世界文字发展史》，中央编译出版社 2013 年版。

祝畹瑾编著：《社会语言学概论》，湖南教育出版社 1992 年版。

［德］斐迪南·滕尼斯：《共同体与社会——纯粹社会学的基本概念》，张巍卓译，商务印书馆 2019 年版。

［美］罗伯特·卡普兰、［澳］小理查德·巴尔道夫：《太平洋地区的语言规划和语言教育规划》，梁道华译，顾利程审订，外语教学与研究出版社 2014 年版。

［美］乔治·E. 马尔库斯、米开尔·M. J. 费彻尔：《作为文化批评的人类学》，王铭铭、蓝达居译，生活·读书·新知三联书店 1998 年版。

［美］塞伦·麦克莱：《传媒社会学》，曾静平译，昝廷全审订，中国传媒大学出版社 2005 年版。

［美］塞缪尔·亨廷顿、劳伦斯·哈里森主编：《文化的重要作用——价值观如何影响人类进步》，程克雄译，新华出版社 2002 年版。

［美］托马斯·李圣托编著：《语言政策导论：理论与方法》，何莲珍、朱晔等译，刘海涛审订，商务印书馆 2016 年版。

［美］詹姆斯·托尔夫森编：《语言教育政策：关键问题（第 2 版）》，俞玮奇译，张治国审订，外语教学与研究出版社 2014 年版。

［日］大石学主编：《图解幕末·维新》，滕玉英译，陕西师范大学出版总社有限公司 2012 年版。

［日］福泽谕吉：《文明论概略》，北京编译社译，商务印书馆 2011 年版。

［日］井上清：《日本现代史第一卷明治维新》，吕明译，生活·读

书·新知三联书店 1956 年版。

［日］铃木敬夫：《土著民族的国际主体地位和知识产权——从日本阿伊努族人的土著权问题切入》，《原生态民族文化学刊》2009 年第 2 期。

［日］铃木贞美：《日本的文化民族主义》，魏大海译，武汉大学出版社 2008 年版。

［日］六角恒广：《日本中国语教育史研究》，王洪顺译，北京语言学院出版社 1992 年版。

［日］梅棹忠夫：《智识的生产技术》，樊秀丽译，商务印书馆 2016 年版。

［日］山本文雄等编：《日本大众传播工具史》，刘明华、郑超然译，青海人民出版社 1984 年版。

［日］杉本勋编：《日本科学史》，郑彭年译，商务印书馆 1999 年版。

［日］矢野恒太纪念会编：《日本 100 年》，司楚、訾晦祖译，时事出版社 1984 年版。

［日］守屋典郎：《日本经济史》，周锡卿译，生活·读书·新知三联书店 1963 年版。

［以色列］博纳德·斯波斯基：《语言政策——社会语言学中的重要论题》，张治国译，商务印书馆 2011 年版。

［英］丹尼斯·埃杰：《语言规划与语言政策的驱动过程》，吴志杰译，姚小平审订，外语教学与研究出版社 2012 年版。

［英］菲利普森：《语言领域的帝国主义》，上海外语教育出版社 2000 年版。

［英］苏·赖特：《语言政策与语言规划——从民族主义到全球化》，陈新仁译，商务印书馆 2012 年版。

蔡凤林：《试论古代日本姓氏文化的特点》，《哈尔滨工业大学学报》（社会科学版）2016 年第 4 期。

陈吉庆：《幕末明治时代的阿伊努族人口政策》，《外国问题研究》1989 年第 2 期。

陈林俊：《日本近代外语教育政策的演变》，《教育评论》2013 年第 5 期。

陈文彬：《日本罗马字拼音的历史——日本〈罗马字世界〉第 497 期》，《语文建设》1956 年第 12 期。

陈永亮：《法理权利抑或行政施惠：基于日本阿伊努政策的反思》，《世界民族》2017 年第 4 期。

戴曼纯：《国别语言政策研究的意义及制约因素》，《外语教学》2018 年第 3 期。

邓佑玲：《语言濒危的原因及其复兴运动的方向——以琉球语为例》，《中央民族大学学报》（哲学社会科学版）2006 年第 4 期。

方小兵：《何为"隐性语言政策"?》，《语言战略研究》2021 年第 5 期。

傅永和：《现代汉语常用字表的研制——附录：常用字、次常用字》，《语文建设》1988 年第 2 期。

韩涛：《佩里来航事件与近代日本语言政策转变的关系》，《日本问题研究》2015 年第 3 期。

何俊山：《论日本冲绳方言的衰退》，《日语学习与研究》2010 年第 3 期。

洪仁善、姜岩胜：《日语罗马字表记的历史演变考论》，《东北师大学报》（哲学社会科学版）2016 年第 2 期。

老舍：《大力推广普通话》，《新华月报》1955 年第 11 期。

李秀石：《略论日本资本主义思想萌芽》，《历史教学》1986 年第 3 期。

李学金：《世界文字的拉丁化趋势》，《广西广播电视大学学报》2006 年第 1 期。

李宇明：《权威方言在语言规范中的地位（补）》，《语言文字应用》2005 年第 3 期。

李宇明：《权威方言在语言规范中的地位》，《清华大学学报》（哲学社会科学版）2004 年第 5 期。

李宇明：《信息时代的语言文字标准化工作》，《语言文字应用》2009 年第 2 期。

李宇明：《语言规划学说略》，《辞书研究》2022 年第 1 期。

李宇明：《语言竞争试说》，《外语教学与研究》2016 年第 2 期。

刘海燕：《〈千字文〉在日本汉语教学历史上的教材价值》，《日本问题研究》2016 年第 2 期。

刘练军：《姓名登记规范研究》，《法商研究》2017 年第 3 期。

刘明：《日本"明治维新"新论——附论日本式资本主义道路的发展特色》，《大同高等专科学校学报》1998 年第 2 期。

刘银红：《隋唐时期中国典籍在日本的流传与影响》，《图书与情报》2001 年第 3 期。

刘岳兵：《甲午战争的日本近代思想史意义》，《日本学论坛》2008 年第 1 期。

罗晓莹：《日本明治中晚期标准语论调之比较》，《河南师范大学学报》（哲学社会科学版）2013 年第 2 期。

罗晓莹：《日语假名罗马字标记法的历史及发展》，《郑州航空工业管理学院学报》（社会科学版）2014 年第 6 期。

王辉：《语言规划研究 50 年》，《北华大学学报》（社会科学版）2013 年第 6 期。

王来特：《长崎唐通事与德川日本的"怀柔远商"》，《外国问题研究》2016 年第 1 期。

王璐：《日本跨境群体的多语政策研究》，《日本问题研究》2020 年第 1 期。

王璐：《日语外来语表记特征之嬗变》，《黑河学刊》2017 年第 3 期。

王敏：《新中国常用字问题研究概述》，《语言文字应用》2007 年第 2 期。

王英杰:《语言规划理论的新发展——语言管理理论述略》,《语言学研究》2015 年第 1 期。

杨俊健:《集体记忆中的"生成性记忆"和"固化形式记忆"》,《武汉科技大学学报》(社会科学版) 2017 年第 3 期。

叶琼:《从"汉文"学习到日本近代中国语教育的成立》,《对外汉语研究》2014 年第 1 期。

张继焦:《换一个角度看民族理论:从"民族—国家"到"国家—民族"的理论转型》,《广西民族研究》2015 年第 3 期。

张小敏、王延中:《近代日本爱努人国民化措施与当前文化保护政策》,《世界民族》2014 年第 6 期。

张维佳、崔蒙:《日本 20 世纪国语政策的嬗变及其背景》,《语言政策与规划研究》2014 年第 2 期。

张治国:《关于语言政策和语言规划学科中四个术语的辨析》,《语言政策与规划研究》2014 年第 1 期。

张中华:《差点消失的日本民族——阿伊努族》,《时代文学》2010 年第 1 期。

赵德宇:《日本近世洋学与明治现代化》,《南开学报》(哲学社会科学版),2010 年第 3 期。

赵守辉:《日本汉字的近代演变、动因及启示》,《外国问题研究》2010 年第 3 期。

[日] 川圭介:《阿伊努人的历史——文化特征》,《世界民族》1996 年第 3 期。

[日] 水野孝昭:《日本决不是单一民族的国家》,《民族译丛》1990 年第 3 期。

[日] 丸山敏秋:《日本的国语政策与汉字教育》,《汉字文化圈》2007 年第 5 期。

郭阳阳:《方言和标准语在音韵上的对立与变化——以关西方言为中心》,硕士学位论文,山西大学,2012 年。

黄英兰:《阿伊努民族文化保护与传承研究》,博士学位论文,中央民族大学,2013年。

黎力:《明治以来的日本汉字问题及其社会文化影响研究》,博士学位论文,南开大学,2013年。

李穹:《唐代日本人的汉语文化学习》,硕士学位论文,曲阜师范大学,2013年。

刘昌华:《网络空间的语言生活研究》,博士学位论文,北京语言大学,2017年。

沈骑:《全球化下东亚外语教育政策发展研究》,博士学位论文,南京师范大学,2010年。

Cooper, R. L, *Language Planning and Social Change*, Cambridge: Cambridge University Press, 1989.

Schiffman, Harold F, *Linguistics Culture and Language Policy*, London and NewYork: Rutledge: Routledge, 1996.

[韩] イ・ヨンスク:《「国語」という思想——近代日本の言語意識》,岩波书店1996年版。

[日] YOMIURI编集部编:《パソコンは日本語をどう変えたか》,讲谈社2008年版。

[日] アイヌ民族博物館编:《アイヌ文化の基礎知識》,草风堂1993年版。

[日] 阿辻哲次:《戦後日本漢字史》,新潮社2010年版。

[日] 安田敏朗:《帝国日本言語編制》,世织书房1997年版。

[日] 安田敏郎:《「国語」の近代史》,中央公论新社2006年版。

[日] 安田敏郎:《漢字廃止の思想史》,平凡社2016年版。

[日] 坂本太郎等校注:《日本古典文学大系》,岩波书店1967年版。

[日] 保科孝一:《言語学》,早稻田大学出版部1902年版。

[日] 保科孝一:《言語学講話》,宝永馆1902年版。

［日］保科孝一：《国語学精義》，同文館 1910 年版。

［日］保科孝一：《国語問題五十年》，三养書房 1949 年版。

［日］北海道立アイヌ民族文化研究センター编：《アイヌ文化紹介小冊子——総集編》，北海道立アイヌ民族文化研究センター 2005 年版。

［日］仓岛长正：《国語 100 年（第 2 版）》，小学館 2002 年版。

［日］冲森卓也：《日本の漢字——1600 年の歴史》，ベル出版 2011 年版。

［日］川口良、角田史幸：《「国語」という呪縛》，吉川弘文館 2010 年版。

［日］大岛正二：《漢字伝来》，岩波书店 2006 年版。

［日］大町桂月：《一蓑一笠》，博文堂 1901 年版。

［日］大久保利谦编：《森有礼全集第一卷》，宣文堂書店 1972 年版。

［日］福永恭助：《ヘボン式ローマ字論を撃滅する》，ローマ字社 1933 年版。

［日］福泽谕吉：《福沢全集卷 3》，时事新报社 1898 年版。

［日］福泽谕吉：《福沢諭吉全集（第 8 卷）》，国民图书 1926 年版。

［日］福泽谕吉：《福翁自傳，福澤諭吉全集第 7 卷》，岩波书店 1959 年版。

［日］高桥竜吉：《日本近代経済形成史第 1 卷》，东洋经济薪报社 1968 年版。

［日］国学院编辑部编：《賀茂真淵全集（4）》，吉川弘文館 1906 年版。

［日］日本国语调查委员会编：《口語法別記》，国定教科书共同贩卖所 1917 年版。

［日］和久井生一：《現代日本語要説》，朝仓书店 1989 年版。

［日］贺茂真渊：《近世神道論・前期国学（日本思想大系 39）》，

岩波书店1982年版。

［日］吉田澄夫、井之口有一编：《明治以降国語問題論集》，风间书房1964年版。

［日］加藤徹：《漢文の素養》，光文社2006年版。

［日］江利川春雄：《英語と日本軍：知られざる外国語教育史》，NHK出版2016年版。

［日］金田一春彦：《日本語新版（下）》，岩波书店1988年版。

［日］久保义三：《対日占領政策と戦後教育改革》，三省堂1964年版。

［日］林大监修、宫岛达夫等编：《図説日本語》，角川书店1982年版。

［日］竜井孝、大藤时彦、山田俊雄编：《日本語の歴史5：近代語の流水》，平凡社2007年版。

［日］陸奥宗光：《伯爵陸奥宗光遺稿》，岩波书店1929年版。

［日］内田良平：《日本の亜細亜：皇国史談》，黑龙会出版部1932年版。

［日］鸟饲玖美子：《英語教育の危機》，筑摩书房2018年版。

［日］平井昌夫：《国語国字問題の歴史》，三元社1998年版。

［日］前岛密：《国字国文改良建議書》，こにしのぶはち1899年版。

［日］桥本进吉：《橋本進吉博士著作集第三冊：文字及び仮名遣の研究》，岩波书店1949年版。

［日］青田节：《方言改良論》，葆光社1888年版。

［日］塙保己一编：《群書類従第拾七輯》，经济杂志社1894年版。

［日］日本放送协会业务局编：《アナウンス読本》，日本放送出版协会1941年版。

［日］日本国立国语研究所：《言語生活の実態：白河市および附近の農村における》，秀英出版1951年版。

［日］日本国立国语研究所：《地域社会の言語生活：鶴岡におけ

る実態調査》，秀英出版 1953 年版。

［日］日本国立国语研究所：《地域社会の言語生活：鶴岡における 20 年前との比較》，秀英出版 1974 年版。

［日］日本文化厅编：《常用漢字表（審議稿）》，大蔵省印刷局 1981 年版。

［日］日本文化厅编：《国語施策沿革資料 2：仮名遣い資料集（論表集成その 1）》，大蔵省印刷局 1981 年版。

［日］日本文化厅编：《国語施策百年史》，ぎょうせい出版 2006 年版。

［日］日本文化厅编：《（新訂）公用文の書き表し方の基準（資料集）》，第一法規株式会社 2011 年版。

［日］日兰学会等编：《洋学史事典》，雄松堂出版 1984 年版。

［日］森冈健二编著：《近代語の成立——文体編——》，明治書院 1991 年版。

［日］山本正秀：《近代文体発生の史的研究》，岩波書店 1965 年版。

［日］山本正秀编著：《近代文体形成史料集成——発生編》，岩波書店 1982 年版。

［日］山口仲美：《日本語の歴史》，岩波書店 2013 年版。

［日］杉本つとむ：《東京語の歴史》，讲谈社 2014 年版。

［日］上田万年：《国語のため》，富山房 1897 年版。

［日］上田万年：《国語のため第二》，富山房 1903 年版。

［日］上田万年：《国語学叢話》，博文館 1908 年版。

［日］上田万年：《国語学の十講》，通俗大学会 1916 年版。

［日］滝本诚一编：《日本経済叢書（卷 12）》，日本经济丛书刊行会 1914 年版。

［日］水原明人：《江戸語・東京語・標準語》，讲谈社 1994 年版。

［日］田中克彦：《言語の思想——国家と国民のことば》，日本放送出版协会 1975 年版。

［日］田中祐吉：《日本人の祖先》，精華堂書店1921年版。

［日］田中彰：《日本の歴史24》，小学館1976年版。

［日］土屋道雄：《国語問題争論史》，玉川大学出版部2005年版。

［日］谷川健一編：《「沖縄」論集成：叢書わが沖縄第二巻》，載外間守善《沖縄における言語教育の歴史》，木耳社1970年版。

［日］外間守善：《沖縄の言葉と歴史》，中央公論新社2000年版。

［日］丸谷才一：《国語改革を批判する》，中公文庫1999年版。

［日］文部省編：《国語シリーズ23：ローマ字問題資料集（第1集）》，明治図書出版社1955年版。

［日］文部省編：《日本の成長と教育》，帝国地方行政学会1962年版。

［日］大野晋、柴田武編：《岩波講座日本語3・国語国字問題》，岩波書店1977年版。

［日］西川忠亮編：《西川如見遺書第7編：町人嚢7巻》，东京印刷株式会社1898年版。

［日］小泉保：《日本語の正書法》，大修館書店1978年版。

［日］新井白石著，村岡典嗣校訂：《西洋紀聞》，岩波書店1936年版。

［日］幸田成友：《東と西：史話》，中央公論社1940年版。

［日］圓満字二郎：《人名用漢字の戦後史》，岩波書店2005年版。

［日］斎部広成：《古語拾遺》，柏悦堂1870年版。

［日］斎藤兆史：《日本人と英語——もうひとつの英語百年史》，研究社2007年版。

［日］斎藤兆史：《英語襲来と日本人——今なお続く苦悶と狂乱》，中央公論新社2017年版。

［日］真田信治：《脱・標準語の時代》，小学館2000年版。

［日］竹越与三郎：《日本史（上）》，岩波書店2005年版。

［日］築島裕：《歷史的仮名遣い：その成立と特徴》，中央公論社1986年版。

[日] 福田恒存等著：《なぜ日本語を破壊するのか》，英潮社 1978 年版。

[日] 佐藤亮一监修、尚学图书言语研究所编：《方言の読本》，小学馆 1991 年版。

Haarmann, H, "Sprachplanung und Prestigeplanung" *Europa Ethnica*, Vol. 41, No. 2, 1984.

[日] ソジエ内田恵美：《日本の言語政策における統一性と多様性》，《教养诸学研究》2008 年第 125 号。

[日] 安田敏朗：《言語政策の発生——言語問題認識の系譜》，《人文学报》2000 年第 83 号。

[日] 八田洋子：《日本における英語教育と英語公用語化問題》，《「文学部纪要」文教大学文学部》2003 年第 16—2 号。

[日] 坂田谦司：《与那国島民の台湾テレビ電波による東京オリンピック視聴の意味考察》，《立命馆产业社会论集》2012 年第 2 号。

[日] 宝力朝鲁：《日本の近代国語教育思想の形成と上田万年》，《教育思想》2000 年第 27 号。

[日] 柴田武、田中克彦、无着成恭：《言語解放の時代の精神史》，《言语生活》1985 年第 401 号。

[日] 村上圣一：《放送の「地域性」の形成過程》，《放送研究と調査》2017 年第 4 号。

[日] 大森政辅：《子の名に用いる文字の取扱いに関する民事行政審議会の答申及びその実施について》，《户籍》1981 年第 441 号。

[日] 东山一郎：《テレビが登場した時代のラジオ》，《放送研究と調査》2015 年第 4 号。

[日] 法务省民事局第二课：《人名用漢字等に関する諮問に対する民事行政審議会答申について》，《户籍》1990 年第 558 号。

[日] 飞田良文：《明治初期東京人の階層と語種との関係——安愚楽鍋を中心として——》，《国立国語研究所研究報告集》1978年第1号。

[日] 冈本雅享：《言語不通の列島から単一言語発言への軌跡》，《福冈県立大学人間社会学部纪要》2009年第2号。

[日] 高桥寿夫：《「『英語が使える日本人』の育成のための戦略構想」に関する一考察》，《关西大学外国語教育研究》2004年第8号。

[日] 宫崎干朗：《「悪魔ちゃん」事件にみる命名の自由とその限界》，《爱媛法学会》1996年第3号。

[日] 宫田幸一：《国語運動懇談会で》，《国语运动》1938年第9号。

[日] 广濑健一郎：《アイヌ教育実践史研究：学校教員の目に映ったアイヌ民族の子ども達》，《北海道大学教育学部纪要》1995年第68号。

[日] 广濑健一郎：《開拓史仮学校付属北海道土人教育所と開拓使官園へのアイヌの強制就学に関する研究》，《北海道大学教育学部纪要》1996年第72号。

[日] 河西秀早子：《標準語形の全国的分布》，《言語生活》1981年第354号。

[日] 近藤健一郎：《近代沖縄における方言札の実態：禁じられた言葉》，《爱知県立大学文学部论集》2005年第53号。

[日] 井部彰义：《新潟県地方方言、訛音矯正指導の趨向》，《国语教育》1940年7月。

[日] 品田早苗：《「アイヌ」像と北海道の学校教育：教職員用の指導の手引き・指導資料を中心に》，《北海道大学大学院国際広報メディア・観光学院院生論集》2010年第6号。

[日] 平田未季：《開拓者仮学校附属「北海道土人教育所」におけるアイヌ教育の実態：教科書から見る明治初期のアイヌ教

育政策》,《北海道大学大学院国際広報メディア・観光学院院生論集》2009年第5号。

[日] 前田達朗:《「話言葉普及徹底ニ関スル件」大島郡教育会について》,《日本語・日本学研究》2012年第2号。

[日] 鑓水兼貴:《「首都圏の言語」をめぐる概念と用語に関して》,《国立国語研究所論集》2014年第8号。

[日] 秋山雪雄:《放送のことば》,《国語学》1951年第7輯。

[日] 杉原満:《言語の公共性とは》,《放送研究と調査》2012年第8号。

[日] 上野昌之:《アイヌ語の衰退と復興に関する一考察》,《埼玉学園大学紀要》2011年第11号。

[日] 上野昌之:《教育政策と母語の衰退についての考察——明治後半以降のアイヌ社会を中心に》,《早稲田大学大学院纪要別冊》2007年第14号。

[日] 上野昌之:《近代アイヌ差別の発生についての考察》,《早稲田大学大学院教育学研究科紀要》2012年第19—2号。

邵燕,《近代日本における中国語教育制度の成立》,《神户大学发达科学部研究纪要》2005年第2号。

[日] 田中ゆかり、林直樹、前田忠彦、相澤正夫:《1万人調査からみた最新の方言・共通語意識:「2015年全国方言意識Web調査」の報告》,《国立国语研究所論集》2016年第11号。

[日] 梶村光郎:《沖縄の標準語教育史研究：明治期の綴方教育を中心に》,《琉球大学教育学部紀要》2006年第68号。

[日] 梶村光郎:《篠原一二の標準語教育実践——沖縄の標準語教育史一断面——》,《言语文化论丛》2006年第3号。

[日] 小川栄一:《漱石作品における標準語法の採用》,《武藏大学人文学会杂志》2007年第1号。

[日] 小川正人:《「アイヌ学校」の設置と「北海道旧土人保護法」・「旧土人児童教育規程」の成立》,《北海道大学教育学

部纪要》1991 年第 55 号。

［日］小川正人：《「北海道旧土人保護法」・「旧土人児童教育規程」下のアイヌ学校》,《北海道大学教育学部纪要》1992 年第 58 号。

［日］小川正人：《「第二尋常小学校」の意味：近代北海道のアイヌ教育史における「別学」原則の実態》,《教育史・比較教育论考》2014 年第 21 号。

［日］小川正人：《「アイヌ教育制度」の廃止：「旧土人児童教育規程」廃止と1937 年「北海道旧土人保護法」改正》,《北海道大学教育学部纪要》1993 年第 61 号。

［日］小川正人：《コタンへの『行幸』『行啓』とアイヌ教育》,《日本教育史学》1991 年第 34 号。

［日］小林存：《方言交流論》,《方言研究》1941 年第 4 輯。

［日］小林利行：《アナウンサー採用試験概況（1934）》,《放送研究と調査》2016 年第 3 号。

［日］小内纯子：《アイヌの人々とメディア環境とアイヌ語学習》,《「調査と社会理論」研究報告書》2015 年第 33 巻。

［韩］邢镇义：《近代日本の「国語」概念の成立と文法——所謂三大文法家の言語観を中心に——》,《日本近代学研究》2014 年第 46 輯。

［日］岩谷英太郎：《アイヌ教育の必要》,《北海道教育杂志》1894 年第 18 号。

［日］岩谷英太郎：《旧土人教育談》,《北海道教育杂志》1903 年第 125 号。

［日］盐田雄大：《最初の放送用語基準》,《放送研究と調査》2007 年第 7 号。

［日］有光次郎、仓石武四郎、松坂忠规：《「言語政策を話し合う会」をめぐって》,《言语生活》1958 年第 86 号。

［日］原田大树：《昭和 30 年代の共通語指導における「懲罰」と

「奨励」——鹿児島県の方言札・表彰状等を通して——》,《广岛大学大学院教育学研究科纪要》2009年58号。

［日］芝野耕司：《漢字・日本語処理技術の発展：漢字コードの標準化》,《情報処理》2002年第12号。

［日］竹ヶ原幸朗：《アイヌ教育史》,《教育学研究》1976年第4号。

［日］佐藤亮一：《現代日本人の標準語感覚》,《玉藻》1989年第24号。

［日］佐藤义隆：《英語の魅力と習得法——日本の英語学習200周年を記念して——》,《岐阜女子大学纪要》2009年第38号。

［日］佐々木千夏：《現代におけるアイヌ差別》,《「調査と社会理論」研究報告書》2016年第35号。

学位论文

［日］鑓水兼贵：《共通語化過程の計量的分析——『方言文法全国地図』を中心として》,博士学位论文,东京外国语大学,2009年。

互联网资料

JIS 漢字コード：JIS 補助漢字・第三・第四水準漢字,http://www.shuiren.org/chuden/teach/code/main5.htm

JIS 漢字コード：JIS 第一・第二水準,http://www.shuiren.org/chuden/teach/code/main4.htm

NHK 放送ガイドライン,https://www.nhk.or.jp/pr/keiei/bc-guideline/pdf/guideline2015.pdf

TestandScoreDataSummaryfortheTOEFLiBT © TestsJan2018 – Dec2018,https://www.ets.org/s/toefl/pdf/94227_unlweb.pdf

TUFS 大学概要 2018,http://www.tufs.ac.jp/documents/abouttufs/pr/gaiyo_2018.pdf

www.stv.ne.jp/radio/ainugo

［日］アイヌ政策の在り方に関する有識者懇談会：《アイヌ政策

の在り方に関する有識者懇談会報告書》，2009 年，https://www.kantei.go.jp/jp/singi/ainusuishin/pdf/siryou1.pdf

［日］ウタリ対策の在り方に関する有識者懇談会：《アイヌ政策の在り方に関する有識者懇談会報告書》，1996 年，http://www.mlit.go.jp/common/000015022.pdf

［日］グローバル人材育成戦略，2012 年，http://www.kantei.go.jp/jp/singi/global/1206011matome.pdf

［日］ヨシムラさやか：《外国語から国語へ：沖縄における日本語教育史》，2012 年，http://www.japanisch-als-fremdsprache.de/jaf/003/JAF_003_6.pdf

［日］安藤正次：《仮名遣の本質と歴史的仮名遣》，https://www.bunka.go.jp/kokugo_nihongo/sisaku/joho/joho/sisaku/enkaku/pdf/02_180.pdf。

［日］北海道观光振兴机构：《アイヌ文化・ガイド教本》，2019 年，https://visit-hokkaido.jp/ainu-guide/pdf//ainu_guide.pdf

［日］北海道环境生活部：《平成 29 年北海道アイヌ生活実態調査報告書》，2018 年，http://www.pref.hokkaido.lg.jp/fs/2/2/8/9/7/0/3/_/H29_ainu_living_conditions_survey_.pdf

［日］北海道厅：《旧土人児童教育規程》，1901 年，http://www.m-ac.jp/ainu/ideology/end/education/kyu_dojin_kyoiku/index_j.phtml

［日］法務省：《人権の擁護》，http://www.moj.go.jp/content/001268816.pdf

［日］法務省：《人権教育・啓発白書（平成 25 年版）》，2013 年，http://www.moj.go.jp/content/001253792.pdf

方言の意味や定義 Weblio 辞書，https://www.weblio.jp/wkpja/content/%E6%96%B9%E8%A8%80_%E8%BF%91%E4%BB%A3%EF%BC%88%E5%9B%BD%E6%B0%91%EF%BC%89%E5%9B%BD%E5%AE%B6%E3%81%A8%E6%A8%99%E6%BA%96%E8%AA%9E%E3%81%A8%E6%96%B9%E8%A8%80_%E8%BF%91%E4%BB%A3%EF%BC%88%E5%9B%BD%E6%B0%91%EF%BC%89%E5%9B%BD%E5%AE%B6%E3%81%A8%E6%A8%99%E6%BA%96%E8%AA%9E%E3%81%A8%E6%96%

BA%96%E8%AA%9E%E6%94%BF%E7%AD%96

［日］国际交流基金会：《2018年度「海外日本語教育機関調査」結果（速報）》，2019年，https：//www.jpf.go.jp/j/about/press/2019/dl/2019-029.pdf

国連総会「世界の先住民の国際年」記念演説，1992年，https：//www.ainu-assn.or.jp/united/speech.html

［日］国语审议会（終戦--改組）：《第9回総会議事録》，1946年4月27日，http：//www.bunka.go.jp/kokugo_nihongo/sisaku/joho/joho/kakuki/syusen/sokai009/01.html

［日］国语审议会（終戦--改組）：《第10回総会議事録》，1946年5月8日，http：//www.bunka.go.jp/kokugo_nihongo/sisaku/joho/joho/kakuki/syusen/sokai010/01.htmll

［日］国语审议会：《第1期第3回総会議事録》，1950年1月30日，http：//www.bunka.go.jp/kokugo_nihongo/sisaku/joho/joho/kakuki/01/sokai003/05.html

［日］国语审议会：《第1期第11回総会議事録》，1951年5月14日，http：//www.bunka.go.jp/kokugo_nihongo/sisaku/joho/joho/kakuki/01/bukai03/01.html

［日］国语审议会：《第4期第36回総会議事録》，1957年11月15日 http：//www.bunka.go.jp/kokugo_nihongo/sisaku/joho/joho/kakuki/04/sokai036/03.html

［日］国语审议会：《第6期第49回総会議事録》，1962年12月13日，http：//www.bunka.go.jp/kokugo_nihongo/sisaku/joho/joho/kakuki/06/sokai049/01.html

［日］国语审议会：《第8期第58回総会議事録》，1966年6月13日 http：//www.bunka.go.jp/kokugo_nihongo/sisaku/joho/joho/kakuki/08/sokai058/03.html

［日］国语审议会：《第12期第99回総会議事録》，1976年7月22日，http：//www.bunka.go.jp/kokugo_nihongo/sisaku/joho/

joho/kakuki/12/sokai099/index. html

［日］国语审议会：《第 13 期第 107 回総会議事録》，1978 年 6 月 30 日，http：//www. bunka. go. jp/kokugo_ nihongo/sisaku/joho/joho/kakuki/13/sokai107/index. html

［日］国语审议会：《新しい時代に応じた国語施策について（審議経過報告）》，1995 年，http：//www. bunka. go. jp/kokugo_ nihongo/sisaku/joho/joho/kakuki/20/tosin03/04. html

［日］江利川春雄：《日本の外国語教育政策史点描（8）教育刷新委員会（2）》，2014 年，https：//gibsonerich. hatenablog. com/entry/35102238

［日］临时教育审议会：《教育改革に関する第 4 次答申（最終答申）（抄）》，1987 年，https：//www. niye. go. jp/youth/book/files/items/1538/File/yojitooshin. pdf

［日］琉球大学国际冲绳研究所：《危機的状況にある言語・方言の保存・継承に係る取組等の実態に関する調査研究事業（竜美方言・宮古方言・与那国方言）》，2013 年，http：//www. bunka. go. jp/seisaku/kokugo_ nihongo/kokugo_ shisaku/kikigengo/jittaichosa/pdf/kikigengo_ ryukyu. pdf

［日］琉球大学国际冲绳研究所：《危機的状況にある言語・方言の事態に関する調査研究（八丈方言・国頭方言・沖縄方言・八重山方言）報告書》，2014 年，http：//www. bunka. go. jp/seisaku/kokugo_ nihongo/kokugo_ shisaku/kikigengo/jittaichosa/pdf/kikigengo_ ryukyu_ h26. pdf

明治安田生命年度名字排行榜 TOP10：男孩，https：//www. meijiyasuda. co. jp/enjoy/ranking/year_ men/boy. html

明治安田生命年度名字排行榜 TOP10：女孩，https：//www. meijiyasuda. co. jp/enjoy/ranking/year_ men/girl. html

［日］内阁府政府广报室：《「アイヌ政策に関する世論調査」の概要》，2018 年，https：//survey. gov‐online. go. jp/tokubetu/

h30/h30-ainu. pdf

［日］前川正明：《我が国のアイヌ政策》，2014 年，https：//www. hkk. or. jp/kouhou/file/no609_ series-ainu. pdf

［日］日本放送協会：《日本放送協会国内番組基準》，https：//www. nhk. or. jp/pr/keiei/kijun/index. html

［日］日本国立国语研究所：《危機的な状況にある言語・方言の実態に関する調査研究事業報告書》，2011 年，http：//www. bunka. go. jp/seisaku/kokugo_ nihongo/kokugo_ shisaku/kikigengo/jittaichosa/pdf/kikigengo_ kenkyu. pdf

日本国会会议记录检索网站网址：http：//kokkai. ndl. go. jp/SENTAKU/syugiin/169/0001/16906060001037. pdf，引自《2008 年 6 月 6 日付け官報号外衆議院会議録第 37 号》。

［日］日本文化厅：《2003 年度国語に関する世論調査》，2004 年，http：//www. bunka. go. jp/tokei_ hakusho_ shuppan/tokeichosa/kokugo_ yoronchosa/h15/

［日］日本文化厅：《ローマ字のつづり方内閣訓令第 1 号》，1954 年，http：//www. bunka. go. jp/kokugo_ nihongo/sisaku/joho/joho/kijun/naikaku/roma/kunrei. html

［日］日本文化厅：《国語施策沿革資料：仮名遣い諸案本文》，1980 年，http：//www. bunka. go. jp/kokugo_ nihongo/sisaku/joho/joho/sisaku/enkaku/pdf/01_ big_ 01. pdf

［日］日本总务省统计局：《人口推計》，2021 年，https：//www. e-stat. go. jp/stat-search/files? page = 1&layout = datalist&toukei = 00200524&tstat = 000000090001&cycle = 7&year = 20200&month = 0&tclass1 = 000001011679

［日］日本总务省统计局：《宗教統計調査：過去 10 年間における主要数値の推移》，2021 年，https：//www. e-stat. go. jp/stat-search/files? page = 1&layout = datalist&toukei = 00401101&tstat = 000001018471&cycle = 0&tclass1 = 000001160766&tclass2val = 0

［日］日下部重太郎：《仮名遣復古から新仮名遣の改良整理へ》，1933 年，http：//www. bunka. go. jp/kokugo_nihongo/sisaku/joho/joho/sisaku/enkaku/pdf/02_132. pdf

［日］外務省：《海外在留邦人数調査統計》，https：//www. mofa. go. jp/mofaj/toko/page22_003338. html

［日］梶村光郎、村上呂里：《沖縄県の国語教育史に関する実証的研究（沖縄の標準語教育史）》，http：//hdl. handle. net/20. 500. 12000/12427

［日］文部省：《21 世紀を展望した我が国在り方について》，1996，https：//www. mext. go. jp/b_menu/shingi/chuuou/toushin/960701n. htm

［日］文部省：《小学校学習指導要領》，1958 年，http：//www. nier. go. jp/guideline/s33e/chap2-1. htm

［日］文部省：《学習指導要領国語科編》，1947 年，http：//www. nier. go. jp/guideline/s22ejj/chap1. htm

［日］文部省：《学習指導要領国語科編》，1951 年，http：//www. nier. go. jp/guideline/s26eja/chap3. htm

［日］文部省：《学習指導要領英語編（試案）》，1947 年，https：//www. nier. go. jp/guideline/s22ejl/index. htm

［日］文部科学省：《高等学校学習指導要領解説外国語編英語編》，2009 年，https：//www. mext. go. jp/component/a_menu/education/micro_detail/_icsFiles/afieldfile/2010/01/29/1282000_9. pdf

［日］文部科学省：《国際共通語としての英語力向上のための5つの提言と具体的施策~英語を学ぶ意欲と使う機会の充実を通じた確かなコミュニケーション能力の育成に向けて~》，2011 年，https：//www. mext. go. jp/component/b_menu/shingi/toushin/__icsFiles/afieldfile/2011/07/13/1308401_1. pdf

［日］文部科学省：《今後の英語教育の改善・充実方策について

报告～グローバル化に対応した英語教育改革の五つの提言～》，2014 年，https：//www. mext. go. jp/b_ menu/shingi/chousa/shotou/102/houkoku/attach/1352464. htm

［日］ 文部科学省：《平成 14 年度高等学校における外国語多様化推進地域事業一覧》，2002 年，https：//www. mext. go. jp/b_ menu/shingi/chousa/shotou/020/sesaku/image/020402b. pdf

［日］ 文部科学省：《平成 18 年版文部科学白書》，2006 年，https：//www. mext. go. jp/b_ menu/hakusho/html/hpab200601/002/010/004. htm

［日］ 文部科学省：《令和 3 年度高等学校等における国際交流等の状況について》，2021 年，http：//www. mext. go. jp/a_ menu/koutou/ryugaku/koukousei/20230403-mxt_ kouhou02-1. pdf。

［日］ 文部科学省：《義務教育諸学校教科用図書検定基準》，http：//www. mext. go. jp/a_ menu/shotou/kyoukasho/kentei/1411168. htm

［日］ 小内透編：《現代アイヌの生活と意識：2008 年北海道アイヌ民族生活実態調査報告書》，載野崎剛毅《アイヌの血統とアイデンティティ》，北海道大学アイヌ・先住民研究センター 2010 年版，https：//eprints. lib. hokudai. ac. jp/dspace/bitstream/2115/48218/1/AINUrep01ja_ 004. pdf

［日］ 小内透編：《現代アイヌの生活と意識：2008 年北海道アイヌ民族生活実態調査報告書》，載野崎剛毅《教育不平等の実態と教育意識》，北海道大学アイヌ・先住民研究センター 2010 年版，https：//eprints. lib. hokudai. ac. jp/dspace/bitstream/2115/48222/1/AINUrep01ja_ 007. pdf

［日］ 小内透編：《現代アイヌの生活と意識：2008 年北海道アイヌ民族生活実態調査報告書》，載中村康利：《労働と収入の実態》，2012 年，https：//eprints. lib. hokudai. ac. jp/dspace/handle/2115/48219/1/AINUrep01ja_ 005. pdf

［日］小内透编：《現代アイヌの生活の歩みと意識の変容：2009年北海道アイヌ民族生活実態調查報告書》，載浜田国佑《アイヌ社会における差別の問題：生活史から見る民族内差別》，北海道大学アイヌ・先住民研究センター 2012 年版，https：//eprints. lib. hokudai. ac. jp/dspace/bitstream/2115/48979/1/AIN-Urep02_ 010. pdf

英語に対する社会の要求，1946 年，https：//www. nier. go. jp/guideline/s22ejl/chap3. htm

后记

本书是在博士论文基础上修改完成的,从构思、写作到最终完稿历经了七年之久。博士三年期间,主要完成了本书的中后期构思和初步完稿工作。

对于语言规划学的关心,始于李宇明教授的文章阅读之时。具体文章篇目已记忆模糊,但当时激动之情仍记忆深刻,因为其向我打开了一扇语言研究的新视角之窗。语言规划学研究让我拥有更加宏观视角去看待语言生活中的多样复杂问题,让我了解一项语言政策出台背后的多重因素考量,也让我痛感今日稳定和谐的语言生活来之不易。

本书属于国别语言政策研究。在讨论一国的语言政策时,首先考虑的是,哪些内容属于这个国家的基本语言政策。这个问题困扰了我足足两年!从一国语言政策的纵向发展与多国语言政策的横向比较这一视角出发,本人认为一国的基本语言政策至少包括国家通用语言政策、国家通用文字政策、民族语言政策、外语政策这四个方面,其可以构成国别语言政策研究的基本框架。这些基本语言政策对于如语言传播政策、语言教育政策、殖民语言政策等具体政策而言,是主导性的语言政策。如果没有研究清楚这些基本语言政策,则不能说掌握了这个国家的语言政策。

后 记

　　以往的国别语言政策研究涉及有美国、澳大利亚、西班牙、韩国等国家，但对日本的基本语言政策综合整体的研究并不多见。本书希望能够通过日本在语言生活方面的治理经验为镜，借其之宜，避其之弊。同时，希望读者在践行语言规范、执行语言政策、实施语言规划时，对语言规划学有更深入的了解。

　　本书共分为六章。第一章"绪论"主要介绍选题缘起和研究内容。第二章"日本国语政策"重点阐述国语建设的国家需求、国语标准化的沿革历程、国语推广实践、国语政策的时代近况。第三章"日本文字政策"重点讨论文字形成发展、文字意识论调、文字规范标准。第四章"日本民族语言政策"重点分析民族基本概况、近代民族语言政策、现代民族语言政策、民族语言生活现状。第五章"日本外语政策"重点研究早期外语政策、近代外语政策、现代外语政策。第六章"结论"最后说明语言政策的制约与日本表现、研究启示、研究不足。

　　初稿完成后，经过多次反复修改，最终顺利完成。这是一本融汇多人智慧和辛劳的成果。在本书即将付梓之际，特向以下诸位深表敬意和谢忱，没有他们的帮助和支持，就没有本书的出版。诸位师友名字以姓氏音序排列，敬意和谢忱之情不分先后。

　　写作过程中，承蒙李宇明导师的指导和白丰兰师母的关心。开题和答辩过程中，陈双新、戴红亮、李春玲、施春宏、王建勤诸位老师，提出了十分宝贵的建议，郭熙、侯敏、黄行、魏晖、吴应辉诸位老师，给予了十分重要的意见。学习生活中，得到陈丽湘、李强、梁京涛、刘昌华、刘楚群、刘柳、娄开阳、欧阳靓凌、饶高琦、苏琳秀、唐培兰、田列朋、王春辉、王曦、吴雪钰、徐欣路、许静荣、杨红艳、姚敏、于方若、张洁、张晓传、赵运、朱海平、朱媞媞等学友的帮助。校对翻译中，感谢李晨阳、袁振东的支持。撰写完成后，李宇明、郭熙、黄行三位教授对本书给予了评述和推荐。现将诸位老师意见转述如下：

　　李宇明教授：本书从国语、文字、民族语言、外语四个维度讨论了日本封建幕府阶段、欧化主义阶段、国家主义阶段、军国主义阶段、民主主义阶段、多元主义阶段100多年的语言政策演变状况，形成了一个大致完整的论述框架，发现了一些语言政策和语言规划领域的规律性问题。

中国以往已有不少关于日本语言文字政策的研究，但是，在如此长久的历史中展开如此多维度的研究，本书还是首例（也许在世界范围内也不多见）。书中注意用量化指标展现日本国语推广普及的成果，强调社会意识形态等非语言学因素在文字规划中的关键影响，深刻揭示了语言与民族认同的复杂关系。同时还讨论了外语能力的分级分类标准及外语能力发展的制约因素等问题。

王璐利用她的日语优势，收集了丰富、翔实的研究资料，包括最近一个时期新的语言政策资料；并利用语言规划学的理论对这些资料条分缕析，努力总结日本语言文字政策发展演化的规律，揭示制约这些发展变化的社会因素、经济因素和文化因素。清末以来的中国语言规划深受日本影响，因此，研究日本语言文字政策的发展演变，对于全面了解中国语言规划的历史也有较大帮助，而且也可以为中国今天语言规划的制定提供参考。此外，日本的语言文字规划在世界上也是有特色的，书中通过对日本100多年语言文字政策的研究，也为语言政策与规划的理论研究提供资料和启示。

郭熙教授：该书梳理了封建幕府阶段、欧化主义阶段、国家主义阶段、军国主义阶段、民主主义阶段、多元主义阶段语言政策的演变情况，对不同历史阶段的政策内容进行了分析。既全面地展示了日本通用语政策和文字政策发展的脉络，又突出了日本的外语政策和民族语言政策，构成了一个比较完整的事实论述框架。

书中探讨了制约语言政策的三大因素：语言政策主体、语言政策客体、语言政策环境；指出政策和规划需要正确处理语言地位关系（即二元观、主次观、平等观）和语言博弈关系（竞争观和合作观），赞同平等观和合作观。王璐认为语言政策有正负导向作用，且分针对日本的外语能力、汉字用量、人名规范、拉丁化等问题提出了自己的见解。

　　这一选题是"区域与国别研究"与"语言政策与规划"领域的重要成果。王璐具有日语专业背景，又接受了语言政策与语言规划研究的学术训练，发表了一大批相关成果。该书对于日源文献掌握全面，理论方法较严谨，对日本语言政策的背景、内容和实施效果做了全面的百科全书式的描述和分析，时间跨度大，内容涵盖广，行文顺畅，逻辑性强，较前人的研究在资料和内容方面都有明显的创新，其中不少精彩的论述和发现让人称道。从书中可以发现，王璐阅读广泛、跨学科思考特点明显，所做的"学术观点创新"和"研究内容创新"的总结概括也比较客观公允。

　　日本与中国一衣带水，两国间拥有长期交往的悠久历史，拥有许多相似的历史经历。开展日本语言政策研究，可以为我国语言政策理论与实践的发展提供更为全面的视角，为我国语言生活和谐发展提供更有价值的镜鉴。

　　黄行教授：区域与国别问题研究是当前外国语言文学学科重要的研究领域和方向，国别的语言问题研究是该领域重要的组成部分和研究难点之一。本著作以中国的邻邦日本为对象，系统地介绍了该国的语言状况、语言问题与政府采取的语言政策和规划，及其政策规划执行的效果和问题，并在最后的结论部分对日本的语言政策做了客观和具有启发意义的评议。我个人认为，该书可以说是迄今国内介绍分析日本语言问题和语言政策最为详尽和深入的一本。

　　国别的语言状况具有明显的差异性和多样性，世界上几乎没有任何两个国家的语言状况及其采取的政府语言政策是完全相同的，因此成功的国别语言政策研究由于缺少可参照性而具有很大的难度。日本总体上属于语言多样性比较单一的国家，因此容易使人认为其国家语言和地方语言、本国语言和外国语言的关系会比较简单和容易处理，但是通过本书的介绍和分析说明情况绝非如此。

例如日本在确定国语（据说中华民国创建的"国语"即借自日本和日语）、文字系统（汉字、假名和罗马字转写）、对待北方阿依努语等少数民族语言的政策变迁，以及外国语言政策的制订与调整，都存在许多非常复杂的情况，而政府所采取的具有本国特色和与时俱进的语言政策和规划可以说比较成功地处理和解决了其中的大部分问题。这些事实、资料和知识是国内研究语言政策规划问题和研究日本问题必须关注和了解的内容。此外，王璐在持"主位"立场的前提下，还从多个方面对日本的语言政策及其实施情况做了比较客观全面的中国学者的解读，这对于我们加深对日本语言政策的了解和吸收借鉴，也有积极的意义。

出版过程中，感谢中国社会科学出版社孙萍老师和单钊编辑为本书所付出的辛苦，感谢"语言治理与国家治理研究丛书"对本书的收录。最后，感谢新乡医学院人才（博士）支持计划（XYBSKYZZ202174）的资助。

作为成长中的语言学人，本书难免挂一漏万，不当之处，尽请各位读者海涵，不吝赐教，今后会进一步改正。